二十一世纪普通高等院校实用规划教材·经济管理系列

网络支付与安全

徐利敏　主　编

U0360814

清华大学出版社
北　京

内容简介

网络支付与安全是电子商务业务顺利完成的重要保障。本书围绕网络支付的基本理论、支付安全的基本保障以及网络支付工具的演变，系统地介绍了电子商务与支付安全的关系，网络支付基础知识，网络支付的安全威胁、需求与解决策略，网络支付系统安全与网络安全、信息加密技术、数据的完整性技术、身份认证技术、网络支付安全协议、企业级电子支付系统、消费者级网络支付方式以及移动商务与移动支付等的新发展。本书结构设计新颖、知识体系完善、方法措施实用。每章包括“学习目标”“引导案例”“本章小结”“思考题”等板块。本书配有 PPT 课件和测试题，并提供相关网络视频，以增进师生互动，方便教学与自学。

本书注重理论联系实际，突出管理技能提升，适合高等院校电子商务、信息管理、管理信息系统、物联网、工商管理等专业的本科生及研究生使用，也可作为企事业单位、政府部门管理与技术人员的参考书。

图书在版编目(CIP)数据

网络支付与安全/徐利敏主编. —北京：清华大学出版社，2020.8(2025.2 重印)
二十一世纪普通高等院校实用规划教材•经济管理系列
ISBN 978-7-302-56110-1

Ⅰ. ①网… Ⅱ. ①徐… Ⅲ. ①电子商务—安全技术—高等学校—教材 ②电子商务—支付方式—高等学校—教材 Ⅳ. ① F713.36

中国版本图书馆 CIP 数据核字(2020)第 138099 号

责任编辑：陈冬梅
装帧设计：刘孝琼
责任校对：李玉茹
责任印制：刘海龙

出版发行：清华大学出版社
网　　址：https://www.tup.com.cn, https://www.wqxuetang.com
地　　址：北京清华大学学研大厦 A 座　　**邮　　编**：100084
社 总 机：010-83470000　　**邮　　购**：010-62786544
投稿与读者服务：010-62776969, c-service@tup.tsinghua.edu.cn
质量反馈：010-62772015, zhiliang@tup.tsinghua.edu.cn
课件下载：https://www.tup.com.cn, 010-62791865

印 装 者：三河市龙大印装有限公司
经　　销：全国新华书店
开　　本：185mm×260mm　　**印　张**：14.25　　**字　数**：346 千字
版　　次：2020 年 9 月第 1 版　　**印　次**：2025 年 2 月第 5 次印刷
定　　价：45.00 元

产品编号：082336-01

前　言

随着电子商务、移动商务的发展，网络支付以及移动支付方式层出不穷，相应地，关于网络支付的各种安全问题也时有发生。为了保障网上商务活动的正常进行，网络支付与安全受到了人们的密切关注。有关网络支付与安全的书籍很多，而且不乏精品教材。然而在多年的本科教学工作中，作者发现适合管理类专业同时又有一定技术支撑的教材并不多，有些书侧重于技术，深奥难懂，但系统性又不够；有的过于强调系统性，强调概念，泛泛而谈，缺乏实际的理论内容。“网络支付与安全”是电子商务、信息管理系统等专业的主干课，作者结合多年的教学经验和思考，对课程内容进行了整理。本书围绕网络支付的基本理论、支付安全的基本保障以及网络支付工具的演变展开阐述。

本书共分为 11 章。第 1 章介绍电子商务与支付安全的关系，从互联网的发展出发引出电子商务的发展以及网络支付安全的重要性。第 2 章介绍网络支付基础知识，包括网络支付的基本理论、支撑平台、基本模式、分类以及国内外网络支付发展状况。第 3 章介绍网络支付的安全威胁、需求与解决策略的总体情况。第 4 章是网络支付系统安全与网络安全，分别介绍了防火墙技术、入侵检测技术、计算机病毒。第 5 章是信息加密技术，分别介绍了信息加密技术概述、对称密钥密码技术、非对称密钥密码技术和数字信封技术。第 6 章是数据的完整性技术，分别介绍了数字摘要技术、数字签名技术、数字时间戳技术和双重数字签名技术。第 7 章是身份认证技术，主要介绍身份认证的方法、数字证书与认证机构以及公钥基础设施 PKI。第 8 章是网络支付安全协议，主要介绍 TLS 协议和 SET 协议。第 9 章介绍几种典型的企业级电子支付系统。第 10 章介绍几种常用的消费者级网络支付方式。第 11 章介绍移动商务与移动支付。

本书注重理论联系实际，其编写特点如下。

(1) 由浅入深，循序渐进。例如，在第 3 章总体阐述支付安全的解决策略，从第 4 章到第 8 章分别就第 3 章提出的网络支付的安全威胁与解决策略的五个方面进行阐述，逻辑紧密，有利于对知识的融会贯通。

(2) 理论与实践相结合。本书在选取内容时，参阅了大量相关的科技文献和最新研究成果，力争与国内外最新教学内容保持同步。在理论知识之外，精选多个详尽分析的案例。特别是在案例的选择上，以本土案例为主，并尽可能从不同的领域选择。

(3) 内容结构科学先进。每章包括“学习目标”“引导案例”“本章小结”“思考题”等板块，对内容进行了系统整合。

(4) 载体和配套内容丰富多样。除出版纸质教材外，还配有 PPT 课件和测试题，并有相关的视频讲解。

本书得到了江苏省高校在线开放课程项目(项目编号：2019372)和南京财经大学校级一流本科课程建设项目(项目编号：2019012)的支持。

本书由南京财经大学徐利敏副教授主编。在编写的过程中，特别感谢南京财经大学国际经贸学院电子商务系同事们的帮助，他们是韩耀、杨风召、吴刚、毛彦妮、刘英卓、程超、王亮等。在此还特别感谢国际经贸学院宣烨院长和张文武副院长的支持和帮助。

受编者水平与能力所限，书中如有不妥之处，欢迎读者指正。

编　者

目　录

第1章　电子商务与支付安全

【学习目标】

- 了解互联网发展与电子商务的关系。
- 了解电子商务发展与网络支付的关系。
- 理解网络支付安全的重要性。
- 了解网络支付的现状与发展前景。

【引导案例】

中国银联“刷脸付”闪耀金博会　3D视觉推进科技金融创新

以“金融稳健发展·服务实体经济”为主题的2019年第十三届中国(深圳)国际金融博览会于2019年11月4—6日盛大举行。本届金博会通过科技强化金融安全促进金融业稳健发展，赋能实体经济成为金融创新一大趋势。

中国银联“刷脸付”闪耀金博会

金融行业涉及的领域十分广泛，其中包括银行、证券、基金、黄金、外汇、期权等。但跟每个人息息相关的，却是那些看似微小而聚沙成塔的支付环节。从世界互联网大会到金博会，银联携“刷脸付”产品相继闪耀亮相，宣告“刷脸支付”时代正式到来。

中国银联被誉为金融支付领域的“国家队”，是中国人民银行批准的中国银行卡联合组织，处于我国银行卡产业的核心枢纽地位。银联“刷脸付”的重磅推出，对于加强移动支付安全、提升民众消费体验、推动金融领域应用创新、赋能实体经济发展具有深远的重要意义。

目前银联“刷脸付”已落地商用，并实现无介、高效、互联、安全四大创新，构建多元化的生态服务场景。“刷脸付”使得用户无须依赖手机终端等介质，仅凭一张脸便可实现高效支付，并支持银联银行卡互联互通。当然，金融安全作为重中之重，一方面是民众关注的焦点，另一方面更是中国银联“刷脸付”创新的关键。

“刷脸付”背后的安全技术升级

传统移动快捷支付以密码和指纹作为主要验证介质，密码容易猜破或泄露，而指纹也容易被技术手段复制破解，两者在便捷与安全之间很难达到完美平衡。尤其是在小额免密支付逐渐盛行的今天，人们迫切需要一种更安全、更便捷的支付手段，因此刷脸支付应运而生。

据悉，银联“刷脸付”支付终端大多都是搭载国内3D视觉领域龙头企业——深圳奥比中光科技有限公司的3D视觉模组，通过安全等级更高的3D结构光技术兼顾便捷性与安全性的统一。目前3D结构光技术已广泛应用于刷脸支付领域，以银联、支付宝、微信为主的三大巨头分割市场实现深远布局。

3D结构光技术，顾名思义，其技术原理在于通过数以万计的光线检测点描绘出人脸的高精度结构，同时兼顾低功耗和算法难易适中等优势，使其安全性是指纹识别的20倍。在合理的刷脸支付应用距离内，3D结构光技术可以说是目前精度和安全性较高的生物识别验证手段。金融安全大于天，关乎亿万民众的“钱袋子”。3D 结构光技术不仅可实现对金融支付领域的安全升级及应用创新，更将成为实现未来智慧生活的全新突破口。

“刷脸付”开始推动科技金融创新

随着银联“刷脸付”正式入局，可以预见刷脸支付将凭借无介质、高效率、更安全的特性快速席卷全球的移动支付应用场景，为大众带来更出色的消费体验，大幅提升商家的资金流转效率。刷脸支付只是开端，以 3D 结构光技术为代表的 3D 视觉解决方案将成为各种形态的智能终端感知万物并“看懂”世界的关键。

在中国银联展区，正如深圳奥比中光科技有限公司创始人黄源浩先生所言：当前应用多以手机为中心，而未来则强调“以人为本”。实现“以人为中心”定制化服务的逻辑在于，你的脸在世界上具有唯一性，高度智能 AI 终端具备“认识你”并“读懂你”，由此实现更为高效、精准、安全、个性化的服务。

目前奥比中光的 3D 视觉模组已经具备高达 1 毫米内的活体检测精度，在 3D 传感技术领域拥有的专利数量位居世界前三，成为中国民营企业实现科技创新的典范。所以我们看到中国银联这样的“国家队”代表在推出重磅级“刷脸付”产品的时候，将奥比中光的核心技术和研发产品作为首选方案。

恰逢习近平总书记支持民营企业讲话一周年之际，“坚定不移发展壮大民营经济”的重要方针言犹在耳。此次国际金融博览会“刷脸付”应用全面铺开，是未来支付方式转型的大趋势。伴随着越来越多坚持高科技企业的崛起以及国家对民营经济、高科技的看重与支持，民营企业将更好地发挥创新作用，引领整个科技金融世界潮流，成为推动科技金融发展的中坚力量。

[资料来源：科技媒体 DoNews(2019-11-05)]

1.1 互联网发展与电子商务

课程导论.mp4

1.1.1 互联网简介

互联网(Internet)又称网际网路、因特网、英特网，是网络与网络所串联成的庞大网络，这些网络以一组通用的协议相连，形成逻辑上的单一且巨大的全球化网络。在这个网络中有交换机、路由器等网络设备，以及各种不同的连接链路、种类繁多的服务器和数不尽的计算机、终端。使用互联网可以将信息瞬间发送到千里之外的人手中，它是信息社会的基础。

以 Internet 为代表的信息网络技术在全世界范围的普及应用，明显加快了各国信息化的进程，在互联网的带动下信息社会正逐步取代工业社会，今天的世界是一个网络化社会、一个知识化社会、一种不同于传统经济社会的新经济社会。从互联网最早的雏形开始，四十多年来全球互联网用户数快速增长。“互联网女皇”玛丽·米克尔发布的《2019 互联网趋势报告》显示，全球互联网用户达到 38 亿人，互联网用户渗透率超过 50%，但是新的增长点目前仍未出现，这也导致互联网用户增长略有减缓，相比 2017 年的 7%，2018 年的增长率降至 6%。在互联网快速发展的中国，2016 年是不同寻常的一年。在这一年，中国互联网用户人数上升到了 7.1 亿人，拥有全球 1/5 以上的互联网用户，其中有 6.56 亿用户通过移动端上网。截至 2018 年 12 月，我国网民规模达 8.29 亿人，全年新增网民 5653 万人，互联网普及率为 59.6%。中国政府对于发展互联网给予了大量的资金支持，2014 年 11 月 19 日在浙江乌镇举办了第一届世界互联网大会，这是中国举办的规模最大、层次最高的互联网大会，也是世界互联网领域一次盛况空前的高峰会议，表明了中国互联网国际地位的提升。2019 年 10 月 20—22 日，第六届世界互联网大会再次在中国浙江乌镇举行。

随着互联网的产生与发展，人们获取信息的方式和价值取向发生了重大改变，人们已经由被动接收信息向主动获取信息转变。传统媒体受时间、空间等方面的限制，无法满足读者的多种需求。同时，互联网也是一个交流与商务平台，网民可在互联网上与他人分享个人见解，对许多公众关心的话题展开讨论，而商家也可借助互联网开展有价值的增值服务，如收费的手机短信服务，在如此众多的眼球中推销自己的产品和服务。

1. 互联网的产生

互联网始于 1969 年的美国。其前身是美国国防部(DOD)于 1969 年创办的 ARPAnet(阿帕网，美国国防部研究计划署)，研发之初主要用于连接美国的重要军事基地和研究场所。ARPA 是美国国防部建立的高级研究项目组织的英文名称 Advanced Research Project Agency 的简写。美国国防部创建 ARPAnet 的目的是在美国一旦受到核袭击时，仍能借助这个计算机网络，保持良好的指挥和通信能力。在 ARPAnet 发展初期只有 4 台主机，分布在美国加州大学洛杉矶分校(UCLA)、加州大学圣巴巴拉分校(UCSB)、斯坦福研究学院(SRI)和美国犹他大学(UTAH)。这个协定由剑桥大学的 BBN 和 MA 执行，在 1969 年 12 月开始联机。

为使不同基地和场所的不同类型的计算机进行安全通信，ARPA 开发了一种通用网络通信协议，也就是互联网现在使用的 TCP/IP 协议(Transmission Control Protocol/Internet Protocol)。借助 TCP/IP 协议，不同机种的计算机可以方便、准确地共享和交换信息，同时使用一种确保安全的路由方法，即动态调整路由方法，代替易被发现和跟踪的固定路由的传输方法，保证网络的安全正常应用。

另一个推动互联网发展的广域网是 NSF 网，它最初是由美国国家卫生基金会资助建设的，目的是连接全美的 5 个超级计算机中心，供 100 多所美国大学共享它们的资源。NSF 网也采用 TCP/IP 协议，且与互联网相连。在 20 世纪 80 年代初，由于种种技术和政治上的原因，利用 ARPAnet 的计划没有成功，于是美国国家卫生基金会(NSF)于 20 世纪 80 年代后期建立了速度更快的 NSFnet，以期连接这些超大型计算机中心，且用它把美国所有地区的网络连接起来。NSF 首先在全美国建立按地区划分的计算机广域网，然后将这些广域网与超级计算机中心相连，最终使美国各大超级计算机中心互联起来。连接各区域广域网上主通信节点计算机的高速数据专线构成了 NSFnet 的通信主干网，重要的是 NSFnet 直接采用了 ARPAnet 的技术和协议，即 TCP/IP 协议，建成后逐步取代 ARPAnet，成为遍布美国的一个高速骨干网络。由于 NSFnet 逐步在世界范围内与其他 TCP/IP 网络相连，具有较好的开放性并允许公众参与，遂被称为互联网。

ARPAnet 和 NSF 网最初都是为科研服务的，它们主要是为用户提供共享大型主机的宝贵资源。随着接入主机数量的增加，越来越多的人把互联网作为通信和交流的工具。1989 年，在普及互联网应用的历史上又一个重大事件发生了：TimBerners 和其他在欧洲粒子物理实验室的人提出了一个分类互联网信息的协议。WWW(World Wide Web)，基于超文本协议——在一个文字中嵌入另一段文字的连接的系统，当你阅读这些页面时，你可以随时用它们选择一段文字链接。最开始互联网是由政府部门投资建设的，所以它最初只限于研究部门、学校和政府部门使用，其他的商业行为是不被允许的。20 世纪 90 年代初，当独立的商业网络开始发展起来，这种局面才被打破。这使得从一个商业站点发送信息到另一个商业站点而不经过政府资助的网络中枢成为可能。

1993 年后，随着 WWW 应用的发展，互联网迅速扩展到金融和商业部门。由于网络规模的大幅扩大，美国政府无法提供巨资资助互联网主干网，因此到 1995 年 NSFnet 完成其历史使命，不再作为互联网的主干网，代替它的是由若干商业公司建立的主干网，如美国在线(AOL)、CompuServe、微软网(MSN)和奇迹网(Prodigy)等。互联网在产品与服务营销、大众沟通、信息共享传播和网络贸易上的价值，逐渐被越来越多的公司所认识，因此基于互联网的商业应用发展迅速。短短几年，互联网便获得爆炸性的增长，在全球刮起了互联网旋风，号称互联网应用浪潮。

自 20 世纪 90 年代以来，互联网不仅在美国得到迅猛发展，同时通过卫星和其他传播媒体向全世界扩展，特别是随着光纤技术的发展和大量应用，更加快了互联网扩展的速度和质量。目前包括中国在内，世界上几乎所有国家都已经接入互联网，并正在布局下一代互联网体系。

2. 互联网的特点

互联网之所以发展得如此迅速，应用得如此之快，且被称为 20 世纪末最伟大的发明与应用，是因为它从一开始就具有开放、自由、平等、合作和免费的特点。

1) 开放性

互联网是以分组交换方式连接而成的信息网络，因此它不存在范围上的封闭界限，打破了时间和地域的限制。互联网可以说是世界上最开放的计算机网络，任何一台计算机只要支持 TCP/IP 协议就可以连接到互联网上，十分方便，实现了网上信息等资源的共享。

2) 相对自由性

互联网是一个无国界的虚拟自由王国，一直保持着信息的流动自由、用户的言论自由、用户的使用自由。当然，鉴于目前互联网对国家政治、经济与人们生活的影响日益增强，几乎所有国家多多少少开始在互联网上增加了一些控制与安全措施，以保证互联网上业务的可靠开展，所以自由也应是相对的。

3) 平等性

互联网上的节点是不分等级而平等的。也就是说，互联网上一台计算与网上任意其他一台计算机的地位平等，不管计算机本身的速度与大小有什么区别，更体现不出网上的哪一个人比其他人更好。在互联网上，你是怎样的人仅仅取决于你通过键盘操作而表现出来的你，比如你说的话听起来像一个聪明而有趣的人说的，那么你在网上可能被认为就是这样一个人。你是老是少，长得如何，或者是学生、商界管理人士还是建筑工人等都没有关系。个人、企业、政府组织部门等各类实体在互联网上也是平等的、无等级的。

特别指出的是，互联网平等的特点将支持中小型企业、社会上相对弱势实体获得与大型企业、相对强势实体一样的商业机会与话语权，这对支持中小型企业产品与服务创新以及公民社会的建设是比较有利的。

4)　具有海量信息

互联网以信息爆炸形式形成了信息数据的洪流。并且，很多的互联网服务都是免费提供的。当然，随着互联网介入越来越多的商业活动，网络上很多资源开始收费，如网络图书馆、网络大学与网上娱乐等服务，这正是网络经济发展的体现。

5)　交流成本低廉

随着互联网技术的不断发展，互联网接入的费用越来越低廉，而且速度越来越快。互联网的使用费用远低于传统电信工具。

6)　合作性

互联网是一个没有中心的自主式的开放组织，强调资源共享和多赢发展的发展模式，因此涉及世界上国家间网络的相互合作与自律。

7)　交互性

人与人、人与信息之间可以互动交流。互联网作为平等、自由的信息沟通平台，信息的流动和交互是双向且即时的。这种即时互动的特点特别有利于企业、商家与客户之间的快速沟通，有利于网上交易与服务的发展。例如，海尔集团的客户现在不管在世界什么地方，只要能连接上网，就可以借助网络与海尔进行实时互动，建立海尔与客户之间的良好关系。互联网的多媒体、超文本技术使人们的信息交流方式由传统的线性交流转变为联想式的多向交流，用户同时成为网络信息资源的消费者和生产者。

8)　虚拟性

互联网还有一个重要特点是它通过对信息的数字化处理，通过信息的流动来代替传统的实物流动。这使得互联网通过虚拟技术具有许多传统现实中的功能。比如，网络银行的出现及其提供的网络支付与结算功能就是一种虚拟现实，网上拖拉机、网上军棋等娱乐游戏也是人与人之间借助网络媒介的游戏，好像人与人坐在同一张桌子旁玩一样，玩的过程与效果与现实中几乎没有太大区别。

9)　个性化

互联网可以鲜明地突出商家、个人和产品服务的特色。当然也只有有特色的信息和服务，才可能在互联网上不被信息的海洋所淹没，所以互联网引导的是个性化的时代，也为企业提供个性化的产品与服务提供了运作平台与创新空间。例如，网络大学就是一个高等教育个性化的网上产品，它能一年 365 天、一天 24 小时为学员提供在线服务，学员可在办公室或家里根据自己的时间、兴趣选择不同的课件学习。网络也可满足个性化的消费需求，比如，消费者可根据自己的偏好借助互联网定制 Dell 计算机，在内存大小、硬盘容量、显示器类型大小、CPU 类型、颜色等配置上均可进行个性化的定制，从而很方便地满足自己的个性化需求。

10)　全球化

互联网从一开始的商业化运作，就表现出无国界性、跨区域并且跨时间。因此，互联网从一诞生就是全球性的产物，当然在全球化的同时并不排除本地化，如互联网上主流语言是英语，但中国人习惯的还是汉语，所以存在大量的中文网站，也出现了中文域名。比如 www.yahoo.com.cn 上的内容就是中文的，但 www.yahoo.com 上的内容是英文的。

11) 持续性

互联网是一个飞速旋转的涡轮，它的发展是持续的。今天的发展给用户带来价值，推动着用户寻求进一步发展带来更多价值。目前新一代 5G 技术正在全世界发展，其支撑多媒体业务开展的特征必然又会大大促进网络业务的持续发展。

总之，开放、互动、自由、平等、易用、互联是互联网最大的特点，但是事物往往有其两面性，其开放性也给网络的安全带来了不利的影响。这一代互联网的安全性问题是最致命的缺点，比如层出不穷的黑客(Hacker)攻击，但新一代的互联网及其网络通信协议 IPv6 正在完善且应用拓展中。

3. 互联网的应用模式

互联网应用模式的发展大体经历了四个阶段：一是以 Mainframe 为中心的集中处理式网络，即主机/终端模式(Host/Terminal)；二是以单台计算机为中心辅以文件集中管理的局域网络系统，即文件/服务器模式，简称 F/S 模式(File/Server)；三是以注重客户端与服务器应用配合的分布式计算处理网络系统，即客户/服务器模式，简称 C/S 模式(Client/Server)；四是目前正在兴起的以 Web 浏览器与服务器为中心的互联网模式，即浏览器/服务器模式，简称 B/S 模式(Browser/Server)，如图 1.1 所示。

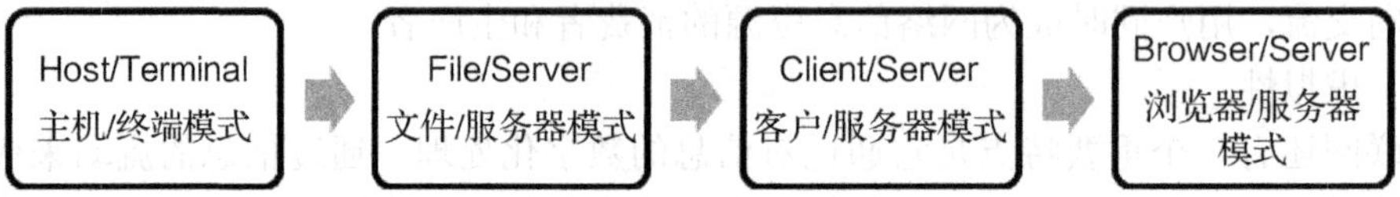

图 1.1　互联网应用模式的发展顺序

主机/终端模式由于硬件选择有限，硬件投资得不到保证，已被逐渐淘汰。

F/S 模式由于服务器基本只起一个文件柜的作用，计算服务功能太弱，因此在 1994 年以前的局域网中应用较广，但目前也被逐渐淘汰。

C/S 模式兴起于 1995 年左右，由微软(Microsoft)公司所推动，特别是其产品 Windows NT Server 是典型的 C/S 模式产品。C/S 模式主要由客户应用程序(Client)、服务器管理程序(Server)和中间件(Middle Ware)三个部件组成。Client/Server 模式相比主机/终端模式与 F/S 模式，更加明确并且均衡了客户端与服务器的作用，提高了网络的事务处理效率，但要求使用者对网络和计算机系统有一定的了解，而且不同的网络服务要求客户端使用不同的专用客户端软件，还会有不同的用户界面，这给客户的使用和整个网络应用系统的维护带来了很大的困难和不便。

B/S 模式严格来说是 C/S 模式的拓展，或者说是采用客户端浏览器标准软件的以 Web 服务器为中心的特殊 C/S 模式。目前流行的 B/S 模式是把传统 C/S 模式中的服务器部分分解为一个数据库服务器与一个或多个应用服务器(Web 服务器)，从而构成一个三层结构的客户/服务器体系。第一层客户机是用户与整个网络应用系统的接口，客户的应用程序精简到只需一个通用的浏览器软件，如 Internet Explorer 等。虽然 B/S 模式和 C/S 模式都是基于客户请求/服务器远程响应这个道理，但 B/S 模式具有一些优点。

(1) 简化了客户端。它无须像 C/S 模式那样在不同的客户机上安装不同的客户端应用程序，只需安装通用的浏览器软件，如 Internet Explorer。这样，不但可以节省客户机的硬盘空间与内存，而且使安装过程与使用更加简便，网络结构更加灵活，维护简易，效率高且成本低。例如，一个企业的决策层要开一个讨论产品库存问题的会议，他们只需从会议室的计算机上直接通过浏览器连接公司网站查询相关数据，然后显示给大家看就可以了，甚至与会者还可以把笔记本电脑连到会议室的网络插口上，自己来查询相关的数据。

(2) 简化了系统的开发和维护。系统的开发者无须再为不同级别的用户设计开发不同的客户应用程序，只要把所有的功能都实现在 Web 服务器上，并就不同的功能与类别为各个组别的用户设置不同的权限就可以了。由于现代企业面临着日新月异的竞争环境，企业对内部运作机制的更新与调整也变得逐渐频繁，其信息系统的调整与更新进程加快。相对于 C/S 模式，B/S 模式的维护具有更大的灵活性。当形势变化时，它无须再为每个现有的客户应用程序的升级而费时费力，只需对 Web 服务器上的服务处理程序以及相关数据进行修订即可。这样，不但可以提高公司的运作效率，还省去了维护时协调工作的麻烦与花费。如果一个公司有上千台客户机，并且分布在不同的地点，那么便于维护且易于维护将会显得更加重要。

(3) 使用户的操作变得更简单。对于 C/S 模式，客户应用程序有自己特定的规格，使用者需要接受专门培训。采用 B/S 模式时，客户端只是一个平常上网用的简单易用的浏览器软件，无论决策层还是操作层的人员几乎无须特别培训，就可以直接使用。

(4) B/S 模式特别适用于大范围的网上公共信息发布与事务处理，比传统的 MIS 的功能有所扩展，也是 C/S 模式所无法比拟的。借助这种模式，企业的大部分书面文件可以被电子文件取代，既节省了大量资金，也提高了企业的工作效率，使企业行政手续简化，节省人力物力。目前的电子政务，如网上税务、网上工商及 2009 年甲型 H1N1 流感期间大量的网上信息公告都说明了这一点。

鉴于 B/S 模式相对于 C/S 模式的上述先进性，B/S 模式正逐渐成为目前最为流行的 Internet 使用模式，也是 Intranet 的核心应用模式。目前，政府部门、大专院校、各类企业的信息化构建平台已逐渐采用 B/S 模式作为网络的主应用模式，电子商务本质上就是借助这种网络应用模式进行网上的事务处理。

不过随着移动互联网的发展，移动设备上的互联网应用模式又让 B/S 模式和 C/S 模式的地位发生了一些变化，C/S 模式相对于 B/S 模式在移动环境中出现了新的优势，比如用户黏性强、使用更方便等，使 C/S 模式有了新的活力。

4. 互联网提供的基础服务

目前 Internet 是一个比较可靠与快速的、易管理且能支持多种业务的新型网络，能跨区域支持多种网络服务。发展到现在，Internet 提供的服务主要包括以下七个方面。

1) 万维网服务

万维网，英文全称为 World Wide Web，简称 WWW，是 Internet 上集文本、声音、图像、动画、视频等多媒体信息于一体的全球信息资源网络。浏览器是用户通向 WWW 的桥梁和获取 WWW 信息的窗口，通过浏览器，用户可在浩瀚的 Internet 信息海洋中漫游，搜索和浏览自己感兴趣的所有信息，并与远程服务方实现信息交互。

2) 电子邮件

电子邮件(e-mail)是 Internet 上另外一个使用最广泛的服务。用户只要能与 Internet 连接并知晓对方的 e-mail 地址，借用 e-mail 专用收发程序或 Web 式 e-mail 页面，就可以与 Internet 上具有 e-mail 地址的所有用户方便、快捷、经济地交换电子邮件。可在两个用户间交换电子邮件，也可以向多个用户发送同一封邮件，或将收到的邮件转发给其他用户。电子邮件中除文本外，还可包含声音、图像、应用程序等各类计算机文件。用户还可用邮件的方式在网上订阅电子杂志、获取所需文件、参与有关的公告和讨论组、与商家交互甚至浏览 WWW 资源。

3) 文件传送协议

文件传送协议(File Transfer Protocol，FTP)是 Internet 上进行跨区域文件传送的基础。FTP 文件传送服务允许 Internet 上的用户将一台计算机上的文件传输到另一台计算机上。几乎所有类型的文件，包括文本文件、二进制可执行文件、声音文件、图像文件、数据压缩文件等，都可以用 FTP 传送。目前网上的“下载”与“上传”应用多数都是 FTP 应用的体现，比如在网上下载电影观赏。FTP 应用上可采用客户端软件服务方式，也可采用 Web 页面服务方式。

4) 新闻组

新闻组(Newsgroups)的服务是为对某个问题(如体育、财经)感兴趣的各 Internet 用户进行新闻阅读、评论和其他信息交流提供一个场所。Newsgroups 的成员使用一种称为 Newsreader 的专用程序，访问 Newsgroups、显示当前的信息列表、选择阅读信息以及传送就其他信息所给出的评论、访问和答复。

5) 专门讨论的 Usenet 或电子公告板系统

Usenet 是一个由众多志趣相投的用户共同组织起来的各种专题讨论组的集合，通常也称全球性的电子公告板系统(Bulletin Board System，BBS)。Usenet 或 BBS 用于发布公告、新闻、评论及各种文章供网上用户使用和评论，讨论内容按不同的专题分类组织，每一类为一个专题组，称为新闻组，其内部还可分出更多的子专题，是大学生们学习并发布自己见解的好地方。

6) 远程登录服务

Telnet 是 Internet 远程登录服务的一个协议，该协议定义了远程登录客户与服务器交互的方式。Telnet 允许用户在一台联网的计算机上登录到一个远程分时系统中，然后像使用自己的计算机一样使用该远程系统。如果有了 Telnet，便可检索各个大学图书馆和公共图书馆中的目录卡等。

7) 网络电话

网络电话又称 IP 电话，即 Internet Phone，狭义上是指通过 Internet 打电话，广义上则包括语音、传真、视频传输等多项 Internet 电信业务。IP 电话采用“存储转发”的方式传输数据，传输数据过程中通信双方并不独占电路，且对语音信号进行大比例的压缩处理，所以，网络电话所占用的通信资源大大减少，可以节省长途通信费用。由于多个用户同时共享一条线路，不像普通 PSDN 电话中的独占线路，所以 IP 电话的通信质量比 PSDN 电话要差一些。

由于互联网能提供的服务越来越多、越来越复杂，因此有人对此进行了重新总结：《网络与新媒体应用模式——创新设计及运营战略》(2015 年 9 月出版)一书认为互联网服务模式根据不同的需求可以分为六种一级应用服务模式，每个一级应用服务模式下又有若干二级应用服务模式。笔者对其中的办公需求有不太一样的理解，因此经过笔者的重新总结，将网络应用服务模式整理为表 1.1 所示。

表 1.1　网络应用服务模式的体系结构

需求方式	一级应用服务模式	二级应用服务模式	案　例
信息需求	网络信息获取模式	网络新闻模式	新浪网
		搜索引擎模式	百度搜索
		信息分类模式	58 同城
		信息聚合模式	豆丁网
		知识分享模式	知乎平台
交易需求	电子商务模式	B2B 电子商务模式	阿里巴巴
		B2C 电子商务模式	京东商城
		C2C 电子商务模式	淘宝网
		O2O 电子商务模式	美团网
交流需求	网络交流互动模式	即时通信模式	QQ
		个人空间模式	QQ 空间
		社交网络模式	微信、微博
		网络论坛模式	天涯社区
娱乐需求	网络娱乐模式	网络游戏模式	盛大网络游戏
		网络文学模式	起点中文网
		网络视频模式	优酷网
办公需求	电子办公模式	电子政务模式	南京政府网
		大型行业办公自动化模式	中石化办公自动化系统
		工作群模式	工作交流群
广告需求	网络广告模式	网幅广告模式	各种互联网广告企业均有
		文本链接广告模式	
		电子邮件模式	
		赞助模式	
		与内容相结合的广告模式	
		插播式广告模式	
		Rich Media 模式	

5. 中国互联网的发展

1989 年，中华人民共和国国家计划委员会决定利用世界银行贷款筹建北京中关村地区计算机网络(National Computing and Networking Facility of China，NCFC)，该网由北京大学、清华大学和中国科学院三个子网互联构成。1994 年 5 月，NCFC 作为中国第一个互联网与世界 Internet 连通，使中国成为第 71 个加入 Internet 的国家。中国互联网经过多年的快速发展，已经建立了相当规模的国内互联网络，网民数量与网络规模都已经跃居全球前列，网络应用趋于多样化、大众化。

2019 年 8 月 30 日，中国互联网络信息中心(CNNIC)在北京发布第 44 次《中国互联网络发展状况统计报告》。报告指出，截至 2019 年 6 月，中国互联网发展呈现以下六个特点。

(1) IPv6 地址数量全球第一，“.CN”域名数量持续增长。我国 IPv6 地址数量为 50 286 块/32，较 2018 年年底增长 14.3%，已跃居全球第一位。我国 IPv6 规模部署不断加速，IPv6 活跃用户数达 1.3 亿户，基础电信企业已分配 IPv6 地址用户数为 12.07 亿户；域名总数为 4800 万个，其中“.CN”域名总数为 2185 万个，较 2018 年年底增长 2.9%，占我国域名总数的 45.5%。2019 年 6 月，首届“中国互联网基础资源大会 2019”在北京召开，大会围绕网络强国战略大局，回顾中国互联网 25 周年的发展历程，聚焦互联网基础资源行业发展，展示前沿创新技术，搭建行业交流平台，推动行业规范有序发展。

(2) 互联网普及率超过六成，移动互联网使用持续深化。我国网民规模达 8.54 亿人，较 2018 年年底增长 2598 万人，互联网普及率达 61.2%，较 2018 年年底提升 1.6 个百分点；我国手机网民规模达 8.47 亿人，较 2018 年年底增长 2984 万人，网民使用手机上网的比例达 99.1%，较 2018 年年底提升 0.5 个百分点。与 5 年前相比，移动宽带平均下载速率提升约 6 倍，手机上网流量资费水平降幅超过 90%。“提速降费”推动移动互联网流量大幅增长，用户月均使用移动流量达 7.2 GB，为全球平均水平的 1.2 倍；移动互联网接入流量消费达 55 390 000 000 亿 GB，同比增长 107.3%。

(3) 下沉市场释放消费动能，跨境电商等领域持续发展。我国网络购物用户规模达 6.39 亿人，较 2018 年年底增长 2871 万人，占网民整体的 74.8%。网络购物市场保持较快发展，下沉市场、跨境电商、模式创新为网络购物市场提供了新的增长动能：在地域方面，以中小城市及农村地区为代表的下沉市场拓展了网络消费增长空间，电商平台加速渠道下沉；在业态方面，跨境电商零售进口额持续增长，利好政策进一步推动行业发展；在模式方面，直播带货、工厂电商、社区零售等新模式蓬勃发展，成为网络消费增长的新亮点。

(4) 网络视频运营更加专业，娱乐内容生态逐步构建。我国网络视频用户规模达 7.59 亿人，较 2018 年年底增长 3391 万人，占网民整体的 88.8%。各大视频平台进一步细分内容品类，并对其进行专业化生产和运营，行业的娱乐内容生态逐渐形成；各平台以电视剧、电影、综艺、动漫等核心产品类型为基础，不断向游戏、电竞、音乐等新兴产品类型拓展，以知识产权(Intellectual Property，IP)为中心，通过整合平台内外资源实现联动，形成视频内容与音乐、文学、游戏、电商等领域协同的娱乐内容生态。

(5) 在线教育应用稳中有进，弥补乡村教育短板。我国在线教育用户规模达 2.32 亿人，较 2018 年年底增长 3122 万人，占网民整体的 27.2%。2019 年，《政府工作报告》明确提出发展“互联网+教育”，促进优质资源共享。随着在线教育的发展，部分乡村地区视频会议室、直播录像室、多媒体教室等硬件设施不断完善，名校名师课堂下乡、家长课堂等形式逐渐普及，为乡村教育发展提供了新的解决方案。通过互联网手段弥补乡村教育短板，为偏远地区青少年通过教育改变命运提供了可能，为我国各地区教育均衡发展提供了条件。

(6) 在线政务普及率近六成，服务水平持续向好。我国在线政务服务用户规模达 5.09 亿户，占网民整体的 59.6%。在政务公开方面，2019 年上半年，各级政府着力提升政务公开质量，深化重点领域信息公开；在政务新媒体发展方面，我国 297 个地级行政区政府已开通了“两微一端”等新媒体传播渠道，总体覆盖率达 88.9%；在一体化在线政务服务平台建设方面，各级政府加快办事大厅线上线下融合发展，“一网通办”“一站对外”等逐步实现；在新技术应用方面，各级政府以数据开放为支撑、新技术应用为手段，不断创新服务模式；在县级融媒体发展方面，各级政府坚持移动化、智能化、服务化的建设原则，积极开展县级融媒体中心建设工作，成效初显。

1.1.2　电子商务概述

1. 电子商务的概念

电子商务源于英文 Electronic Commerce，简写为 EC。欧洲委员会 1997 年把电子商务定义为“以电子方式进行商务交易”。其内容包含两个方面，一是电子方式，二是商贸活动。电子商务以数据(包括文本、声音和图像)的电子处理和传输为基础，包含了许多不同的活动(如商品服务的电子贸易、数字内容的在线传输、电子转账、商品拍卖、协作、在线资源利用、消费品营销和售后服务)。它涉及产品(如消费品和工业品)、服务(如信息服务、财务与法律服务)、传统活动(如保健、教育)和新活动(如虚拟卖场)。

随着计算机和计算机网络的应用普及，电子商务不断被赋予新的含义。

(1) 从通信的角度来看，电子商务是通过电话线、计算机网络或其他方式实现的商品/服务或结算款项的传送。

(2) 从业务流程的角度来看，电子商务是实现业务和工作流自动化的技术应用。

(3) 从服务的角度来看，电子商务是要满足企业、消费者和管理者的愿望，如降低服务成本，同时改进商品的质量并提高服务实现的速度。

(4) 从在线的角度来看，电子商务是指提供在互联网和其他联机服务上购买和销售产品的能力。

总而言之，电子商务通常是指在全球各地广泛的商业贸易活动中，在互联网开放的网络环境下，基于浏览器/服务器应用方式，买卖双方不谋面地进行各种商贸活动，实现消费者的网上购物、商户之间的网上交易和在线电子支付以及各种商务活动、交易活动、金融活动和相关的综合服务活动的一种新型的商业运营模式。

2. 电子商务的分类

电子商务发展到现在已相当成熟，体现在其理论体系、支撑技术、运作模式及类型均有了较明确的定义。当然，随着 Internet 应用的进一步普及，电子商务各方面还会继续完善。这里所讲的电子商务的类别也在不断发展中。电子商务的分类方式也比较多，以下是几种主要的分类方式。

1) 按照使用网络类型分类

根据支撑商务开展的网络类型不同，电子商务可以分为三种主要形式：第一种是 EDI(Electronic Data Interchange，电子数据交换)商务，第二种是 Internet 商务，第三种是 Intranet 商务。这三种电子商务的关系及发展也基本反映了电子商务的发展史。

(1) 基于 EDI 的电子商务(20 世纪 60—90 年代)。

从技术的角度来看，人类利用电子通信的方式进行贸易活动已有几十年的历史了。早在

20 世纪 60 年代，人们就开始用电报报文发送商务文件；在 20 世纪 70 年代人们又普遍采用方便、快捷的传真机来替代电报。由于传真文件是通过纸面影像复制传递信息的，不能将信息直接转入信息系统中，因此人们开始采用 EDI 作为企业间商务活动的辅助手段，从而形成了电子商务的雏形。EDI 在 20 世纪 60 年代末期产生于美国，是按照统一规定的一套通用标准格式，将标准的经济信息通过通信网络传输，在贸易伙伴的电子计算机系统之间进行数据交换和自动处理。由于使用 EDI 能有效减少直到最终消除贸易过程中的纸面单证，因而 EDI 也被称为“无纸交易”，是一种利用计算机进行商务处理的新方法。EDI 将贸易、运输、保险、银行和海关等行业的信息，用一种国际公认的标准格式通过计算机通信网络，使各有关部门、公司与企业之间进行数据交换与处理，并完成以贸易为中心的全部业务过程。

相对于传统的订货和付款方式来说，EDI 大大节约了时间和费用，较好地解决了安全保障问题。但是，由于 EDI 必须租用专线，即通过购买增值网服务才能实现，费用较高；也由于需要有专业的 EDI 操作人员，需要贸易伙伴也使用 EDI，因而阻碍了中小企业使用 EDI，一直只有一些跨国公司或大企业用得起，因此，EDI 虽然已经存在了二十多年，但至今仍未广泛普及。近年来，随着计算机价格的不断下降、Internet 的迅速普及，借助 Internet 成本低廉、简单易用的特点，基于 Internet 平台、使用可扩展置标语言 XML(Extensible Mark Language)的 EDI，即 Web-EDI 正在逐步取代传统的 EDI。这体现出 EDI 与 Internet 之间相互融合的趋势，Web-EDI 其实就是后文所述的 B2B 电子商务。

(2) 基于 Internet 的电子商务(20 世纪 90 年代以来)。

20 世纪 90 年代以来，Internet 迅速普及，逐渐从大学、科研机构走向企业和百姓家庭，其功能也从单纯的信息共享演变为一种大众化的信息传播工具与商业服务传递方式。从 1991 年起，一直被排斥在 Internet 之外的商业贸易活动正式进入这个王国，因而使电子商务成为互联网应用的最大热点。

基于 Internet 的电子商务已经成为国际现代商业的最新形式，这里所说的电子商务是指以计算机、通信、多媒体、数据库技术为基础，借助 Internet，在网上实现营销、购物与有偿娱乐等服务；从企业角度来讲，可以借助 Internet 这个崭新的媒体，跨时空并且方便快捷地收集到客户的反馈信息，把企业的产品与服务直接送到客户面前。

2013 年之后，随着智能手机的普及，4G 网络的出现，各大电商平台对手机端 App 进行转型。移动终端和支付技术的进步助推电商在网民中的渗透率提升。有“互联网女皇”之称的玛丽·米克尔发布了《2019 互联网趋势报告》，报告称 2019 年全球互联网用户达 38 亿人，渗透率超过 50%，中国电商体系已发展成熟，用户规模逐渐触达饱和，各大电商平台都不遗余力地开拓新的营销模式来抢占市场占有率，电商模式的创新也遍地开花，比如出现了社交电商、直播电商等，用直观、互动性强的方式唤起消费者的购买欲望，如快手、抖音、火山、美拍等。数据显示，2019 年上半年，中国的网络零售总额已达到 195209.7 亿元，占社会零售总额的 24.7%，截至 2019 年，中国移动电商用户规模突破 7 亿人。

随着 5G 时代的到来，人工智能及大数据应用的爆发，新时代电商将步入新阶段。一方面，电商直播会盛行。5G 时代会利用其特有的高宽带、低延迟的特点，直播和长视频会迎来走红的机会。另一方面，增强现实(Augmented Reality，AR)技术在电商行业将大规模应用。5G 的到来让 AR 技术大幅度升级，当电商平台引入 AR 技术后，商家就可以 360°展示店铺与产品，让客户有身临其境的体验。而且传统线下实体商家在入驻电商平台后，通过 AR 技术的应用，给消费者身临其境的购物体验，增加与顾客达成交易可能性，可通过送货员的快速响应速度，实现同城 1～2 小时完成配送。这将会进一步推进线上线下完全融合，最终形成一些新的商业形态。

2020 年年初，新冠病毒疫情暴发，疫情期间，娱乐、生鲜食品、在线办公、在线教育、医疗资讯等线上需求强劲，带动相关互联网平台收入和业务量大幅增长，支撑整个互联网和相关服务业维持正增长态势，2020 年 1—2 月，国内规模以上互联网企业营业收入 1311 亿元，同比增长 4.5%。目前，疫情给全球电子商务行业带来的影响仍然有很多的不确定性。

(3) 基于 Intranet 的电子商务。

Intranet 是在 Internet 基础上发展起来的企业内部网，或称内联网。企业借助 Internet 的技术与应用模式来构建企业的内部网络，并且附加一些特定的安全监控软件，将企业内部网络与外面的 Internet 连接起来，这样的网络就叫 Intranet。Intranet 与 Internet 的主要区别在于 Intranet 内的敏感或享有产权的信息受到企业防火墙安全网点的保护，它只允许有授权的用户介入内部 Web 网点，外部人员只有在满足许可条件时才可进入企业的 Intranet，内部的敏感信息也只有经过许可才可传送。Intranet 将大中型企业分布在各地的分支机构及企业内部有关部门和各种信息通过网络予以联通，使企业各级管理人员能够通过网络方便读取自己所需的信息，利用网上在线事务的处理代替纸张贸易和内部流通，从而有效地降低了交易成本，提高了经营效益。

基于 EDI 的电子商务、基于 Internet 的电子商务关系可用图 1.2 来表示。

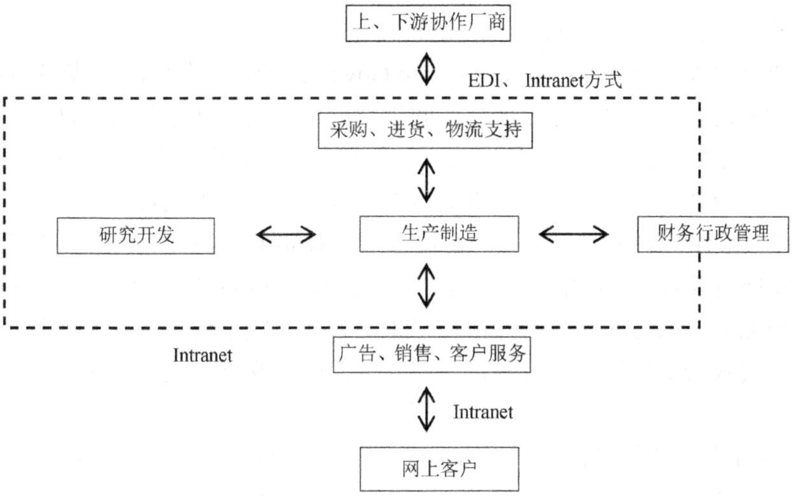

图 1.2 不同网络类型的电子商务关系

2) 按照商务交易对象的性质分类

商务交易对象的性质是不同的，可能是企业、政府行政部门，也可能是普通的个体消费者。因此根据商务交易对象的性质不同，电子商务可分为以下五种形式。

(1) 企业与企业的电子商务。

企业与企业，英文为 Business to Business，简称 B2B，故 B2B 电子商务指的就是企业与企业之间进行的电子商务活动。例如，生产企业利用Internet或Extranet向它的供应商采购，或利用计算机网络付款，或在网上向经销商批量销售商品等。这一类电子商务特别是企业之间通过VAN采用EDI方式所进行的商务活动，已经存在多年；从未来的发展来看，基于Internet平台的B2B电子商务仍会是电子商务发展的主流。例如，海尔集团使用B2B电子商务模式成功实现了业务的网上拓展。

值得注意的是，B2B电子商务与传统贸易的较大区别是它需要与电信业、银行业等其他领域相结合，才能获得生存机会。也就是说，如果没有较好的互联网络设施与网络支付工具，就不能体现电子商务的快捷、方便与效率。所以，B2B电子商务的解决方案，应该重构企业的整个业务流程，从内部数据处理、企业策略、物流、人事管理到与客户关系的管理等方面，提供端到端的全面服务，这是企业未来的发展方向。

(2) 企业与消费者的电子商务。

企业与消费者，英文为Business to Consumer，简称B2C，故B2C电子商务指的就是企业与消费者之间进行的电子商务活动。这类电子商务是主要借助Internet所开展的直接面向消费者的在线销售与服务活动。从技术角度来看，企业商务面对广大的消费者，并不要求双方使用统一标准的单据传输，在线式的零售和支付行为通常只涉及银行卡或其他电子货币，Internet所提供的搜索功能和多媒体界面使消费者更容易查找适合自己需要的商品，并且能对商品有更深的了解。因此，开展企业对消费者的电子商务，障碍较少，潜力巨大。

事实也说明了这一点。最近几年随着Internet的发展，由于消费者数量庞大，这类电子商务的发展异军突起，特别是在中国，大家熟悉的均是这种电子商务，以至于许多人错误地认为电子商务就只有这一种模式，像天猫、京东等商城早已家喻户晓。

(3) 企业与政府行政部门间的电子商务。

企业与政府行政部门，英文为Business to Government，简称B to G或G to B，故B to G电子商务指的就是企业与政府行政部门之间进行的电子商务或事务合作活动，包含面向企业的电子政务。这类电子商务主要是在政府部门与企业之间借助于Internet开展事务合作或商业交易，比如企业网上纳税、网上事务审批，政府部门网上招标采购等。这种方式虽然在我国还处于发展阶段，但发展将会非常快，因为B to G电子商务不但可以帮助政府行政部门树立公正廉洁并且有效率的政府形象，而且借助B to G电子商务，企业可以直接采取更有效率、更加方便的方式与政府部门进行事务合作，既节省人力也节省物力，并且企业可以及时地查阅政府部门的信息公告，与政府部门即时交互，大大改善了政府部门与企业之间的关系。

鉴于B to G电子商务在整个社会的示范作用，目前世界各国政府都在大力促进与政府事务相关的B to G电子商务与第四类G to C电子商务的发展。在美国，1995年后，克林顿政府已决定对70%的联邦政府的公共采购实施电子化与网络化；在瑞典，到1999年便至少有90%的政府采购在网上公开进行。中国这方面的发展十分迅速，特别是北京市这类电子商务(或叫电子政务)的发展已达到一定的水平，比如自2003年起北京市的一些公共事务政府部门如工商局、税务局、公安局、北京市科委等开始面对企业与个人进行网上办公与事务合作、网上招标采购等，到2005年已基本建成一个完全网上运作的“北京电子政府”，实现了“数字北京”的宏愿(见http://eservice.beijing.gov.cn)。如今，其电子政务发展已相对成熟，服务形式和内容经过不断创新和丰富，现已开展了政府信息公开、政民互动服务、面向个人办事的电子政务服务、面向企业办事的电子政务服务和人文北京等多项在线服务。

(4) 消费者与政府行政部门间的电子商务。

个人消费者与政府行政部门，英文为 Consumer to Government，简称 C to G 或 G to C，故 C to G 电子商务指的就是消费者与政府行政部门之间进行的电子商务或事务合作活动，包含政府面向个人消费者的电子政务。这类电子商务或事务合作主要是在政府部门与个人之间借助于 Internet 开展事务合作或商业交易，比如个人网上纳税、网上事务审批、个人身份证办理、社会福利金的支付等。这方面更多地体现为政府的电子政务。随着网络应用的普及，特别是个人消费者对 Internet 的熟悉，网民越来越多，政府部门网上办公的意识加强，这种 C to G 电子商务成为当前世界各国的一个发展热点。在发达国家，如在美国、澳大利亚等，政府的税务机构已经通过网络来为个人报税。在中国，这种面向个人的电子政务也逐渐发展起来，例如，北京市公安局自 2003 年开始的网上身份证办理、网上护照办理、网上个人所得税申报等，经过十多年的发展已相对成熟，这种政务处理模式以其简便、易用、省时省力的特点受到了广大市民的欢迎。

(5) 消费者与消费者的电子商务。

消费者与消费者，英文为 Consumer to Consumer，简称 C to C，故 C to C 电子商务指的就是消费者与消费者之间进行的电子商务或网上事务合作活动。这类电子商务或网上事务合作主要借助一些特殊的网站在个人与个人之间开展事务合作或商业交易，如网上物品拍卖、个人网上事务合作、网上跳蚤市场等。注意，这里所指的个人可以是自然人，也可以是商家的商务代表。现代社会中的自然人或者由自然人组成的家庭集合中蕴藏着丰富的资源，不仅有物资资源，而且有更多的知识资源，包括科技、文化、教育、艺术、医药和专门技能等。C to C 的电子商务能够实现家庭或个人的消费物资再调配、个人脑力资源和专门技能的充分利用，从而最大限度地减少人类对自然资源和脑力资源的浪费。换句话讲，借助 C to C 电子商务，个人借助网络满足自己个性化的机会大大增加了，社会各类资源包括物资资源与智力资源也能得到更广泛与更充分的利用。

这类电子商务模式近年来在国内得到了很大的发展，这也是家庭网络普及率提高的结果。国外的电子湾 eBay、国内的淘宝网都是这类电子商务的成功代表。

3) 按照商务活动的内容分类

按照商务活动的内容分类，电子商务主要包括以下两类商业活动。

(1) 间接电子商务。

其体现为有形货物的网上交易，网上进行商务信息的交互，但仍然需要利用传统渠道如邮政快递、物流配送等辅助完成。例如，联想集团的网上计算机销售、北京莎啦啦公司的网上鲜花定制，都需要网上网下配合，电子与传统手段相互支撑，特别是在物流环节需要强大的现代物流支持。

(2) 直接电子商务。

其体现为网上无形的货物和服务，特别是一些知识产权产品，如计算机软件、电子书籍 eBook、娱乐内容的联机网上订购、网上传送(文件或信息下载)，或者是全球规模的有偿信息服务，如知名网上娱乐公司联众游戏的网上棋牌服务、北京交大的网上大学教育，还有网上证券、网上医疗等。这些商品共同的特点是无形的，直接借助网络就可快速方便地完成传递交付过程。由于直接和间接电子商务均提供特有的机会，所以很多公司往往是二者兼营，比如北京图书大厦、Amazon 等既进行有形商品的电子商务，如传统的纸质书本、光盘 DVD 等，又进行 eBook 及计算机软件直接下载销售。

由于间接电子商务需要依靠一些外部要素的辅助，如运输系统，所以其开展还受到大环境的制约，这正是目前大力开展现代物流的原因。而直接电子商务能使双方借助 Internet 越过地理界线一天 24 小时地进行网上交易，成本低廉并且更加充分地利用了网络的优点，让企业更能充分地挖掘全球市场的潜力，所以这种直接的电子商务成为目前电子商务最为亮丽的风景线。例如，哈佛大学的网上教育遍布全球，不但为哈佛大学带来巨大的经济效益，而且可跨区域地传播这所世界名校的思想并带来更广泛的声誉。

3. 电子商务的特点

基于 Internet 与 Web 技术的电子商务，与传统商务活动相比具有许多明显的优点，它对企业具有更大的吸引力，主要表现在以下五个方面。

1) 交易成本低

由于 Internet 是国际上的开放性网络，规模巨大，所以它的使用费用很低，一般来说，其费用不到专用增值网络 VAN 的 1/4。这一优势使得许多企业尤其是中小型企业对电子商务的开展非常热心，因为传统的商务形式对中国大多数中小型企业来讲如租用专用网络、电视广告、连锁店营销等还是相当昂贵的。借助电子商务，中小型企业第一次与大型企业一样，可以直接出现在客户面前，传统媒介沟通的鸿沟已不明显。

基于网络的电子商务运作模式，通过以信息流代替物流、减少中间渠道、网络广告、以无穷量的网站代替实物商店、无纸化业务处理等手段，使买卖双方的交易成本大大降低。这在规模巨大的跨国公司表现得更加明显，IBM、Dell、华为等企业业务的网络化处理，每年节省各种办公费用从 1000 万美元到 3 亿美元不等，这种情况在非常时期更加体现出即时、方便、低成本性。据 IDC 调查，使用 Internet 的商家基础设施投资回报率为 21%～68%，美国的银行通过 Internet 的交易每笔付费 13 美分，而通过文传的交易每笔付费要 26 美分，通过电话交易每笔付费 54 美分，按照传统方式到银行柜台当面交易每笔付费高达 1.08 美元。看来，借助 Internet 开展网上业务的效益是明显的。

2) 交易虚拟化

电子商务利用快捷、便利的 Internet 作为通信手段，在更广阔的时空里实现商品流通信息的咨询、交换，以至直接开展网上交易。通过互联网进行的交易，交易双方无论是交易磋商、签订合同还是支付款项等都不需要当面进行，都可以在网上完成，整个过程完全虚拟化。电子商务的出现，还取代了商品流通中大量的中间行为，商品代理制、分销商、层层叠叠的批发，以及展览会、展销会等都有可能随着电子商务这种新型销售方式的崛起而变得不再那么重要、那么必需了。此外，由于电子商务中使用的商业报文采用统一的标准，特别是在 EDI 环境下的 B2B 电子商务，商业报文能在世界各地瞬间完成传递且由计算机自动处理，而原料采购、产品生产、需求与销售、银行汇兑、保险、货物托运及申报等过程，无须人员干预便可在最短的时间内完成。总之，电子商务的发展极大地简化了商品的流通环节，缩短了交易时间，提高了交易的效率。

3) 交易跨时空

电子商务利用 Internet 的优点成为实现跨地区、跨国界交易的更有效途径。利用多媒体及与此相应的软件编程技术，商家能在网络上构筑销售其产品的“虚拟展厅”，以生动逼真的视频图像和动画技术，辅以文字、声音等复合信息，对产品进行全方位的描述和介绍，使企业客户或消费者远在万里之遥也同样能够收到身临其境的效果，足不出户便可实现商务意愿。在网络构筑的“世界大展厅”里，消费者还能货比三家、择其所爱。

电子商务是 24 小时不分时区运作的，它可以使用户获得 24 小时的信息查询和订货服务，可使商家进行 24 小时的产品宣传和接收订单，既方便了用户，提高了效率，同时也降低了商家的运营成本。这在网络银行、网上娱乐、网上教育与培训、网上图书馆、网络广告方面表现得更加明显，大大满足了不同地域的人们在不同时间段的个性化需要。

4)　交易效率高

互联网将交易中的一些报文标准化，能在世界各地瞬间完成传递，并实现计算机自动处理。比如，原料采购、产品生产、产品销项、支付款项、保险、货物托运等过程，在无须人员干预的情况下，能在最短时间内完成。不像传统方式每个环节都需要人力、物力，而且耗费时间，还容易出错。电子商务克服了传统方式交易费用高、易出错、处理速度慢等缺点，极大地缩短了时间，使交易效率更高。

5)　开创网络经济

电子商务正逐步成为 21 世纪一种主要的商务方式，全球经济将因此从传统经济快速向网络经济过渡。对人类来说，这种转变是一次深刻的革命性变革，将开辟一个崭新的经济时代，即网络经济时代，它以信息与网络经济社会为基本特征。

传统工业与农业经济是建立在材料、能源和土地等有形自然资源消耗的基础上的。传统的产业革命都是以自然资源、环境容量取之不尽为前提，采用各种技术手段高效开发、利用这些自然资源为目标而展开的。然而，地球上的自然资源毕竟是有限的，地球上很多原材料是很难重复利用的，自然资源的过量开发利用，带来的是人类生存环境的恶化和破坏。比如石油资源是有限的，对中国这样经济快速发展的国家来说更是瓶颈，2007 年世界石油价格的高涨就对中国经济的发展带来了非常不利的影响。因此，再也不能沿用过去的产业革命的方法来发展传统经济，而必须用全新的理念和全新的技术来改造、发展传统经济和传统产业。

网络经济是一种全新的经济，人类在传统的经济活动中，产生了大量的数据，经过加工处理，即成为信息。电子商务的兴起，不仅将物质产品数字化，还将企业与人们的所有活动都数字化、网络化了。Internet 的出现，犹如传统经济时代由于蒸汽机的发明而产生的火车头一样，给网络经济的起飞奠定了可靠的基础，网络技术的更新换代，必然引起网络经济的巨大变革。网络经济和传统经济并不是完全对立的，可以说是相互支持的。二者的结合，能有效地改造和发展传统经济，使人类的经济活动达到一个新的高度，因为像计算机、冰箱、彩电、汽车等有形物质的电子商务还需要强大的现代物流的支持。数字经济的发展，不仅持续地改造着传统经济的产业组织结构和增长方式，还会不断产生新的产业，涌现新的消费热点，对全球经济，对人们的生活、工作、学习等，对企业和社会都会产生巨大的影响，比如网络游戏就是现实社会的虚拟再现。

4. 电子商务的运行模式

电子商务虽是一种崭新的商务形式，但其核心是商务，电子是其实施手段。因此，电子商务在组成要素、运作模式及业务流程上必然遵守商务的普遍规律，很多方面与传统商务类似，只要了解对应的传统商务的运作模式与业务流程，电子商务的运作模式与流程也就不难理解了。当然电子商务还是有区别于传统商务的地方，其运作工具更多采用的是电子与网络手段，那么运作模式与流程上就要符合电子手段的特点，比如在商务支付上，支持电子商务发展的网络支付和结算与传统商务的传统纸质货币支付在安全认证上就有不同的流程。为了更好地理解后面叙述的网络支付与结算在电子商务中的作用与定位，弄清楚电子商务的运作模式与流程是必需的。这些方面在相关的课程与书籍中已经做了较详细的介绍，下面结合支付环节再做简要说明。

1) 电子商务的运作模式

电子商务中任何一次交易，像传统的商务交易一样，都包含着几种基本的流行态，即信息流、商流、资金流、物流。其中信息流包括商品信息的提供、促销行销、技术支持、售后服务等内容信息的流动与交换，诸如询价单、报价单、信用信息咨询等；商流是指商品在购、销双方之间进行交易并且伴随商品所有权转移的运动过程，具体是指商品交易的一系列活动，比如合同的准备、传递、修改直至签订；资金流主要是在购、销双方之间相关资金的转移过程，包括付款通知单、支付转账、发票传递等过程；物流作为“四流”中最为特殊的一种，是指物质实体(商品或货品)的时间和空间转移过程，具体包含物资转移过程中的包装、运输、存储、配送、装卸、保管、物流信息管理等各种生产活动。

需要特别注意的是，在电子商务中，存在大量的知识产权产品(如电子书籍、电子课件、软件包、电影与歌曲文件、其他电子数据文件等电子出版物)与商业服务传递(如网上游戏服务、网上证券服务、网上咨询服务、网上广告等)。这类特殊的网上产品与服务无须传统的物流工具如汽车、飞机等运输和提供，可以直接通过网络传输的方式进行配送，所以体现出来的并不是看得见的物流，而是一种“电子流”，也可以说是一种特殊的无形物流。当然，对电子商务中大多数商品和服务来说，物流仍要经由物理方式来运作。现代物流中由于一系列机械化、自动化工具的应用，借助准确、及时的物流信息对物流生产过程的监控，将使物流的流动速度加快、准确率提高，且能有效地减少库存，缩短生产周期。这些都大大提高了物流效率，降低了企业物流成本，所以现代物流同样是电子商务的重要支持部分。

因此，在电子商务的研究中，像传统商务一样，必须对信息流、商流、资金流和物流进行有机整合，统筹考虑，协调发展，才能保证电子商务的顺利实施。从前面的理解可以看出，信息流、商流、资金流都可以借助计算机和网络通信设备实现，发挥 Internet 的优势，体现电子商务的高效率与低成本运作；物流部分，知识产权类电子产品与商业服务也可非常方便地借助 Internet 来传输，而像汽车、电视机、VCD 盘、鲜花、纸质书本、计算机等有形物质产品的运输，还有赖于传统物流工具如汽车、货车、飞机、船舶、仓库等辅助实现，但物流信息可以借助计算机与网络进行准确与及时的处理，以体现现代物流信息化的特点。这正说明传统商务与电子商务并不是非此即彼的对立关系，而是互相支持的，其遵循一般商务规律的性质，只不过实施工具有所不同。

除了上述的信息流、商流、资金流、物流四种业务流之外，在电子商务下，与传统商务类似，还涉及电子商务实体即 EC 实体、交易事务、电子市场三个要素，它们一起构成电子商务的运作模式。

所谓 EC 实体是指开展电子商务的实体，如政府部门、企业或个人等，即“谁在做”；交易事务是指电子商务的内容，比如冰箱贸易还是鲜花贸易等，即“做什么”；电子市场是指电子商务开展的地点，比如企业的电子商务网站，即在“哪里做”；而信息流、商流、资金流、物流这四大流的流动正体现为电子商务的业务处理流程，由商务参与各方在时机、内容、交货等方面协商决定并且严格执行，即“如何做”。因此，电子商务的模型构架与传统商务的运作模型并没有太大区别，只是相关的商务处理地点与工具不同罢了，更多地由电子与网络化工具代替了原来的传统商务处理工具。

当然，电子商务运作模式与传统商业运作模式在运作目标上存在着本质的不同，体现为电子商务运作模式将传统商业的以物流驱动资金流和信息流的价值交换模式转变为以信息流引导物流和资金流，从而实现价值交换的新模式。电子商务运作模式的本质是利用电子方式在客户、供应商和合作伙伴之间实现在线交易、相互协作和价值交换，其核心是通过对信息流的控制实现整个商业活动，以及对涉及的交易数据流、商流、资金流、物流等多种信息流的处理、安全监控和管理。

在上述电子商务的运作模式中，本书叙述的核心内容就是四大流之一的资金流的相关控制、处理与安全问题，具体来说就是网络支付与安全问题。由于资金的流动与处理是企业最关注的核心问题之一，特别敏感，必须保证安全可靠，并具有一定的支付效率，因此，保证电子商务的安全、快速、大规模开展，就必须重点解决交易参与各方关心的资金流问题，即如何保证资金安全并且方便、快捷的网络支付与结算处理过程，否则电子商务也体现不出其效率与优点。

2)　电子商务的交易模式

不同类型的电子商务交易虽然都包括上述四个阶段，即基本交易流程相同，但具体的交易模式是不同的。对基于 Internet 的电子商务来讲，大致可以归纳为两种基本的交易模式，即网络商品直销和网络商品中介平台交易的交易模式。

(1)　网络商品直销的交易模式。

网络商品直销是指消费者和厂家或者需求方和供应方，直接利用网络形式所开展的商品或服务买卖活动。B2C 型电子商务大多属于网络商品直销的范畴，如小米科技的网络直销、Dell 公司的网络直销、人民大学的网络远程教育等。这种交易模式的最大特点是供需双方直接在网络上“见面”，厂家或商家直接在网上面对消费者或客户，环节少或几乎没有中介平台环节，交易速度快，费用较低。其中，小米科技的直销模式最具特色，也被认为是当今互联网时代最成功的营销模式之一，广受营销人士的称赞，其近乎免费的营销模式使广大营销精英望尘莫及。在小米的网络营销模式中，包含以下几个方面。

①　建立门户网站。

小米官方网站通过网络，将小米公司的良好形象、经营理念、公司资讯、产品信息及服务信息进行了全面的展示，通过及时有效的信息发布与客服互动，在客户心中树立起良好的企业形象，为取得更好的社会效益及经济效益打下了良好基础。完善的企业网站解决方案的优点在于：它会成为信息发布、信息收集、信息处理及信息共享的最有效工具。小米官方网站充分考虑网站未来信息流量大、信息密度高、信息面广的特点，将信息服务有序地、实时地、准确地完成。同时，借助网站的互动能力广泛地收集来自顾客的反馈信息，并加以整理和分析，充分融合，然后以 Internet 的形式让信息自外向内，再自内向外有序流动，形成一个闭环的信息系统，真正将信息服务提高一个层次。

② 建立论坛。

2011 年中期，凭借 MIUI 论坛，手机论坛迅速建立起来。之后相继建立了几个核心的技术板块(如资源下载、新手入门、小米学院)，后来增加了生活方式的板块(如酷玩帮、随手拍、爆米花等)。这些板块的人气为小米手机后续实施的“饥饿营销”起到了极大的宣传推广作用。

③ 病毒式营销(又称口碑营销)。

也许你不关注 IT 产品，可是你仍然知道了小米手机，因为你的手机控朋友都在讨论小米手机，出于好奇心，你也开始到网上去了解小米手机，了解到小米手机的种种优越性后，你不由自主地当起了“病毒传播者”。小米手机通过制造各种“绯闻”：小米手机的创意是“偷师”来的，小米手机的发布会是模仿苹果的，许多名人要把苹果手机扔进垃圾桶改用小米等，实现了品牌的输入与推广。

④ 事件营销。

超强的配置、极低的价格、极高的性价比，小米手机凭借这些特点赚足了媒体的眼球，而雷军也因以乔布斯风格召开的“向乔布斯致敬”的发布会而被媒体所八卦。就在这次新品发布会之后，小米手机在网络上的关注度呈爆炸式增长。

⑤ 微博营销。

小米手机正式发布前，其团队充分发挥了社交媒体——微博的影响力。比如，在小米手机发布前，通过手机话题的小应用和微博用户互动，挖掘出小米手机包装盒“踩不坏”的卖点；产品发布后，又掀起转发微博送小米手机的活动，以及分享图文并茂的小米手机评测等。在小米手机发布之前，雷军每天发微博的数量控制在两三条，但在小米手机发布前后，他不仅利用自己的微博高密度宣传手机，还频繁地参与新浪访谈，出席腾讯微论坛、极客公园等活动。雷军的朋友们，包括过去雷军投资过的公司的高管，如凡客 CEO 陈年、多玩网 CEO 李学凌、优视科技 CEO 俞永福、拉卡拉 CEO 孙陶然、乐淘网 CEO 毕胜等，纷纷出面在微博里为小米手机造势。作为 IT 界的名人，他们每一个人都拥有众多粉丝，因此，微博的营销功能被小米团队运用到了极致。

⑥ 饥饿营销。

在小米手机正式发售后不久，小米科技公司开始限制出售手机，市场供不应求，达到控制市场的目的，利用消费者“得不到的才是最好的”的心理因素，有意降低产量，以期达到调控供求关系、制造供不应求“假象”、维持商品较高售价和利润率，同时也达到维护品牌形象、提高产品附加值的目的。而这样的做法才会出现在发售当天短短 3 小时内 10 万台小米机便销售一空的结果。这一步步的产品控制，使小米科技公司的“饥饿营销”策略非常成功。

另外，企业与企业间基于网络进行的直接交易，属于 B2B 电子商务，也可视为网络商品直销的交易模式。企业与企业间基于网络特别是 Internet 进行的直接交易目前是电子商务发展的热点之一，也是比较成功的地方，特别是一些大型企业借助技术、资金、人才与信息化等多方面的优势，开展得比较积极，效果也不错。比如，海尔公司、Dell 公司等。

网络商品直销还能够有效地减少售后服务的技术支持费用，保证服务的标准与一致性。

许多使用中经常出现的问题，客户或消费者都可从厂家的网络主页中找到答案，或者通过电子邮件与厂家技术人员直接交流。这样，厂家可以大大减少技术服务人员的数量，减少技术服务人员出错的频率，从而降低企业的经营成本。借助网络上企业提供的统一服务，可以统一全球的服务标准，保证一致的服务质量，减少因中间环节不到位而带来的不确定性。这方面的困扰很多消费者都经历过，很多时候企业提出一个服务的标准，可是经销商或特约服务商并不按规则办事，导致客户对企业的满意度下降，最终造成客户或消费者的流失。

网络商品直销也存在一些不足之处，主要表现在以下两个方面。

① 购买者只能从网络广告中判断商品的性能、样式和质量等，对事物没有直接的感知，在很多情况下可能产生错误的判断；在电子商务发展初期某些生产者也可能利用网络广告对自己的产品进行不实的宣传，甚至打出虚假广告欺骗顾客。

② 双方在网络上直接交易，还存在技术上的一些不安全因素。例如，购买者利用信用卡进行网络交易，不可避免地要将自己的密码输入计算机，犯罪分子可能利用各种高新技术手段窃取密码，进而盗窃用户的钱款。这种情况不论在国外还是在国内，均时有发生，因此电子商务双方直接交易发展到目前是存在一定风险的。不过，所有的商务包括传统商务都是有一定风险的，比如传统商务中支付环节产生欺骗、支付数额不足、支付抵赖等也屡见不鲜，从来就没有绝对安全的商务，只是按概率统计的相对安全，所以随着技术的发展，特别是一些高精尖的加/解密技术的逐步应用，目前的电子商务特别是在支付结算环节还是比较安全的。

(2) 网络商品中介平台交易的交易模式。

网络商品中介平台交易是指交易实体即卖方与买方通过专业的网络商品交易中心，即虚拟网络市场进行的商品交易，而非交易双方直接沟通的交易。相对于第一种交易模式，可以说这是一种间接的网上商品或服务交易模式，一些 B2B 型电子商务、B2C 型电子商务、C to C 型电子商务均属于这种模式。在这种交易的过程中，网络商品交易中心以 Internet 为基础，利用先进的信息网络技术，将商品销售方、购买方和银行、认证中心等第三方服务部门紧密地联系起来，为客户提供市场信息、商品交易、仓储配送、货款结算等全方位的服务。

这种中介平台交易模式应用非常普及，特别是一些中小型企业、个体消费者等常采用这种方式，以简化网络上业务的开展，而一些著名的门户网站常成为这种交易模式的中介平台交易中心。例如，国内著名的 Alibaba(阿里巴巴)电子商务模式就属于这种交易模式。网络商品中介平台交易的电子商务交易模式存在以下特点，其中许多正是这种交易模式的长处。

① 网络商品中介平台交易为买卖双方构建了一个巨大的国家级甚至世界级市场。

② 网络商品交易中心这种中介平台方式可以有效地解决传统交易中“拿钱不给货”和“拿货不给钱”的两大难题，降低企业的经营风险。在买卖双方签订合同前，网络商品交易中心可以协助买方对商品进行检验，只有符合质量标准的产品才可入网，很大程度上杜绝了商品的“假冒伪劣”问题，使买卖双方不会因质量问题产生纠纷。合同签订后便被输入交易网络系统，网络商品交易中心的工作人员开始对合同进行监控，跟踪合同的履行

情况。如果出现一方违约现象，系统将自动报警，合同的执行会被终止，从而使买方或卖方免受经济损失。如果合同履行顺利，货物到达后，网络商品交易中心的交割员将协助买方共同验收。买方验货合格后，在 24 小时内才将货款转到卖方账户，卖方也不用担心“货款拖欠”现象。

③ 在支付结算方式上，网络商品交易中心一般采用统一集中的支付结算模式，即在指定的商业银行开设统一的结算账户，对结算资金实行统一管理，有效地避免了多形式、多层次的资金截留、占用和挪用，提高了企业资金管理的风险防范能力。这种指定委托代理清算业务的承办银行大都以招标形式选择，有商业信誉的大商业银行常常成为中标者，以保证买卖双方之间资金流的合理、安全、可靠传递。

④ 对大多数中小型企业来说，可以快速方便地直接借用网络商品交易中心来与世界范围内的客户进行交易，不用自己费时、费力、费钱地构建一套自己的网络交易平台，不但简化了网上业务开展的复杂度，而且进入快，大大节省了企业网上业务开展初期的投入与经营成本。网络的全天候运营特征更是保证了交易的即时与方便。

⑤ 借助网络商品交易中心这种中介平台交易模式仍然存在一些问题需要解决，如目前的合同文本大多数还在使用买卖双方签字交换的方式，如何过渡到电子合同，发挥电子商务的效率，且在法律上得以认证，尚需解决有关技术和法律问题。

5. 电子商务系统的结构

电子商务系统是保证以电子商务为基础的网上交易实现的体系，它是一个相当复杂和庞大的系统。该系统整体上可分为三个层次和两个支柱，如图 1.3 所示。自下向上，从最基础的技术层到电子应用层依次为网络基础平台、电子商务基础平台、电子商务应用平台；两个支柱分别是文档、安全、网络协议的技术标准和公共政策、法律、法规；三个层次之上是各种特定的电子商务应用。三个层次依次代表电子商务顺利实施的各级技术及应用层次，而两边的支柱则是电子商务顺利实施的坚实基础。

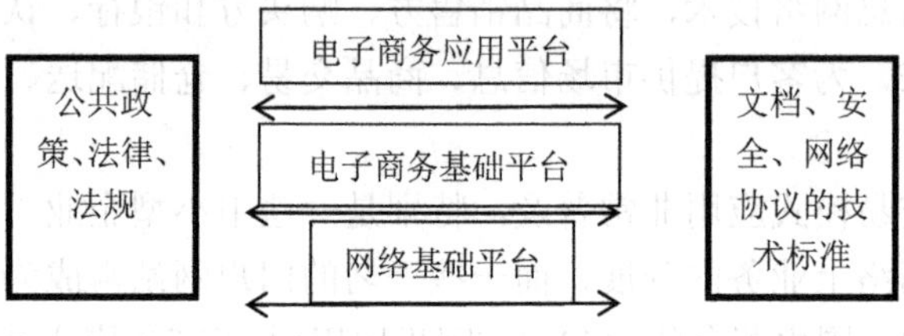

图 1.3 电子商务系统

1) 网络基础平台

网络基础平台是电子商务的硬件基础设施，是信息传送的载体和用户接入的手段。它包括各种各样的物理传送平台和传送方式，如远程通信网(Telecom)、有线电视网(CATV)、无线通信网(Wireless)和互联网(Internet)。远程通信网包括电话、电报，无线通信网包括移动通信和卫星网，互联网是计算机网络。

这些不同的网络都提供了电子商务信息传输线路，但是，当前大部分的电子商务应用还是基于 Internet。互联网的主要硬件有：基于计算机的电话设备、集线器(Hub)、数字交换机、路由器(Routers)、调制解调器、有线电视的机顶盒(Set-Top Box)、电缆调制解调器(Cable Modem)。

2) 电子商务基础平台

网络层提供了信息传输的线路，线路上传输的最复杂的信息就是多媒体信息，它是文本、声音、图像的综合。最常用的多媒体信息发布应用是万维网(World Wide Web，WWW)，即用 HTML 或 Java 将多媒体内容发布在 Web 服务器上，然后通过一些传输协议将发布的信息传送给接收者。

3) 电子商务应用平台

这一层实现标准的网上商务活动服务，以方便交易，如标准的商品目录/价目表的建立、电子支付工具的开发、保证商业信息安全传送的方法、认证买卖双方合法性的方法。

4) 公共政策、法律、法规和安全标准、技术标准

(1) 公共政策。

公共政策包括围绕电子商务的税收制度、信息的定价(信息定价则围绕谁花钱来进行信息高速公路建设)、信息访问的收费、信息传输成本、隐私问题等，需要政府制定政策。其中，税收制度如何制定是一个至关重要的问题。例如，对于咨讯信息、电子书籍、软件等无形商品是否征税，如何征税；对于汽车、服装等有形商品如何通过海关，如何征税；税收制度是否应与国际惯例接轨，如何接轨；关贸总协定是否应把电子商务部分纳入其中。这些问题不妥善解决，会阻碍电子商务的发展。

(2) 法律、法规。

法规维系着商务活动的正常运作，违规活动必须受到法律制裁。网上商务活动有其独特性，买卖双方很可能存在地域的差别，他们之间的纠纷如何解决？如果没有一个成熟的、统一的法律系统进行仲裁，纠纷就不可能解决。那么，这个法律系统究竟应该如何制定，应遵循什么样的原则，其效力如何保证，如何保证授权商品交易的顺利进行，如何有效遏制侵权商品或仿冒产品的销售，如何有力打击侵权行为，这些都是制定电子商务法规时应该考虑的问题。法规制定得成功与否直接关系电子商务活动能否顺利开展。

(3) 安全标准。

安全问题可以说是电子商务的核心问题。如何保障电子商务活动的安全，一直是电子商务能否正常开展的核心问题。作为一个安全的电子商务系统，首先，必须具有一个安全、可靠的通信网络，以保证交易信息安全、迅速地传递；其次，必须保证数据库服务器的绝对安全，防止网络黑客闯入盗取信息。目前，电子签名和认证是网上比较成熟的安全手段。同时，人们还制定了一些安全标准，如安全套接层(Secure Socket Layer)、安全 HTTP 协议(Secure-HTTP)、安全电子交易(Secure Electronic Transaction)等。

(4) 技术标准。

技术标准是信息发布、传递的基础，是网络上信息一致性的保证。如果没有统一的技术标准，就像不同的国家使用不同的电压传输电流，用不同的制式传输视频信号，限制了产品在世界范围的使用。EDI 标准的建立就是电子商务技术标准的一个例子。

1.2 电子商务的发展与网络支付

1.2.1 支付与电子商务发展的关联

1. 传统支付结算的发展和方式

支付是为了清偿商务伙伴间由于商品交换和服务活动引起的债权、债务关系，由银行所提供的金融服务业务，而这种结清债权和债务关系的经济行为就称为结算。因此，支付与结算的含义基本相同，支付与结算可以直接理解为支付结算或支付。《中华人民共和国票据法》和《支付结算办法》规定，支付结算的含义是指单位、个人在社会经济活动中使用票据、信用卡和汇兑、托收承付、委托收款等结算方式时进行货币给付及资金结算的行为。通俗点说，就是一方得到另一方的货物与服务后所给予的货币补偿，以保证双方的平衡。由以上定义，不难理解支付结算的以下四个特征。

(1) 支付结算必须通过中央银行批准的金融机构进行。这与一般的货币给付及资金清算行为明显不同。

(2) 支付结算是一种必须使用一定法律形式而进行的行为。

(3) 支付结算的发生取决于委托人的意志。

(4) 支付结算实行统一和分级管理相结合的管理体制。中央银行负责制定统一的支付结算制度，组织、协调、管理和监督所发生的支付结算工作。

支付结算活动是随着商品社会及商品经济的发展而发展的，它一共经历了以下几个过程。

1) 物物交换的支付结算方式

在货币产生以前的以物易物的社会中，物物交换既是一种原始的商品交换行为，也是一种结清债权、债务的行为，可以从广义上把这种行为称为最原始意义上的结算。其中采用的支付手段是“以物易物”，比如原始社会中以马换食品的物物交换。

2) 货币支付结算方式

物物交换的支付结算方式受到物的很大限制，因为并不是一方就一定具有对方所愿意接受的东西，而物的活动范围也有限制，不容易做到等值交换，从而造成交易的不活跃，范围与规模均很小。人们开始寻求一个等价的中间物，作为交换的媒介。

当货币作为交换的媒介物出现后，这种用货币支付来交换物品的行为才能算是具有现代意义的货币结算。这个阶段的货币经历了实物货币、金属货币和纸币的发展过程，比如表 1.2 中的芝麻币、牙币等就是实物货币；表 1.3 中就是一些金属货币；表 1.4 中就是最早的纸币。其中常用的结算方式就是目前人们最熟悉的“现金支付”，即纸币支付结算。

表 1.2 实物货币列举

实物货币名称	实物货币图片	实物货币
芝麻币		尼泊尔 1740 年发行的一种轻型硬币，每枚只重 0.008～0.014 克。不可思议的是，这种小小的“芝麻币”，在购买零星物品时，还常常被分割成 2 份甚至 4 份

续表

实物货币名称	实物货币图片	实物货币
牙币	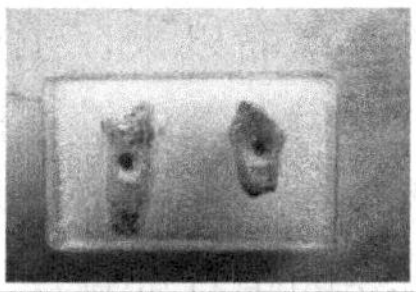	美拉尼亚岛上的黑人居民长期使用狗牙和猪牙作为货币。有了“牙币”人们就可以买回自己所需的物品，娶回妻子。一家人一年有百来个狗牙就够开支了
骨币		印度尼西亚北部的居民用母牛的头盖骨作货币。头盖骨的大小，决定货币价值的多少

表 1.3　金属货币列举

金属货币名称	铜贝(商朝)	吕底亚琥珀金币	平首布(战国)	五铢钱(西汉)
金属货币图片			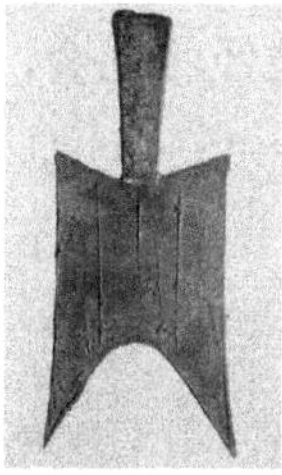	

表 1.4　纸币列举

纸币名称	交子(北宋)	会子(北宋)	第一套人民币
纸币图片		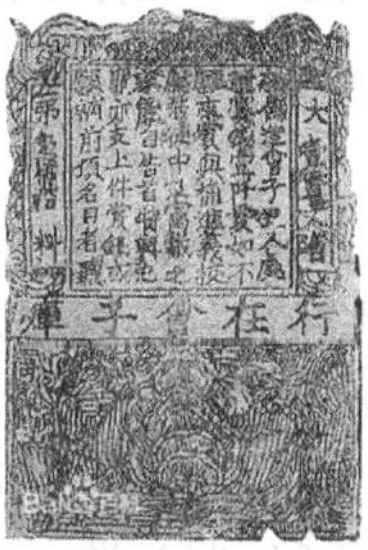	

现金支付是“一手交钱，一手交货”的典型体现，其最大的特点就是简单易用、便捷、直观。但现金也有缺点，一是流通中的磨损，二是易失、易盗、易伪造等，三是不安全。比如在 2003 年 SARS 肆虐北京期间，现金是最危险的病毒携带物之一，给人们的生命健康带来很大威胁。不管怎么说，现金支付这种方式比较简单，常用于企业或个体对个体消费者的商品零售过程，在历史传统深厚的中国应用比较普遍。不过随着网络支付技术的成熟和安全问题的防范，在中国，越来越多的年轻人开始使用并习惯网络支付(包括手机支付)。

物物交换与货币交换的支付方式存在一个共同的特点，就是交易与支付环节在时间与空间上不可分离，虽然直接，但限制了商务活动的规模和区域，不利于交易的繁荣发展。

在商品经济快速发展的需求背景下，出现了以银行为中介的支付结算方式。

3) 银行转账支付结算方式

随着近代商品经济的继续繁荣，特别是西方产业革命以来，工业经济发展迅速，各类结算方式先后产生，使原本融为一体的交易环节与支付环节能够在时间上和空间上分离开来，进一步促进了交易的繁荣。是什么使交易环节与支付环节能够很好地分离而又保证贸易的顺利、安全、可靠进行呢？因作为支付结算中介的银行的诞生。这种以银行信用为基础，借助银行为支付结算中介的货币给付行为(即分离出来的支付环节)，称为银行转账支付结算方式，如图 1.4 所示。其中，信用维护着市场中井井有条的交易秩序，可见支付与信用的关系十分密切。正是由于商业信用与银行信用的产生，促进了交易环节与支付环节的分离，才产生了以银行为中介的支付结算体系。此时的货币不仅包括现金，还包括存款等，而其中采用的支付手段更加丰富，包括现金、支票、本票、汇票、汇兑、委托收付、信用卡、信用证等。银行转账支付结算方式又可分为两类：一类是支付人发起的结算，如现金支付、汇兑等；另一类是接收人发起的结算，这种方式下付款人的确认就有了决定性的意义，于是要求有一些确认的手段，如支票、商业汇票、银行汇票等。这个阶段世界经济发展迅速，已逐步跨入工业经济社会，而银行转账支付结算方式则成为商务活动中最主要的支付手段，一直到现在。

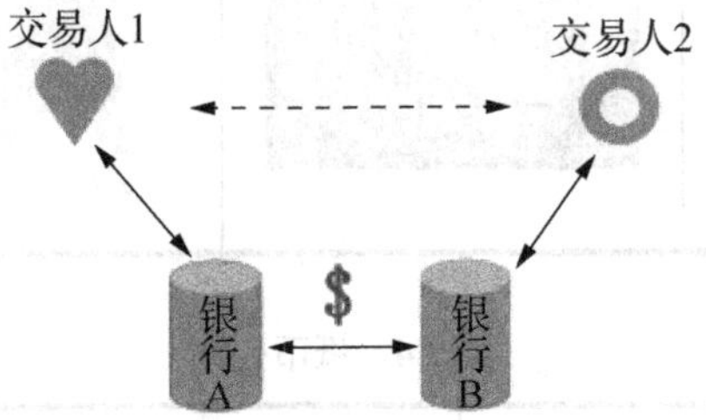

图 1.4　银行转账支付结算方式示意

这种通过银行的转账支付结算方式，也称为非现金结算方式或票据结算。如果贸易双方在银行都开设了资金账号，那么支付者就没有必要把钱先从银行取出，支付给接收者，而接收者再把钱存到银行。比如，支付者提供一张支票，向银行说明接收者及要支付的款额，接收者便可持支票直接去银行兑换现金，或者把支票交给银行，由银行直接把需要支付的款额从支付者的账号转到接收者的账号上。这样，减少了中间的许多无效劳动与费用，提高了资金流通的效率并且节省了成本。通过银行的转账支付结算方式是目前国际上最主要的资金支付结算方式，主要可分为五类，下面分别进行介绍。

(1) 信用卡支票结算。

用户到银行开设资金账号，在账号里存钱并且提供一定的信用证明后，便可收到银行发行的信用卡。当用户利用信用卡通过银行专线网络进行商务支付时，资金便通过银行中介从信用卡对应的资金账号划拨到对方的银行资金账号上，完成付款。这种方式应用得比较普遍，常见于个人的商务资金结算中。

(2) 资金汇兑。

通常称资金汇兑为企业间的汇款，也可用于个人，主要通过银行中介进行，是指企业(或汇款客户)委托银行将其款项支付给收款人的结算方式，故也称为银行汇款。这种方式便于汇款客户向异地的收款人主动付款，适用范围十分广泛。资金汇兑一般分为信汇和电汇两种。信汇是以邮寄方式将汇款凭证转给外地收款人指定的汇入行；而电汇则是以电报方式将汇款凭证转给收款人指定的汇入行。一般来讲，电汇的速度要比信汇的速度快，但收费稍贵一点。例如，A 企业想通过资金汇兑方式向 B 企业付款，其业务流程如图 1.5 所示。采用这种方式处理业务时，支付者的开户行在向接收者的开户行转账前，首先看他的账号下有没有可供支付的款额，因此可避免纸质支票支付时不能兑现的可能性，降低了不确定性与风险。

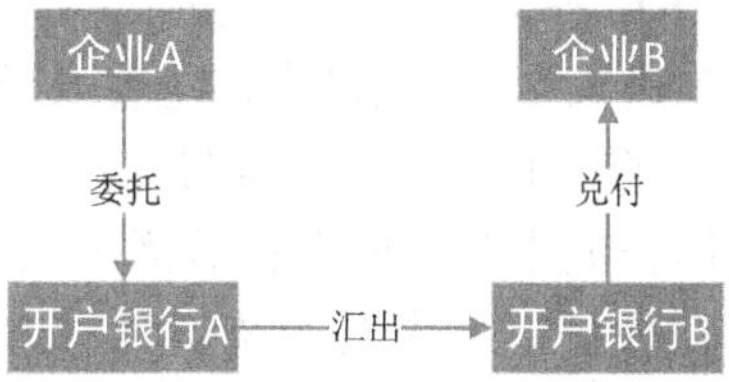

图 1.5　资金汇兑业务流程

(3)　支票支付结算。

支票支付结算主要是指纸质支票的支付结算，它是目前中国企业与企业间最常用的支付结算方式，本质上就是银行提供的一种特殊纸质的基于特殊格式与使用规则的支付结算工具。其基本应用过程为：支付者从资金开户行领取支票，然后给接收者开出支票；接收者将支票存入自己的开户银行，银行给接收者上账且把支票交给支付者的开户银行要求清算；支付者的开户银行验证支票没有问题后给支付者下账，若有问题，则把支票退回接收者的开户银行。支票用起来很方便，可以处理较大金额的支付；其最大缺点是涉及面广，加大了各银行和交易部门的开支，而且存在纸质支票支付有时不能兑现的可能性，有一定风险，如空头支票等。例如，企业 A 向企业 B 使用支票支付结算，其业务流程如图 1.6 所示。

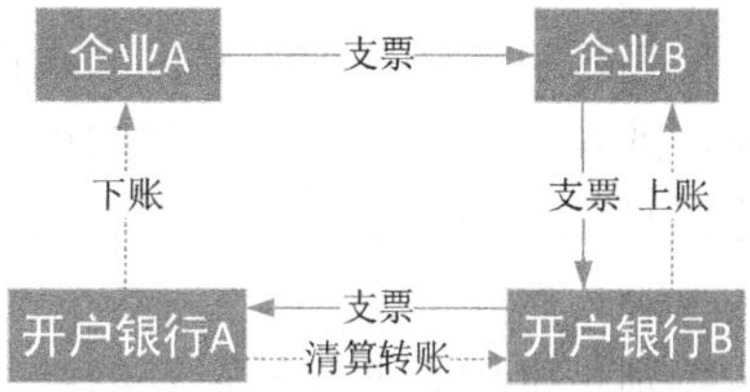

图 1.6　支票支付结算业务流程

(4)　自动清算所(Automatic Clearing House，ACH)支付。

AHC 系统的运作类似于支票支付，区别在于其支付结算指令均为电子形式，常用于同城银行之间的支付结算。

(5)　电子资金转账(Electronic Funds Transfer，EFT)。

资金汇兑与 ACH 系统对于中小额的支付比较理想，但对于企业间或银行间的大额支付结算的安全性则不够高，还需要增加其他辅助过程，对支付结算过程进行仔细检查，而支票支付结算的效率、成本也不太理想。结合计算机、通信网络与专业软件的应用，金融电子化逐步实施，电子资金转账被研发并且逐步完善，以电子信息代替传统的纸质介质，大大提高了支付结算的效率，降低了各参与方的运作成本。

ACH 与 EFT 应用已逐渐脱离了传统的支付结算性质，并逐渐具备现代支付结算方式电子化、自动化、网络化处理的特点，这正是后面章节介绍的网络支付、电子银行与网络银行业务的发展基础。

2. 传统支付结算方式的局限性

上述几类支付结算方式是伴随商品经济的发展而逐步出现的，伴随近五十年来计算机技术、通信技术、信息处理技术的进步，基于专线网络的金融电子化工具逐步在银行业得到应用，信用卡支付、电汇、EFT 等支付结算方式的出现，在一定程度上提高了银行业务处理的自动化程度与效率。但是进入 21 世纪以来，随着人类跨入信息网络时代，电子商务逐渐成为企业信息化与网络经济的核心，这些工业经济时代里的传统支付结算方式在处理效率、方便易用、安全可靠、运作成本等方面存在着诸多局限性。

(1) 运作速度与处理效率比较低。大多数传统支付与结算方式涉及人员、部门等众多因素，牵扯许多中间环节，并且基于手工处理，造成支付结算效率的低下。

(2) 大多数传统支付结算方式在支付安全上问题较多，伪币、空头支票等现象造成支付结算的不确定性和商务风险增加，特别是跨区域远距离的支付结算。一些传统支付结算方式，如现金、支票，有时还带来人身健康安全的威胁，比如纸质现金与支票等均可携带病毒。

(3) 绝大多数传统支付结算方式应用起来并不方便，各类支付介质五花八门，发行者众多，使用的辅助工具、处理流程与应用规则和规范也均不相同，这些给用户的应用带来困难。即使是信用卡、电汇、EFT 等电子支付结算方式，由于不同银行各自的金融专业网络，使用时有的还需要专业人士的指导，所以在普及应用上存在很大的局限性。

(4) 传统的支付结算方式由于涉及较多的业务部门、人员、设备与较为复杂的业务处理流程，运作成本较高。特别像邮政汇兑、支票等方式，不但需要设置专业柜台和人员，而且浪费资源。

(5) 传统的支付结算方式，包括目前一些电子支付方式在内，为用户提供全天候、跨区域的支付结算服务并不容易，或很难做到。随着社会的进步和商品经济的发展，人们对随时随地的支付结算、个性化信息服务的需求日益增强，比如随时查阅支付结算信息、资金余额信息等。

(6) 传统的支付结算方式特别是中国企业比较流行的纸质支票的应用并不是一种即时的结算，企业资金的回笼有一定的滞后期，增大了企业的运作资金规模；现金的过多应用给企业的整体财务控制造成一定的困难，同样对国家控制金融风险也不利，且给偷税漏税、违法交易提供了方便。

3. 支付是电子商务发展的关键环节

进入 21 世纪，商品经济更加发达，规模巨大，经济全球化的深入把企业及个人的商务触角伸展到更大的范围，全世界均成了商业战场。在这种背景下，高效准确、快捷安全、全天候、跨区域的商务是人们追求的目标。从前面的叙述知道，资金流是商务运作模式的核心环节，是政府、商家、客户最为关心的对象，其运作得好坏直接影响到商务处理的效果，因此政府、企业以及家庭个人对解决资金流的运行效率和服务质量的要求也越来越高。在这种背景下，特别是信息网络技术的进步，促使资金流的支付结算系统不断从手工操作走向电子化、网络化与信息化。

从前面对电子商务运作模型的叙述知道，作为四大流之一的资金流是决定电子商务能否安全顺利、方便快捷、低成本开展的关键环节，其流动与处理的效率、成本高低直接关系到电子商务的开展效果，这就对支撑电子商务资金流流动的支付结算方式提出了更高的要求。

由于电子商务主要基于 Internet 开展，Internet 的特点就是随时随地、方便易用、即时互动，并且结合多媒体传递，这些为电子商务的信息流、商流(如电子合同)、物流信息的交互与共享，全天候跨区域与低成本处理提供了很好的技术支撑，但要整体上体现电子商务的低成本、高效率与个性化，还要使其资金流也能得到快速的自动化的网上处理。从前面对传统支付结算方式的局限性分析可知，传统的支付结算方式并不能充分满足高水平的电子商务的发展需求，现金、纸质支票等不但应用范围有限，结算速度较慢，而且不太安全，即使一些较为现代化的电子支付结算方式，如信用卡支付、EFT 等，目前也均是应用在专用金融网络上，不但应用起来不太方便，而且由于商务交易系统与支付系统的分离，给商务实体的运作特别是企业增加了很多不确定性与经营风险，影响了效率，增加了企业与银行的支付结算成本，所以也不能很好地直接应用到电子商务的支付结算中。除了这些原因之外，像现金等支付结算方式还带有太多的传统习惯，人们习惯于“一手交钱，一手交货”，这与电子商务的发展需求并不适应，增加了企业开展电子商务的难度与成本。结果，在电子商务的初级阶段，信息流、物流信息等基本可在网上进行方便快捷的传递和处理的情况下，资金流的处理成了电子商务业务流程中的难点，也就是说，进行资金流处理的支付与结算问题已经成为电子商务最初发展的瓶颈之一。

不管怎样，电子商务是网络经济的核心内容，是发展趋势，基于网络特别是 Internet 的网络支付结算方式的发展与应用也是必然的发展趋势。当然，这并不意味着以手工作业为主的传统支付结算体系中应用的各种支付结算手段会很快被淘汰，特别是在中国这样具有悠久历史的发展中国家，因为这些支付结算工具都各有利弊，在某个阶段也分别适用于不同的领域，满足了不同的用户需求。像现金支付，具有面对面、简单灵活的特点，对大量的文化层次较低的公民或在基础设施较差的农村等，还较为适合。

因此，当电子商务作为一种新型的贸易方式兴起时，支付与结算也必须适应网络环境的特点加以变革与更新。目前存在的这些传统支付结算手段都是支付结算长期发展的结果，在一定的范围内都有其生命力，不能立即放弃目前的支付手段而只顾创新，可行的方式是在现阶段把电子商务与传统的支付结算进行有效的创新结合，即“鼠标+水泥”的实施模式。过分追求一步到位的全自动化与网络化资金支付结算并不一定能得到用户的肯定，在中国更是如此，例如，Sina、Sohu 等网上商城提供的支付结算方式很多，有网上的也有传统的，也是这个道理。读者应能观察到，在这些电子商务网站中，网络支付方式的种类越来越多，网络支付结算的份额越来越大，支付方式正朝着网络化的方向发展。

可以说，SARS 之后人们对以电子商务为代表的非接触经济运作模式更加肯定与重视，当然也对包括以网络支付方式为代表的非接触支付模式更加渴望。Internet 的推广，中国比美国晚了四年；在电子商务的发展上，中国比美国仅仅晚了两年零八个月。而现在，有数据显示，2016 年我国第三方支付总交易额为 58 万亿元人民币，同比增长 85.6%，其中移动支付交易规模为 38.6 万亿元，约为美国的 50 倍。2017 年 8 月 22 日，世界经济论坛发布报告说，中国已成为全球移动支付领导者。同时，在未来的金融生态系统中，大型科技公司将发挥重要作用。众多的数据和事实也在一定程度上表明，从某种意义上讲，目前中国是全世界移动商务发展最繁荣的国家，而支付环节在电子商务中起到了非常关键的作用。

1.2.2 网络支付与结算方式

1. 网络支付结算的兴起

包括一些电子支付方式在内的传统网络支付结算方式，很大程度上不具有随时随地、低成本、易用自助、个性化与大量的即时在线支付等特征。特别是在 B2C 电子商务中不能实现即时在线支付，意味着商务交易环节与支付结算环节脱离，很多时候增加了商务的运作成本与不确定性，这在面对人数众多的普通消费者时更是如此。借助 Internet，目前电子商务中的信息流、商流、物流信息的交互与共享，全天候跨区域与低成本处理有了很好的技术平台支撑，但是若要整体上体现电子商务的低成本、高效率、随时随地与个性化的优势，基于与前面信息流、商流等同样的技术平台的资金流处理是一个良好的策略，因为这样做，效率与效益体现出来了，商务的不确定性也减少了。这个技术平台主要就是 Internet，它使电子商务中的资金流能够得到即时、快捷的网上处理，当然在后台还需要银行专用金融网络的支持。

所谓网络支付与结算，可以理解为电子支付(Electronic Payment)的高级方式。它以电子商务为商业基础，以商业银行为主体，使用安全的主要基于 Internet 平台的运作平台，通过网络进行的、为交易的客户间提供货币支付或资金流转等现代化支付结算手段。基于 Internet 的即时网络支付是电子商务的关键环节，高水平电子商务发展的需求直接导致网络支付结算的兴起。

信用卡等网络支付工具既具有纸质现金的价值特征，又能在网络上方便传送支付指令，还满足现代人们的高效率、快节奏的商务需求，所以随着电子商务的深入发展，网络支付将是一个极有潜力的发展点。反过来，网络支付工具的进一步成熟与丰富，将开辟更加广阔的网上市场和应用服务。

正如现在人们常说的一句话：“过去的穷人口袋里没钱，现在富人的口袋里没钱，今后大家口袋里都没有钱，因为各种各样的电子货币及其他网络支付工具将引起货币形式的又一场革命。”

2. 网络支付结算简介

网络支付与结算的运作是一个体系运作，网络支付与结算系统一般包括计算机网络系统(Internet)、网络支付工具、安全控制机制等。近十年来，随着电子商务的开展与不断完善，特别是信息安全技术的进步，网络支付结算方式也在不断发展与完善中，类型也越来越多，主要包括信用卡、智能卡、电子现金、电子支票、电子钱包、电子汇兑、网络银行等方式。这些网络支付结算工具的共同特点，就是将现金或货币无纸化、电子化和数字化，应用以 Internet 为主的网络进行资金信息的传输、支付和结算，辅以网络银行，实现完全的网络支付。有关这些网络支付方式更加具体的叙述见后面的章节。

为适应电子商务的发展，西方发达国家与一些新兴工业化国家在网络支付结算工具的研发与应用中一直非常积极，以通过电子货币进行即时的网络支付结算为特点的网上金融服务已在全世界范围内开展。例如，网上消费、网络银行、个人理财、网上投资交易、网上炒股等网络金融服务逐步成为人们熟悉的新兴领域。1994 年，由荷兰 Digicash 发行的电子现金正式上线试用；1995 年，Mondex 电子货币开始尝试在英格兰流通；目前，花旗银行、汇丰银行等开发应用的电子货币系统，可使消费者及企业在全球各地通过 Internet 支付账款。芬兰银行也于 1997 年 5 月在欧洲率先进行网络购物、网络支付结算的试验，在全球推动商业自动化的计划中，商家与厂商间通过电子订货网络联系，用电子货币来支付各种款项。

网络支付结算工具在中国的应用也日趋积极广泛，特别是经过 2003 年 SARS 灾难后，政府管理机构、企业与消费者更加认识到建设以网络支付结算工具为代表的电子化货币支付结算体系的迫切性。经过多年的努力，中国国家现代化支付系统(CNAPS)的建设取得了很大进展，国有商业银行也建设了各自的信用卡网络支付系统与网络银行系统。中国人民银行电子联行系统、同城清算系统已在全国大中城市得到普及，全国银行卡交换网络建设初具规模，以各发卡行的行内授权系统为基础，银行卡信息交换总中心和城市银行卡中心的建立为银行卡跨行交易创造了条件，带"银联"标志的信用卡已经普及应用。所有这些都为中国电子商务的发展提供了必要的条件。

进入 21 世纪，网络支付结算工具的研究与发展更是迎来了高速发展，日趋完善，其中第三方支付方式发展最为繁荣。1998 年，美国 eBay 公司推出全球第三方支付工具 PayPal(PayPal Holdings，Inc.，在中国国内品牌为贝宝)，总部位于美国加利福尼亚州圣荷西市。PayPal 在使用电子邮件来标志身份的用户之间转移资金，避免了传统的邮寄支票或者汇款的方法。随后，国内陆续出现了众多的第三方支付平台，如支付宝、财付通、拉卡拉支付、微信支付等。在不断完善支付结算这一基础性功能的情况下，第三方支付机构逐步介入资金托管、金融产品销售、基金投资、P2P 等金融领域，金融属性不断增加。具体来说，表现为以下几个方面：一是利用用户体系优势搭建金融产品综合销售平台，对传统金融机构线下线上销售渠道形成冲击；二是对接金融产品截留客户资金，典型的例子为"余额宝"，通过对接基金开发碎片化理财产品，突破传统理财产品在额度、期限等方面的限制，实现账户余额理财；三是拥有庞大账户体系、具备供需双方市场平台优势的机构，通过搭建投融资平台，介入信贷领域，在这一领域，阿里巴巴、京东等电商，以及腾讯、电信运营商等大平台旗下的支付机构依托大数据优势，具备成为重要供应链投融资平台的潜力。

同时，移动互联网支付发展迅猛，伴随着移动智能终端的普及，以及移动互联网的兴起，移动支付作为一个潜力巨大的市场，正在逐渐打开，移动支付的创新也正在加速。移动支付除了具备传统互联网支付的所有功能外，由于移动终端便于随身携带以及具备即时身份识别功能，加之互联网支付本身具备便捷、低成本等优势，其集合了转账汇款及线下实时支付的功能，因而支付行为不仅在很大程度上摆脱了银行网点的约束，也具备了替代现金支付的潜力。从发展路径上看，移动支付主要有两大代表方式：一是以 NFC 为代表的近场支付，二是远程支付。近场支付的网络相对封闭，账户介质与读写终端数据交互，地域特性和保护性强，通过蓝牙、红外、声波等短距离通信技术，让手机终端与收款终端实现交互。远程支付则通过远程通信技术完成支付，一点接入网络，数据集中处理，在技术解决方案方面，条码支付、二维码支付、语音支付、指纹支付、声波支付等创新也层出不穷。移动互联网支付也成为互联网支付领域发展最快的区块。

3. 网络支付与结算面临的挑战

互联网支付属于以提供资金转移服务为目的的支付结算业务，会因支付手段和路径的差别而产生不同风险和挑战，主要表现在以下几个方面。

1) 网络环境安全控制风险

大量的互联网支付业务是支付机构通过专线或互联网渠道，将支付指令发送给银行，完成最终支付。无论选择何种方式或渠道，在大幅度提高效率的同时，都存在着信息、资金被盗的风险。

一是用户基础信息泄露风险。对于大多数的互联网支付业务，特别是近两年发展很快的快捷支付业务，用户在初次注册时，一般只需提供手机号码、银行账号、姓名、身份证号等基础信息，个人的保管不当容易使这些基础信息泄露。另外，支付机构的日常运营和信息管理不够规范，若其未按规定留存、使用及销毁客户及交易信息，也会造成信息泄露。一旦不法分子掌握了这些信息，再通过技术手段复制手机号码，就可以进行虚假注册，在用户不知情的情况下开通账户互联网支付的功能，威胁账户安全。

二是支付密码被破解风险。即使用户在注册环节是真实合法的，由于快捷支付等互联网支付业务具有“一次认证、重复使用”的特点，用户一旦被虚假网址、计算机木马、恶意软件、山寨应用等网络手段欺骗，以及电商平台或者支付机构系统被网络攻破，就会出现支付密码泄露或被破解的风险，用户的银行账户就失去了安全防护。

2) 备付金管理风险

备付金是指支付机构为办理客户委托的支付业务而实际收到的预收待付货币资金。备付金包括客户在支付机构开立的支付账户内资金、支付在途资金、与银行之间清算在途资金。实践中，备付金管理不当已直接威胁到用户资金安全并产生了严重后果。

一是支付机构挪用备付金的风险。由于相关规章制度与约束机制尚不健全，目前支付机构对客户备付金和自有资金的分类管理主要依赖于自律。但市场上支付机构众多，管理水平参差不齐，监管实践中已发现部分支付机构擅自挪用客户备付金用于购买理财产品、备付金与自有资金混合使用、自有资金存放或拆借关联公司缺乏必要依据等情况，这些做法给备付金账户的安全带来很大的隐患。

同时，仍有大量尚未取得支付机构牌照的电商企业存在自行开立和管理用户支付账户、以电商公司清算账户统一管理资金的现象，资金被挪用、损失的风险更高。

二是支付机构及商户间不规范合作带来的安全风险。很多支付机构间的业务合作是以备付金在两家以上支付机构间的转移为基础，有些转移的备付金金额高达数千万元甚至上亿元。此类业务合作挪用了客户备付金，显然违背了客户指令。同时，由于支付机构往往不参与电商运营管辖下的商户拓展工作，会加大风险防控难度，给一些不法分子提供了可乘之机。

3) 信息不对称的衍生风险

基于互联网技术的支付服务通常具有复杂性、技术性和风险性并存的特点，且由于互联网支付的相关信息披露、普及和教育程度不够，衍生了一些问题和风险。

一是支付产品信息揭示不足的风险。服务供应商推介产品时，往往在产品优势方面介绍较多，而对风险提示不够，一定程度上侵害了消费者的知情权和选择权。

二是资金流向的信息不对称隐患。用户调度资金到支付机构备付金专户后，不论是用户、金融机构还是监管部门，都缺少有效手段监测支付机构的备付金运作，存在着诸多安全隐患和问题。比如，一些互联网支付机构，利用自身清算系统与各商业银行直接对接，避开人民银行现代化支付系统的监管。虽然其用户可以免费实现多个银行账户之间的资金划转，但这种模式给资金市场头寸管理、银行间备付金调整、反洗钱等多项金融工作带来了隐患，不利于整个金融体系的稳定发展。

1.3　电子商务安全与网络支付安全

1.3.1　电子商务的安全问题及安全要素

1. 电子商务的安全问题

随着互联网的发展，电子商务逐渐成为一种全新的商务模式，越来越多的人通过 Internet 进行商务活动，随之而来的安全问题也越来越突出并已成为电子商务的核心问题。电子商务是基于计算机网络的商务活动。因此，电子商务安全问题从整体上可分为两大部分：计算机网络安全问题和电子商务交易安全问题。

1)　计算机网络安全

网络安全问题是计算机系统本身存在的漏洞和其他人为因素构成的计算机网络的潜在威胁。概括来说，计算机网络安全包括物理安全、网络安全、数据库安全。

(1)　物理安全。

物理安全问题是指计算机网络设备、设施以及其他媒体遭到地震、水灾、火灾等环境事故以及人为操作失误或错误及各种网络犯罪行为导致的破坏。主要有以下几种问题。

①　设备安全问题。

任何一种设备都不是万无一失的，设备的机能失常，设备被盗被毁，计算机硬件如计算机所用的芯片、板卡及输入、输出等设备的故障都会对系统安全构成威胁。

②　电源故障。

由于意外的原因，网络设备的供电电源可能会突然中断或者产生较大的波动，从而突然中断计算机系统的工作，引起数据的丢失甚至对系统硬件设备产生不良后果。计算机和其他一些网络设备大多是电子设备，当它工作时会产生电磁泄漏。另外，电子通信线路同样也有辐射，辐射的电磁波可以被截收，解译以后能将信息复现。有资料表明，普通计算机显示终端辐射的带信息电磁波可以在几百米甚至一千米外被截收和复现。这种泄露信息的接收和还原技术可以被不法之徒用来窃取网络机密。

③　搭线窃听。

将导线搭到无人值守的网络传输线路上进行监听，通过解调和正确的协议即可完全掌握通信的全部内容甚至改变通信内容——这是另一种窃取计算机信息的手段，特别对于跨国计算机网络，很难控制和检查境外是否有搭线窃听。美欧银行均遇到过搭线窃听并改变电子汇兑目的地址的主动式窃听，经向国际刑警组织申请协查，才在第三国查出了窃听设备。

保证计算机系统各种设备的物理安全是整个计算机信息系统安全的前提，也是整个组织安全策略的基本元素。对于足够敏感的数据和一些关键的网络基础设施，可以在物理上和多数公司用户分开，并采用增加身份验证技术(如智能卡登录、生物验证技术等)控制。

(2) 网络安全。

① 未进行操作系统相关安全配置。

不论采用什么操作系统，在默认安装的条件下都会存在一些安全问题，网络软件的漏洞和“后门”是进行网络攻击的首选目标。只有专门针对操作系统安全性进行相关的严格的安全配置，才能达到一定的安全程度。即便如此，系统仍然不能被认为是安全的，漏洞和缺陷会不断被攻击者发现。

② 未进行通用网关接口程序代码审计。

通用网关接口(Common Gateway Interface，CGI)在物理上是一段程序，运行在浏览器可以请求的服务器上，提供同客户端 HTML 页面的接口。因此，不完善的 CGI 应用程序可能成为别人非法进入服务器系统的通道，有可能导致重要的资料被删除或外泄。对于电子商务站点来说，会出现恶意攻击者冒用他人账号进行网上购物等严重后果。

③ 黑客的恶意攻击。

黑客最早源自英文 hacker，早期在美国的计算机界是带有褒义的，原指热心于计算机技术、水平高超的计算机专家尤其是程序设计人员。但到了今天，“黑客”已被用于泛指那些专门利用计算机网络搞破坏或恶作剧的人。以前的黑客事件大多数是想显示自己的能力，攻击规模也较小。但现在越来越多的网络攻击开始利用远程控制程序非法控制他人计算机，获取被控制计算机或服务器上的信息。无论是个人、企业，还是政府机构，只要进入计算机网络，都有可能受到黑客的恶意攻击。从 2006 年年底开始，来自黑客的大规模网络攻击越来越多，网络攻击表现出的商业目的也越来越明显。这种以网络瘫痪为目标的袭击效果比任何传统的恐怖主义和战争方式都来得更强烈，破坏性更大，造成危害的速度更快，范围也更广，而袭击者本身的风险却非常小，甚至可以在袭击开始前就已经消失得无影无踪，使对方很难追踪。

④ 计算机病毒攻击。

计算机病毒是指编制或者在计算机程序中插入的破坏计算机功能或者毁坏数据、影响计算机使用，并且能自我复制的一组计算机指令或程序代码。计算机病毒作为一种具有破坏性的程序，往往想尽一切办法将自身隐藏起来，保护自己，但是病毒最根本的目的还是破坏。在某些特定条件被满足的情况下，病毒就会发作，这也就是病毒的破坏性。有些病毒只是显示一些图片、放一段音乐或和你开个玩笑，这类病毒属于良性病毒；而有些病毒则含有明确的目的性，像破坏数据、删除文件、格式化磁盘等，这类病毒属于恶性病毒。计算机病毒的破坏行为体现了病毒的杀伤能力，病毒破坏行为的激烈程度取决于病毒作者的主观愿望和所具备的技术含量。

⑤ 安全产品使用不当。

虽然不少网站采用了一些网络安全设备，但由于安全产品本身的问题或使用问题，这些产品并没有起到应有的作用。很多安全厂商的产品对配置人员的技术背景要求很高，超出对普通网管人员的技术要求，就算是厂家在最初给用户做了正确的安装、配置，但一旦系统改动，需要改动相关安全产品的设置时，很容易产生许多安全问题。

⑥　缺少严格的网络安全管理制度。

安全和管理是分不开的，即便有好的安全设备和系统，也需要有一套好的安全管理措施。事实上，很多企业、机构及用户的网站或系统都疏于对网络安全方面的管理。调查显示，美国 90%的 IT 企业对黑客攻击准备不足，75%～85%的网站都抵挡不住黑客的攻击。此外，管理的缺陷还可能出现系统内部人员泄露机密或外部人员通过非法手段截获而导致机密信息的泄露，从而为一些不法分子制造了可乘之机。没有安全管理机制，安全就是空谈。

(3)　数据库安全。

网络中的信息数据是存放在计算机数据库中的，供不同的用户来共享。数据库存在着不安全性和危险性，因为在数据系统中存放着大量重要的信息资源，在用户共享资源时可能会出现以下现象：授权用户超出了他们的访问权限进行更改活动；非法用户绕过安全内核，窃取信息资源。数据库数据的安全主要是针对数据的安全性、完整性和并发控制三个方面。

①　数据的安全性。

数据库被故意破坏和非法存取。

②　数据的完整性。

数据库中存在不符合语义的数据，以及防止由于错误信息的输入、输出而造成无效操作和错误结果。

③　并发控制。

数据库是一个共享资源，在多个用户程序并行地存取数据时，就可能产生多个用户程序并发地存取同一数据的情况，若不进行并发控制就会使取出和存入的数据不正确，破坏数据库的一致性。

2)　电子商务交易安全

当许多传统的商务方式应用在 Internet 上时，便会带来许多源于安全方面的问题。一般来说，商务安全中普遍存在着以下几种安全隐患。

(1)　窃取信息。

由于未采用加密措施，数据信息在网络上以明文形式传送，入侵者在数据包经过的网关或路由器上可以截获传送的信息。通过多次窃取和分析，可以找到信息的规律和格式，进而得到传输信息的内容，造成网上传输信息的泄密。

(2)　篡改信息。

当入侵者掌握了信息的格式和规律后，通过各种技术手段和方法，将网络上传送的信息数据在中途修改，然后再发向目的地。这种方法并不新鲜，在路由器或网关上都可以操作。

(3)　假冒。

由于掌握了数据的格式，并可以篡改通过的信息，攻击者可以冒充合法用户发送假冒的信息或者主动获取信息，而远端用户通常很难分辨。

(4)　恶意破坏。

由于攻击者可以接入网络，因而可能对网络中的信息进行修改，掌握网上的机要信息，甚至可以潜入网络内部，其后果是非常严重的。

电子商务交易安全紧紧围绕传统商务在互联网上应用时产生的各种安全问题。网上交易日益成为新的商务模式，基于网络资源的电子商务交易已为大众接受，人们在享受网上交易带来的便捷的同时，交易的安全性备受关注。在计算机网络安全的基础上，如何保障电子商务过程的顺利进行，即实现电子商务的保密性、完整性、可鉴别性、不可伪造性和不可抵赖性，保证交易数据的安全是电子商务系统的关键。

2. 电子商务的安全要素

电子商务随时面临的安全问题导致了电子商务的安全需求。只有提供了以下五个方面的安全，才能满足电子商务安全的基本需求。这五个方面分别是真实性、机密性、有效性、完整性和不可否认性。

1) 真实性

在传统的交易中，交易双方往往是面对面进行活动的。然而，在进行网上交易时，交易双方在整个交易过程中互不见面，如果不采取任何新的保护措施，就要比传统的商务活动更容易引起假冒、诈骗等违法活动。在进行网上购物时，对客户来说，需要确信计算机屏幕上显示的是那个有声誉的网上商店，而不是居心不良的假网站冒充的；对商家来说需要相信正在选购商品的客户不是一个骗子，而是一个负责任的客户。因此，在进行电子商务交易时首先要保证身份的可认证性。这就意味着，在双方进行交易前，首先必须明确对方的身份，交易双方的身份不能被假冒或伪装。

2) 机密性

在传统的交易活动中，都是通过面对面进行信息交换，或者通过邮寄封装的信件或可靠渠道发送商业报文，达到保守商业机密的目的。而电子商务是建立在一个开放的网络环境中，当交易双方通过互联网交换信息时，由于互联网是一个开放的互联网络，如果不采取适当的保密措施，那么其他人就有可能知道他们的通信内容；另外，存储在网络上的文件信息如果不加密，也有可能被黑客窃取。上述情况有可能造成敏感商业信息的泄露，导致商业上的巨大损失。因此，电子商务另一个重要的安全需求就是信息的机密性，要使信息发送和接收在安全的通道进行，保证通信双方的信息保密；交易的参与方在信息交换过程中没有被窃听的危险；非参与方不能获取交易的信息。

3) 有效性

有效性是指数据在确定的时刻、确定的地点是有效的。电子商务以电子形式取代了纸张，那么保证这种电子形式的贸易信息的有效性是开展电子商务的前提。因此，要对网络故障、操作失误、应用程序错误、硬件故障、系统软件错误及计算机病毒所产生的潜在威胁加以控制和预防，以保证贸易数据在确定的时刻、确定的地点是有效的。

4) 完整性

由于数据输入时的意外差错或欺诈行为，可能导致贸易各方信息的差异。此外，数据传输过程中信息的丢失、信息重复或信息传送的次序差异，也会导致贸易各方信息的不同。因此，要预防对信息的随意生成、修改和删除，同时，要防止数据传送过程中信息的丢失和重复，并保证信息传送次序的统一。

5)　不可否认性

交易抵赖行为在现实中屡屡发生，更何况在虚拟的网络世界。在传统的纸面贸易中，贸易双方通过在交易合同、契约或贸易单据等书面文件上手写签名或印章鉴别贸易伙伴，确定合同、契约、单据的可靠性并预防抵赖行为的发生。在无纸化的电子商务方式下，通过手写签名和印章进行贸易方的鉴别已是不可能的了。因此，要在交易信息的传输过程中为参与交易的个人、企业或国家提供可靠的标志，以防止通信或交易双方对已发生的业务进行否认。

1.3.2　网络支付安全

在网络支付与结算中，资金支付结算体系问题是电子商务中主要的安全隐患发生点。基于 Internet 平台的电子商务必然涉及客户、商家、银行及相关管理认证部门等多方机构，以及它们之间可能的资金划拨，使客户和商家必须充分考虑支付体系是否安全。因此，保证安全是推广应用网络支付与结算方式的根本基础。目前电子商务下网络支付结算流程中面临的主要安全问题有以下五个方面。

(1)　支付账号和密码等隐私信息在网络上传送的过程中被窃取或盗用。如信用卡号码和密码被窃取盗用给购物者造成损失。

(2)　支付金额被更改。如本来总支付额为 250 美元，结果支付命令在网上发出后，由于不知哪一方的原因从账户中划去了 1250 美元，给网上交易的一方造成了困惑。

(3)　支付方不知商家到底是谁，商家不能清晰确定如信用卡等网络支付工具是否真实、资金何时入账等。一些不法商家或个人利用网络贸易的非面对面性，利用 Internet 上站点的开放性和不确定性进行欺骗。

(4)　随意否认支付行为的发生及发生金额，或更改发生金额等，或某方对支付行为及内容的随意抵赖、修改和否认。如当日没有支付 250 美元，而坚持已经支付完毕；已收到 10 000 美元货款而矢口否认；本来交易额只有 1000 美元，却坚持认为发生了 2000 美元的交易等。

(5)　网络支付系统故意被攻击、网络支付被故意延迟等。如病毒等造成网络支付系统的错误或瘫痪、网络病毒造成网络支付结算过程被故意拖延等，造成客户或商家的损失或流失等。

本 章 小 结

互联网的发展是电子商务发展的基石，而电子商务中的网络支付是电子商务流程中最重要、最需要安全保障的一个过程，因此网络支付与安全是电子商务专业中非常重要的一门课程。本章首先介绍了互联网的发展、电子商务的发展以及两者之间的关系，然后介绍了电子商务的发展和网络支付之间的关系，最后总结了电子商务安全与网络支付安全的主要因素。

思 考 题

1. 试说明互联网、电子商务和网上银行三者的相互关系。
2. 试说明银行在电子商务中的作用和地位。
3. 电子商务对社会、经济产生哪些影响？对企业具有哪些影响？
4. 试论述发展电子商务和网上银行服务应具备的基础条件。
5. 上网实践：进入电子商务门户网站，亲身体验网上购物的流程和好处。

第 2 章　网络支付基础知识

【学习目标】

- 了解电子支付的基本理论。
- 了解网络支付的支撑平台。
- 了解网络支付的基本流程和基本模式。
- 掌握网络支付方式的分类。
- 了解以 Internet 为主要平台的网络支付结算的理论与应用体系。
- 了解国外、国内网络支付与结算的发展和应用情况。

【引导案例】

不满足支付工具定位 支付宝要通吃平台服务

继 2019 年 9 月 24 日面向线上线下全商业场景开放“轻会员”之后，支付宝在面向服务商数字化经营需求上，又有了进一步动作。10 月 30 日，在“新商业新生态”北京峰会中，支付宝推出了合作伙伴计划，其向“数字化代运营商”转型的路线进一步明晰。

“‘数字化代运营商’是我们战略上起的名字”，支付宝行业支付事业部总经理叶国晖在主题演讲中介绍称，当下的转型是一个正在发展的形态，无法给出准确定义。但能够确定的是，支付宝的服务内容，正在经历从“商业支付服务”向“基于支付的商业服务”的变化。

小程序和 IoT 是核心

叶国晖认为，赋能服务商数字化经营服务，要以 IoT 和小程序为核心。

事实上，早有现象表明支付宝对这个“核心”的重视。2018 年 9 月，支付宝宣布正式成立小程序事业部，并表示将在未来三年内投入 10 亿元，用于孵化、激励支付宝小程序生态创业者。2019 年 8 月，小程序和“蜻蜓”IoT 支付设备“官宣”打通。随后的 9 月，支付宝又决定开放小程序六大中心化入口，并公布了面向 IoT 服务商开放式合作计划。

“支付宝的小程序，在某种意义上，是数字化的店铺。”据叶国晖介绍，小程序连通了阿里经济体，底层的基础设施全部上云平台，与阿里商业操作系统全面打通。9 月 17 日，时值支付宝小程序“一岁”，其月活跃用户数已超过 5 亿人，小程序数量更是达百万量级。

当天下午，支付宝 IoT 蜻蜓产品负责人尹欢密还给出了一组数据：基于“蜻蜓”已上线的小程序已有 500 多个，覆盖 10 余个行业，IoT 生态合作伙伴超 5000 家，设备数达 10 万余台，小程序调用次数破 50 万次。

叶国晖表示，接下来，希望基于小程序开通一些代运营的账号，把合作伙伴的能力结合进来，以发挥小程序营销、会员、商品等方面的组建能力。“最重要的是给大家提供一个相对稳定的环境，让大家发挥自己的智慧。”

激励塑造支付场景

“今天商户合作数字化经营中，缺的是 IP 和流量。”叶国晖认为，“可预期、稳定、有竞争力的激励是繁荣数字化生态的助推器。”

峰会上，支付宝也为服务商提供了多种激励政策，包括针对“蜻蜓”购机用户的 IoT 政策、针对餐饮场景的蓝海政策和扫码点餐政策，以及正在内测的券营销和流量奖励。

另外，记者从现场了解到，支付宝还给合作伙伴成长计划定下了“百、千、万”目标，即打造 100 家数字化经营服务的合作伙伴标杆，助力 1000 家服务商伙伴实现转型升级，帮助培养 10 000 名数字化经营人才。

商业组织的用途与消费者之间的关系已被改变，在叶国晖看来，这是以移动支付为代表的一系列数字化的技术带来的最大变化。“这种变化是全渠道、全触点、全场景、全数据的。”

对于整个数字化的转型升级，叶国晖给出了自己的预测：“我认为未来会持续三到五年，甚至是五到十年，会有大量场景基于支付被塑造。”

(资料来源：经济观察报，2019-10-31)

2.1　网络支付的基本理论

网络支付的基本理论.mp4

网络支付是基于电子支付发展起来的，它是电子支付的一个最新发展阶段，或者说，网络支付是基于 Internet 并且适合电子商务发展的电子支付，网络支付比流行的信用卡、ATM 存取机、POS 支付结算等这些基于专线金融网络的电子支付方式更新、更方便一些，是 21 世纪支撑电子商务发展的主要支付手段。

具体来说，网络支付是指电子交易的当事人，包括消费者、厂商和金融机构，使用安全电子支付手段通过网络进行的货币支付或资金流转。网络支付是采用先进的技术通过数字流转来完成信息传输的。各种网络支付方式都是采用数字化的方式进行款项支付的；而传统的支付方式则是通过现金的流转、票据的转让及银行的汇兑等物理实体的流转来完成款项支付的。

2.1.1　网络支付的产生与定义

网络支付是支付的一个特定产物。自从出现了作为一般等价物的货币，人类社会进入了具有现代意义的货币结算支付方式的时代。支付的一般定义为，为了清偿商品交换和劳务活动引起的债权、债务关系，由银行所提供的金融服务业务。从简单意义来说，支付就是将现金的实体从发款人传送到收款人的商务过程。在很长一段时间内，银行是通过自己创造的信用流通工具为商人与商家办理转账与结算，主要利用传统的各种纸介媒体进行转账，如通过现金或单据，称为传统支付。在 20 世纪中叶，人类开始进入计算机时代，其后加上 Internet 的普及和深入发展，银行的业务开始以电子数据的形式通过电子信息网络进行办理，先后出现了电子支付和网络支付方式，并日益重要。

电子支付(Electronic Payment 或 e-Payment)是指通过电子信息化的手段实现交易中的价值与使用价值的交换过程。自计算机和网络通信技术在 20 世纪 70 年代开始普及和应用以来，一些电子支付方式如信用卡、电子汇兑等就开始投入使用，因此电子支付方式的出现要早于现在的 Internet。随着 20 世纪 90 年代全球范围内 Internet 的普及和应用，以及电子商务的深入发展，一些电子支付方式逐渐采用计算机网络特别是 Internet 为运行平台，出现了网络支付方式。

网络支付是基于电子支付发展起来的，它是电子支付的一个最新发展阶段，是基于 Internet 并且适合电子商务发展的电子支付。网络支付(Net Payment 或 Internet Payment)，也称网络支付与结算，是指以金融电子化网络为基础，以商用电子化工具和各类交易卡为媒介，以现代计算机技术和通信技术为手段，通过计算机网络特别是 Internet，以电子信息传递形式来实现流通和支付。因此网络支付是带有很强的 Internet 烙印的，所以很多地方干脆称它为 Internet Payment，它也是基于 Internet 的电子商务的核心。

2.1.2　网络支付的基本构成

网络支付的过程涉及客户、商家、银行或金融机构、商务认证管理部门之间的安全商务互动，因此支撑网络支付的体系可以说是融购物流程、支付工具、安全技术、认证体系、信用体系以及现在的金融体系为一体的综合大系统。网络支付体系的基本构成如图 2.1 所示，其中客户与商家分别代表在网上开展商务交易的双方，即买方和卖方；客户的开户银行表示网上寻求商品服务的客户在其中有资金账号的某金融机构，它主要指银行，称为支出行或付款行；商户的开户银行表示商家在其中有账号的某金融机构，主要指银行，称为接收行；认证机构是网上商务各方进行商务活动的第三方公证机构，且向商务各方发放、验证各种认证安全工具，如标识网上交易者真实身份的 X.509 数字证书机器中携带的公开密钥信息。现阶段，某些接收行为促进电子商务网上支付与结算的开展，也可能设置自己的注册机构，由注册机构向在本行开设账户的商家发放数字证书，商家可向客户出示这个数字证书，用来说明商家是合法的。当然，认证机构和注册机构的工作应当是协调的。

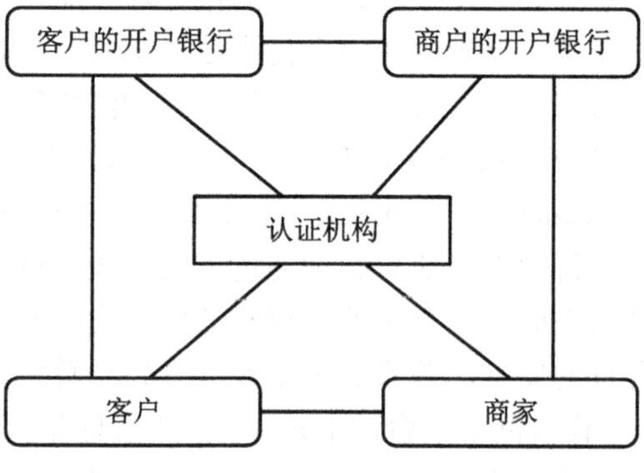

图 2.1　网络支付系统的基本构成

具体到电子商务系统中，电子商务的网络支付指的是客户、商家、金融机构以及认证管理机构之间使用安全电子手段交换商品或服务。基于 Internet 公共网络平台的电子商务网络支付体系的基本构成如图 2.2 所示，其中主要涉及七大要素。

“客户”是指在 Internet 上与某商家或企业有商务交易关系并且存在未清偿的债权、债务关系(一般是债务)的一方。客户用自己拥有的网络支付工具(如信用卡、电子钱包、电子支票等)发起支付，它是网络支付体系运作的原因和起点。

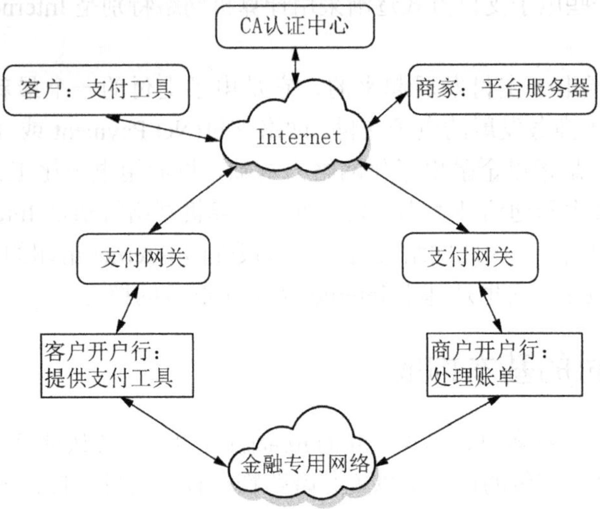

图 2.2 电子商务网络支付体系的基本构成

“商家”则是拥有债权的商品交易的另一方，可以根据客户发起的支付指令向处在中端的金融体系请求获取货币给付，即请求结算。商家一般设置专门的后台服务器来处理这一过程，包括协助身份认证及不同网络支付工具的处理。

“客户开户行”是指客户在其中拥有资金账户的银行，客户所拥有的网络支付工具主要是由开户银行提供的。客户开户行在提供网络支付工具的时候，同时提供一种银行信用，即保证支付工具是真实并可兑付的。在利用银行卡进行网络支付的体系中，客户开户行又被称为发卡行。

“商户开户行”是商家在其中开设资金账户的银行，其账户是整个支付结算过程中资金流向的终点或目的地。商家将收到的客户支付指令提交其开户行后，就由开户行进行支付授权的请求，以及进行商家开户行与客户开户行之间的清算等工作。商家开户行是依据商家提供的合法账单(客户的支付指令)来工作的，因此又称为收单行或接收行。

“支付网关”(Payment Gateway)是 Internet 公用网络平台和银行内部的金融专用网络平台之间的安全接口，网络支付的电子信息必须通过支付网关进行处理后才能进入安全的银行内部支付结算系统，进而完成安全支付的授权和获取。支付网关的建设关系着整个网络支付结算的安全及银行自身的安全，关系着电子商务支付结算的安全及金融系统的风险，必须十分谨慎。相对来说，作为网络平台的 Internet 公共信息存在不安全性。在电子商务交易过程中，网络平台上同时传输两种电子信息，即交易信息与支付信息，必须保证这两种电子信息在网络传输过程中不被无关的第三者阅读，包括商家也不能看到其中客户的支付信息(如客户信用卡号、授权密码等)，而银行不能看到商务双方其中的交易信息(如商品种类、商品总价等)，以保护客户及商家商业交易的隐私。这就要求支付网关必须由商家以外的第三方银行或其委托的信用卡发行机构来建设。不过，支付网关这个网络节点也不能分析通过的交易信息。支付网关对送来的双向支付信息也只是起保护与传输作用，即这些保密数据对网关而言是“透明”的，而无须网关进行一些涉及数据内容级的处理。

“金融专用网络”是银行内部及银行间进行通信的专用网络，它不对外开放，因此具有很高的安全性。如中国国家金融通信网，其上运行着中国国家现代化支付系统、中国人民银行电子联行系统、工商银行电子汇兑系统、银行卡授权系统等。目前中国传统商务中的电子支付与结算应用，如信用卡 POS 支付结算、ATM 资金存取、电话银行、专业 EFT 系统等，均运行在金融专用网络上。银行的金融专用网络发展迅速，虽然不能直接为基于 Internet 平台的电子商务进行直接的支付与结算，但是它为逐步开展电子商务提供了必要的条件。归根结底，金融专用网络是电子商务网络支付 Internet 平台的一部分。

“CA 认证中心”应该说是网上商务的准入者和市场的规范者，它的作用与传统商务中工商局的作用有点类似，是第三方公证机构。它主要负责为 Internet 上参与网上电子商务活动的各方(包括客户、商家、支付网关、银行)发放与维护数字证书，以确认各方的真实身份，也发放公共密钥及提供数字签名服务的支持等，保证电子商务支付结算的安全与有序进行。

除以上七大构成要素外，在电子商务网络支付系统的构成中还应该包括在网络支付时使用的网络支付工具及遵循的支付通信协议，即电子货币的应用过程。其中经常被提及的网络支付工具有银行卡、电子现金、电子支票等。支付通信协议主要指支付的安全通信与控制模式，如 SSL 模式与 SET 模式等。

综上所述，电子商务网络支付体系的基本构成即为电子商务活动参与各方与网络支付工具、支付通信协议的结合体。

2.1.3　网络支付的基本功能

虽然网络支付体系的基本构成和方式在不同的环境不尽相同，但安全、有效、方便、快捷是所有网络支付方式或工具追求的共同目标。对一个实用的网络支付与结算系统而言(可能专门针对一种网络支付方式，也可能兼容几种网络支付方式)，至少应该具有以下七种基本功能。

(1) 认证交易双方、防止支付欺诈。能够使用数字签名和数字证书等实现对网上商务各方的认证，以防止支付欺诈。为实现网上交易与支付的安全性，对参与网上贸易的各方身份的有效性进行认证，通过认证机构或注册机构向参与各方发放数字证书，以证实其身份的合法性。

(2) 加密信息流。可以采用单密钥体制或双密钥体制进行信息的加密和解密，可以采用数字信封、数字签名等技术加强数据传输的保密性与完整性，防止未被授权的第三者获取信息的真正含义。能够使用较为尖端的加密技术，对相关支付信息流进行加密。例如，防止网上信用卡密码被黑客破译窃取。

(3) 数字摘要算法确认支付电子信息的真伪，防止伪造、假冒等欺骗行为。为了保护数据不被未授权者建立、嵌入、删除、篡改、重放等，完整正确地到达接收者一方，可以采用 SHA-256 摘要算法。

(4) 当网上交易双方出现纠纷特别是有关支付结算的纠纷时，系统能够保证对相关行为或业务的不可否认性。网络支付系统必须在交易的过程中生成或提供足够充分的证据来迅速辨别纠纷中的是非，可以用数字签名等技术来实现。例如，当客户运用信用卡在本月 10 日支付完毕，可是商家由于自身的某些原因而故意认为本月 20 日才收到货款而延迟发货甚至否认收到客户的网上支付款项，从而产生纠纷。

(5) 处理网上贸易业务的多边支付问题。由图 2.2 中的电子商务网络支付体系的基本构成可知，支付结算牵涉客户、商家和银行等多方，传送的购货信息与支付指令信息还必须连接在一起，因为商家只有确认了某些支付信息后才会继续交易，银行也只有确认支付指令后才会提供支付。为保证安全，商家不能读取客户的支付指令，银行不能读取商家的购货信息，这种多边支付的关系能够借用系统提供的诸如通过双重数字签名等技术来实现。

(6) 网络支付方便、易用、透明。整个网络支付结算过程对网上贸易各方特别是对客户来讲，应该是方便易用的，手续与过程不能太烦琐，大多数支付过程对客户与商家来讲应是透明的。

(7) 能够保证网络支付结算的速度，即应该让商家与客户感到快捷，这样才能体现电子商务的效率，发挥网络支付结算的优点。当然，在保证网络支付结算快捷的同时，应注意稳定性。

2.1.4 网络支付的特征

相比传统支付结算时普遍使用的“一现三票一卡”(现金、发票、本票、汇票和信用卡)方式，以 Internet 为主要平台的网络支付结算方式表现出更多的优点和特征。

(1) 网络支付主要在开放的 Internet 网络中，通过看不见但先进准确的数字流完成相关支付信息传输，即采用数字化的方式完成款项支付结算；而传统的支付方式则是通过现金的流转、票据的转让及银行的汇兑等物理实体的流转来完成款项支付的，需要在较为封闭的系统中运行，大多需要面对面处理。而网络支付的工作是基于一个开放的系统平台，而且网络支付的形式随着互联网的发展也呈现多样化、移动化、随时随地的特征。

(2) 网络支付具有方便快捷、高效、经济的优势。用户只要拥有一台上网的 PC 或者一部智能手机，便可足不出户或随时随地在很短的时间内完成整个支付与结算过程。支付费用仅相当于传统支付的几十分之一甚至几百分之一。传统的支付方式，由于票据传递迟缓和手工处理的手段落后，形成大量在途资金，无法做到银行间即时或当天结算，因而交易双方的资金周转速度很慢。网络支付系统可以直接将钱打到收费者的银行账号上，这比通过邮寄或第三方转款大大缩短了付款时间，提高了资金的周转率和周转速度，既方便了客户，又提高了商家的资金运作效率，也方便了银行的处理。

(3) 网络支付具有隐形性和低成本性。与电子货币相比，一些传统的货币如纸质货币和硬币则越发显示出其奢侈性。在美国，每年搬运有形货币的费用高达 60 亿美元，英国则需要 2 亿英镑，中国虽然现在移动支付发展迅速，但有形货币的搬运费用仍然非常庞大，而世界银行体系之间的货币结算和搬运费用占到其全部管理费的 5%。采用网络支付方式，由于电子信息系统的建立和维护开销都很小，且 Internet 网络的接入费用越来越低，接入非常简便，网络速度却在不断提高，使普通消费者与小公司也有机会使用网络支付系统，无论小公司还是大企业都可从中受益。

(4) 网络支付与结算具有支付的安全性和一致性。支付的安全性是指保护买卖双方不会被非法支付和抵赖；一致性是指保护买卖双方不被冒名顶替。网络支付系统和现实的交易情况基本一致，而网络支付协议充分借用了尖端加密与认证技术，其设计细致、安全、可靠。所以，网络支付远比传统的支付结算更安全可靠。

(5) 网络支付可以提高开展电子商务的企业资金管理水平，同时增加管理的复杂性和服务的多样性。银行和商家发现通过 Web 页面或 e-mail 向客户散发宣传资料是一条很好的促销渠道，可以通过书面形式详尽地描述所提供的产品、服务及收费标准。采用网络支付方式以后，不仅可以做原有的网络广告宣传，而且能够十分方便地利用收集的客户信息建立相关决策支持系统，比如进行账单分析、估测市场趋势、预算新举措费用等，为企业进行科学的决策、降低经营风险、开展新服务业务等提供有力支持。比如支付宝虽然是一家第三方支付公司，但随着发展，它借助在支付领域积累的用户群体，相继开展了理财、外卖、购物、共享单车等各种各样的服务应用。

(6) 网络支付系统的高效率提高了企业的资金利用速度，可有效防止拖欠的发生，有利于提高资金管理和利用水平。由于网络支付工具和支付过程具有无形化、电子化的特点，它将传统支付方式中面对面的信用关系虚拟化，因此对网络支付工具的安全管理不能依靠普通的防伪技术，而是通过用户密码、软硬件加密和解密系统及防火墙等网络安全设备的安全保护功能实现。为了保证网络支付工具的通用性，还要制定一系列标准与规则。因此，网络支付使得企业资金管理的复杂性在开始时增大，但随着网上各种资金监测系统的研发应用与电子商务发展得更加成熟，系统的自动处理能力越来越强，复杂性将逐渐降低。

(7) 网络支付创新动力十足，应用场景不断得以延展。继扫码支付普及之后，生物识别、ETC(Electronic Toll Collection，电子不停车收费系统)等技术与网络支付业务深度融合，催生出许多不再依赖手机的新型支付方案，并逐步进入商用推广阶段。其中，基于人脸识别技术的刷脸支付发展较为迅速，和扫码支付相比，其便捷性、精准性和支付效率均有所提升。例如，支付宝推出集软硬件为一体的刷脸支付产品“蜻蜓”；微信支付也推出可接入 POS(Point of Sale，销售终端)机的刷脸支付产品“青蛙”，推广落地均较为迅速。此外，交通运输部明确提出推动高速公路 ETC 发展应用，各大银行推出不同力度的优惠活动，服务网点由线下延伸至手机银行、微信小程序等线上领域；支付宝和微信支付利用自身在线上支付的优势，同步开通 ETC 在线办理业务，以期完善自身在线下支付场景的布局。截至 2019 年 7 月 18 日，全国 ETC 用户总量达 9151 万个，日均 ETC 发行量约 42 万个，是 2018 年日均发行量的 7 倍。

2.2 网络支付的支撑平台

网络支付的支撑平台.mp4

包括网络支付在内的电子支付是一种通信频次大、数据量不定、实时性要求较高、分布面很广的电子通信行为，因此电子支付的网络平台通常是交换型的、通信时间较短的、安全保密好的且稳定可靠的通信平台，它必须面向全社会，对所有公众开放。

电子支付的常见网络平台有电话交换网 PSTN、公用数据网、专用数据网、EDI 专用网络平台以及近年发展起来的 Internet 等。最早的电子支付网络平台主要有 PSTN、X.25 和 X.400 等，后来出现了 X.435、X.500 等网络平台。随着网络时代的到来，这些网络的普及面及速度都明显满足不了当前业务发展的需要，特别是不能支撑以 Internet 为平台的电子商务网络支付结算的需要。

目前，网络支付的支撑网络平台主要有两类，一类是传统成熟的 EDI 专用网络支付平台，另一类是大众化网络平台 Internet，它们各有优缺点和应用环境。随着 Internet 在全社会各行各业的大规模普及应用，加上其方便快捷、多媒体互动性强以及经济的应用特点，大众化网络平台 Internet 已成为网络支付平台的发展趋势。EDI 正从专用网络逐渐向 Internet 转移，如 Web-EDI 的发展就是支付平台的关注热点，也体现出上述两个平台的融合趋势。

2.2.1 专用成熟的 EDI 支付平台

EDI 是 Electronic Data Interchange 的缩写，中文译为“电子数据交换”。EDI 业务于 20 世纪 70 年代初出现在美国，现已发展多年，最早应用于物流企业的贸易服务，现已成为国际贸易的主要模式之一，广泛应用于各行各业。EDI 是一种在贸易企业之间借助通信网络，以标准格式传输订货单、发货通知单、运货单、装箱单、收据发票、保险单、进出口申报单、报税单、交款单等贸易作业文件的电子文本，可以快速交换贸易双方或多方之间的商务信息，从而保证商务快速、准确、有序并且安全进行。可以说，EDI 是一种以网络为平台的基于电子处理的商务形式。EDI 业务代表了电子商务真正的开端，只不过网络平台是 EDI 专用通信网，而非 Internet。

实际上，EDI 的发展已经至少经历了四十多年，其发展和演变的过程已经充分显示了商业领域对其重视的程度。人们将 EDI 称为“无纸贸易”(Paperless Trade)，将 EFT(电子转账)称为“无纸付款”(Paperless Payment)，足以看出 EDI 对商业运作的影响。

EDI 最初来自 EBDI(Electronic Business Document Exchange，电子商业单据交换)。其最基本的商业意义在于由计算机自动生成商业单据，如订单、发票等，然后直接通过电信网络传输到商业伙伴的计算机里。这里的商业伙伴指的是广义上的商业伙伴，它包括任何的公司、政府机构、其他商业或非商业的机构，只要这些机构与你的企业保持经常性的带有结构性的数据的交换。EDI 使用者从此项应用所得到的好处包括：节省时间、节省费用、减少错误、减少库存、改善现金流动，以及获取多方面的营销优势等。

在 EDI 系统中交易的信息需要根据国际标准协议进行格式化，形成标准电子版本，通过计算机通信网络对这些数据进行交换和自动化处理，从而有机地将商业贸易过程的各个环节(包括海关、运输、银行、商检、税务等部门)连接起来，实现包括电子支付在内的全部业务，在效率上较传统手工或传真商务有很大的优越性。EDI 系统具有一整套成熟的安全技术体系，能够有效防止信息的丢失、泄露、篡改、假冒、商务抵赖和拒绝服务等。

由于整个 EDI 业务系统的开展是建立在一个遍布全球的 EDI 通信专用平台上，所以 EDI 的支付结算业务也是应用这个专用网络平台开展的，经过多年发展，技术已相当成熟，现已成为 WTO 推荐其成员之间采用的主要国际贸易形式。从广义上讲，EDI 业务属于 B2B 电子商务的范畴，所以 EDI 专用网络平台是现在很多企业开展这种 EDI 式电子商务的成熟平台。但是，毕竟目前的 EDI 专用网络平台与 Internet 不一样，不能有效支持所有出现的电子商务拓展领域，如网上大学、网络图书馆、个人网上购物、网络收费游戏、网络银行等，所以 EDI 专用网络平台作为电子商务的依托平台是有局限性的。

随着 Internet 的进一步发展，EDI 有与 Internet 相互融合的发展趋势，即 Web-EDI 的出现。所谓 Web-EDI，就是把 EDI 系统建立在 Internet 平台上，而不是原来的专用网络，而 EDI 运作规则与标准基本不变。这样，Web-EDI 就能大大减少中小型企业实现 EDI 的费用，允许中小型企业只需要通过 Web 浏览器和 Internet 连接来执行 EDI 信息交换，大大拓展了

EDI 的应用范围。这里，Web 是 EDI 报文的接口，一般情况下， 其中一个参与者是比较大的企业，针对每个 EDI 报文开发或购买相应的 Web 表单，改造成适合自己的译文，然后把它们放在 Web 站点上，Web 表单就成为 EDI 系统的接口；另外一个参与者是较小的公司，它登录到 Web 站点，选择感兴趣的 Web 表单填写，填写结果递交 Web 服务器后，通过服务器端程序进行合法性检查，把它变成通常的 EDI 报文，报文的处理就与传统的 EDI 报文处理一样，为了保证报文信息从 Web 站点返回它的参与者，报文还能转变成 Web 表单或 e-mail 的形式通知贸易双方。

事实上，EDI 可以看成是一种早期的电子商务开展形式，并且其中包括了支付方法，关于 EDI 的具体内容，将在后续的章节中具体介绍。

2.2.2 大众化网络平台 Internet

在传统通信网和专用网络上开展网络支付业务，由于终端和网络本身的技术难以适应电子商务业务量的急剧上涨等一些局限性因素，使用户面很难扩大，并使用户、商家和银行承受了昂贵的通信费用。因此，寻求一种物美价廉、易用的且对大中小型企业与普通消费者都能适应的大众化平台，成了当务之急。全球拥有近 10 亿用户并飞速发展的 Internet 就顺其自然地成为焦点。与此同时，与网络支付相关的技术、标准和实际应用系统不断涌现，使基于 Internet 进行网络支付已成为现代化支付系统特别是支撑电子商务支付结算的发展趋势。Internet 网络支付平台并不只包括 Internet 部分，从图 2.3 中可以知道，大众化 Internet 网络支付平台主要由 Internet、支付网关、金融专用网络三部分组成。支付网关的作用是特殊而重要的，在前面网络支付体系构成中介绍过。它是位于 Internet 和传统的银行专用网之间，用于连接银行专用网络与 Internet 的一组专用服务端。设置支付网关的主要目的是安全地连接 Internet 和银行专用网，完成两者之间的通信、通信协议转换以及进行相关支付数据的加密、解密，将目前不安全的、开放的 Internet 上的交易信息传给内部封闭的、安全的银行专网，起到隔离和保护银行内部网络的作用。正是有了支付网关，整个 Internet 网络支付平台才是一个安全可靠的平台，大大方便了商家与客户对网络支付系统的应用.因为支付网关的运作对商家与客户来讲均是“透明”的，所以它由第三方或银行来研发运作。

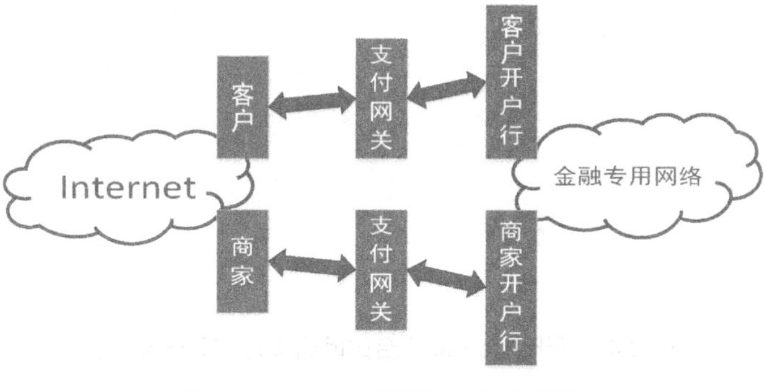

图 2.3 Internet 网络支付平台结构

支付网关的主要应用过程简略描述如下。

(1) 将从 Internet 传来的相关支付数据包进行解密，按照银行系统内部的通信协议将数据重新打包，完成协议转换，发送给银行内部业务处理服务器。

(2) 接收银行内部业务处理服务器传回的响应或反馈信息，将此数据转换为外面Internet网络使用的数据格式(TCP/IP包)，对其进行加密，防止失密。

(3) 支付网关将经过加密的Internet数据包转发给相关的商家或客户，至此一次支付结算的信息处理流程结束。后面继续这个处理流程，直至客户的一次网上支付结算业务处理完毕。

在Internet这个大众化的网络支付平台上，CA认证中心也是一个很重要的角色，它是安全支付的控制与管理中心。在完成网络支付结算时，客户、商家、支付网关甚至银行服务器均需频繁地与CA认证中心进行信息交互，如数字证书的验证、数字签名的辅助运作等，因此可以说它是保证安全可靠的网络支付结算的核心。CA认证中心的作用在SET协议安全机制中表现得更为明显。

2.3 网络支付的基本过程和模式

网络支付的基本过程和基本模式.mp4

2.3.1 网络支付的基本过程

在处理网络支付时借鉴了很多传统支付方式的应用机制与过程，只不过流动的媒介不同，一个是传统纸质货币与票据，大多手工作业；一个是电子货币且网上作业。可以说，基于Internet平台的网络支付结算流程与传统的支付结算过程是类似的。如果熟悉传统的支付结算方式，如纸质货币、支票、POS信用卡等方式的支付结算过程，将有助于对网络支付结算流程的理解。例如，用户通过Internet进行网络支付结算的过程与目前商店中的销售点系统(POS信用卡支付结算系统)的处理过程非常相似，其主要不同在于网络支付的客户是通过PC、Internet、Web服务器作为操作和通信工具，而POS信用卡支付结算使用专用刷卡机、专用终端、专线通信等。

基于Internet平台的网络支付结算一般流程如图2.4所示。

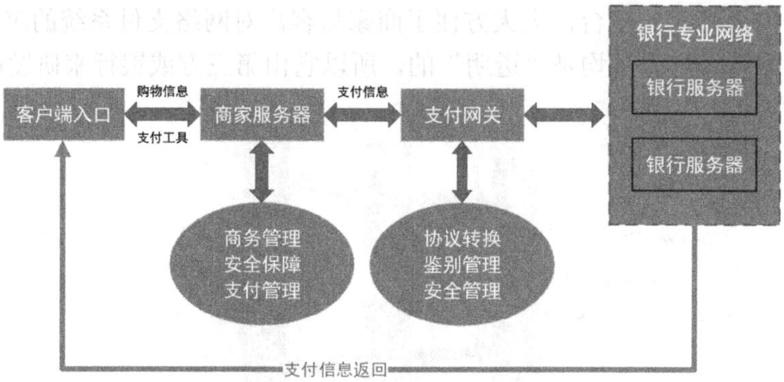

图2.4 基于Internet平台的网络支付结算一般流程

(1) 客户连接Internet，用Web浏览器进行商品的浏览、选择与订购，填写网络订单，选择应用的网络支付结算工具，并且得到银行的授权使用，如信用卡、电子现金、电子支票或网络银行账号等。

(2) 客户机对相关订单信息，如支付信息进行加密，在网上提交订单。

(3) 商家服务器对客户的订购信息进行检查、确认，并把相关的、经过加密的客户支付信息等转发给支付网关，直至银行专用网络的银行后台业务服务器确认，以期从银行等电子货币发行机构验证得到支付资金的授权。

(4) 银行验证确认后，通过建立起来的经由支付网关的加密通信通道，给商家服务器回送确认及支付结算信息，为进一步的安全给客户回送支付授权请求(也可没有)。

(5) 银行得到客户传来的进一步授权结算信息后，把资金从客户账号转拨至开展电子商务的商家银行账号上，借助金融专用网进行结算，并分别给商家、客户发送支付结算成功信息。

(6) 商家服务器收到银行发来的结算成功信息后，给客户发送网络付款成功信息和发货通知。至此，一次典型的网络支付结算流程结束。商家和客户可以分别借助网络查询自己的资金余额信息，以进一步核对。

图 2.4 所示的网络支付结算一般流程只是对目前各种网络支付结算方式应用流程的普遍归纳，并不表示各种网络支付方式的应用流程与图中所示是一模一样的，或不同网络支付结算工具的应用流程是一样的。其实在实际应用中，这些网络支付方式的应用流程由于技术上、资金数量上、管理机制上的不同还是有所区别的，但大致遵守该图示流程，而像信用卡、电子现金、网络银行账号的网络支付结算流程就有所差别。

图 2.4 所示网络支付结算流程还有一个特点，即实现的是资金的立即支付，它适用于数目众多的较小额度资金的电子商务业务，对客户与商家来讲都是方便的。对较大金额的资金支付结算，如大企业与大企业间的电子商务，实现 Internet 上的立即支付并不现实。这时，传统上采用独立于商务交易环节的金融 EDI 或银行专业 EFT 系统是目前比较普遍采用的支付结算方式。随着网络银行业务特别是企业网络银行转账业务的成熟与开展，也可基于 Internet 平台在电子商务交易与支付环节分离时进行较大额度资金的网络支付结算。

2.3.2　网络支付的基本系统模式

网络支付结算的应用流程，其实就是电子货币的流动过程。不同的电子货币，其应用流程还是有区别的。

根据电子货币支付流程的差别，可把网络支付的基本系统模式大体分为“类支票电子货币支付系统模式”和“类现金电子货币支付系统模式”两种。

1. 类支票电子货币支付系统模式

类支票电子货币支付系统模式是典型的基于电子支票、电子票证汇兑、信用卡、网络银行账号等方式的网络支付系统模型，它支持大、中、小额度的资金支付与结算。

顾名思义，类支票电子货币支付系统模式就是类似传统的纸质支票应用系统模式，原理上差不多。它主要涉及三个当事实体，即买方、卖方和各自的开户银行。银行可为同一家，也可为不同银行。当然，在网络平台上还涉及 CA 认证中心。图 2.5 所示即为类支票电子货币支付系统模式的运作示意图，其中，作为电子货币载体的电子票证如电子支票、信用卡号码、网络银行账号等就是网络支付工具，由银行发行与管理，代表着一种信用。如果买卖双方不在同一银行，那么在银行之间就要应用一些标准的清算中心体系，这通常由国家中央银行(对国内交易)或一个第三国银行(对国际贸易，且第三国中央银行有良好的信用)协调。

类支票电子货币支付系统模式的基本应用过程可简要描述如下。

(1) 电子商务买卖双方都在银行拥有账户，而买方应在开户行有一定的存款。

(2) 在买卖双方开始交易以前，买方先从银行得到电子支付票证，即授权的电子货币。

(3) 买方把授权的电子货币交给卖方，卖方验证此电子票证的有效性后，继续交易过程。

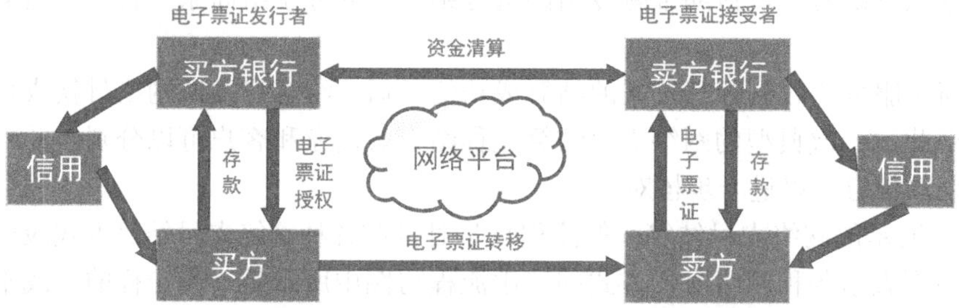

图 2.5 类支票电子货币支付系统模式的运作示意

(4) 卖方将收到的电子票证转给自己的开户银行，要求资金兑付。

(5) 银行收到卖方的电子票证，验证确认后进行后台的资金清算工作，且给买卖双方回送支付结算成功消息。至此，这次网络支付完毕。

2. 类现金电子货币支付系统模式

类支票电子货币支付包括信用卡网络支付过程在内，虽然减少了材料费用、运输费用等，并且应用快捷方便，但每次支付结算都需要银行的支持，时间上与成本上均存在一定的开销，而且都不是匿名的，交易双方的身份不能被保护，这是其弱点。所以，它用于微小数额的支付还是有些不方便。传统的纸质货币作为目前人们日常生活中最常用的一种支付结算工具，使用方便直观，支付成本很低，且是匿名使用和不可追踪的。这可保证买卖双方的自由不受干涉，一定程度上保护了客户的隐私。正是借助纸质现金的这些优点，一些企业与研究机构推出类现金电子货币支付系统模式，以满足电子商务网络支付结算的个性化需要。

类现金电子货币支付系统模式是一种新的网络支付模式。其主要的网络支付工具是类现金电子货币，较有代表性的是电子现金。顾名思义，类现金就是类似传统的纸质现金。所以类现金电子货币的网络支付系统模式与传统纸币的支付模式基本类似，原理上差不多，只是在货币表现形式上有所不同。类现金电子货币表现为经过特殊加密的电子信息串，用户可像使用纸币一样用类现金在网络平台上进行日常买卖。类现金同样主要涉及三个当事实体，即买方、卖方和各自的开户银行。银行可为同一家，也可为不同银行。当然，在网络平台上还要涉及 CA 认证中心。

图 2.6 是类现金电子货币支付系统模式的运作示意图。从支付应用过程可以看出，它与传统的纸质现金应用非常类似，每次网络支付结算并不需要银行中介的参与，接收者收到后可灵活支配，不需要马上去银行兑换，还可支付给其他商业伙伴，真正体现货币的流通特点。银行在类现金电子货币的网络支付结算过程中，无须每次都表现它的存在，只是在

发行与兑换时参与运作，所以支付结算速度比类支票更快，运作成本更低。

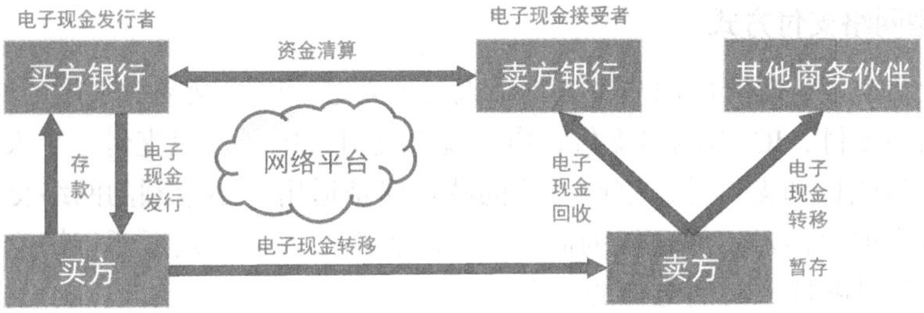

图 2.6　类现金电子货币支付系统模式的运作示意

类现金电子货币支付系统模式的基本应用过程可简要描述如下。

(1) 电子商务中的买方先在开户银行中有一定的存款，且对应其类现金账号。

(2) 在买卖双方开始交易以前，买方先从银行通过银行存款请求兑换类现金，就像去银行从资金账号中提取纸质现金一样。

(3) 银行根据买方的请求把相应的类现金发送至买方的计算机中，即可随便使用。

(4) 买方根据付款数额把相应数目的类现金发送给卖方的计算机，卖方验证此类现金的有效性后，继续交易过程。

(5) 卖方可把收到的类现金暂时存储起来，也可发送至相应银行，银行清算后增加卖方账号的对应资金数额，卖方还可以把收到的那份现金发送给自己的其他商务伙伴，如供应商进行网络支付。至此，这次类现金的网络支付过程完毕。

2.4　网络支付的分类

基于电子货币的分类基础和常见的电子支付类别，以 Internet 为主要运作平台的网络支付方式有多种分类标准，随着电子商务的发展与技术上的进步，更多、更新的网络支付工具被不断地研发出来并且投入应用，又会产生新的分类。本章主要介绍电子商务下网络支付方式的三种分类。

2.4.1　按开展电子商务的实体的性质分类

电子商务的主流分类方式是按开展电子商务的实体性质分类的，即分为 B2B、B2C、C to C、B to G、G to G 等类型的电子商务。目前，客户在进行电子商务交易时通常会按照开展的电子商务类型不同，选择使用不同的网络支付与结算方式。正如企业在进行传统商务活动时，对一般小金额的消费直接就用信用卡与现金进行支付，以图方便；而购买像计算机、数字摄像机、汽车等贵重设备时，由于涉及较大金额付款，常用支票结算，而大批量订货时就用银行电子汇票。

考虑到这些不同类型的电子商务实体的实力、商务的资金流通量大小、一般支付结算习惯等因素，可以按开展电子商务的实体性质把当前的网络支付方式分为 B2C 型网络支付方式和 B2B 型网络支付方式两类。这也是目前较为主流的网络支付结算方式。就是说，个体消费者有自己习惯的支付方式，而企业与政府单位也有适合的网络支付方式。当然，有一些支付工具如支付宝等对B2C和B2B电子商务均支持。

1. B2C型网络支付方式

这是企业与个人、政府部门与个人、个人与个人进行网络交易时采用的网络支付方式，比如信用卡网络支付、IC卡网络支付、电子现金支付、电子钱包支付、个人网络银行支付以及第三方支付或移动支付等。这些方式的特点就是适用于小金额的网络交易支付结算，应用起来较为方便灵活，实施也较为简单，风险也不大。尤其是近两年快速发展的移动支付，更是具有随时随地、灵活方便的特点。

2. B2B型网络支付方式

这是企业与企业、企业与政府部门进行网络交易时采用的网络支付方式，比如电子支票网络支付、电子汇兑系统、国际电子支付系统SWIFT与CHIPS、中国国家现代化支付系统CNAPS、金融EDI以及最新的企业网络银行服务等。这种支付方式的特点就是适用于较大金额的网络交易支付结算。

上述B2C型网络支付方式和B2B型网络支付方式之间的界限也是模糊的，并不绝对。比如，信用卡虽多用于个人网络支付，但也可用于企业间的小额支付结算；又比如电子支票支付方式一般被认为是B2B支付方式，但在一些国家和地区的人们也经常用这种方式来支付学费、一般消费等，因此这种分类并不绝对。

2.4.2 按支付数据流的内容性质分类

由电子货币的特征知道，进行网络支付时，用电子支票与用电子现金支付在网络平台上传输的数据流的内容性质是有区别的，正如用纸质现金支付与用纸质支票支付传递的信息性质不同一样，收到100万元的纸质现金给人的感觉是收到了真的100万元“金钱”的指令，而收到100万元纸质支票只是收到了可以得到100万元“金钱”的指令。

因此，根据电子商务流程中用于网络支付的数据流内容性质不同，即传递的是指令还是具有一般等价物性质的电子货币本身，可将网络支付方式分为以下两类。

1. 传递支付指令型的网络支付方式

支付指令是指启动支付与结算的口头或书面命令，网络支付的支付指令是指启动支付与结算的电子化命令，即一串指令数据流。传递支付指令的用户不经手货币，而是由他指示银行等金融中介机构替他转拨货币，完成转账业务。指令传递型网络支付系统是现有电子支付基础设施和手段(如ACH系统和信用卡支付等)的改进和加强。

传递支付指令型网络支付方式主要有银行网络转拨指令方式(如EFT、CHIPS与SWIFT、电子支票、网络银行、金融电子数据交换FEDI等)、信用卡支付方式等。其中，FEDI是一种以标准化的格式在银行与银行计算机之间、银行与银行的企业客户计算机之间交换金融信息的方式。因此，FEDI可以较好地应用在B2B电子商务交易的支付结算中。

2. 传递电子现金型的网络支付方式

传递电子现金型的网络支付是指客户进行网络支付时在网络平台上传递具有等价物性质的电子货币本身，即电子现金的支付结算机制。其主要原理是，用户可从银行账户中提取一定数量的电子现金，且把电子现金保存在一张卡(比如智能卡)、用户计算机中的某部分(如一台 PC 或个人数字助理 PDA 的电子钱包)或者用户的智能手机中。这时，消费者拥有真正的电子“货币”，他就能在 Internet 上直接把这些电子现金按相应支付数额转拨给另一方，如消费者、银行或供应商。 这类方式因为可能存在一些对现有体系的威胁等问题，因此应用得较少，一般在一定范围内使用，比如早期的一些电子现金系统主要应用在欧洲的一些国家，还有后来的网络货币，如比特币等。

2.4.3　按网络支付金额的规模分类

电子商务由于基于 Internet 平台进行，运作成本较低，对大中小型企业、政府机构以及个体消费者均比较适用。不同规模的企业及个体消费者的消费能力、网络上商品与服务的价格也是不同的，大到几十万元的汽车，小到几角钱的一条短消息服务，因此同一个商务实体针对这些不同规模的资金支付，可能采用不同的支付结算方式。

根据电子商务中进行网络支付金额的规模大小来划分，可以将网络支付方式分为以下三类。注意下面的支付金额是按照近几年人们的收入与物价水平统计的，是相对的，未来经济持续发展下收入与物价水平相应提高，三类支付方式的支付金额门槛也需要相应调整。

1. 微支付

微支付是指在互联网上进行的一些小额的资金支付。这种支付机制有特殊的系统要求，在满足一定安全性的前提下，要求有尽量少的信息传输、较低的管理和存储需求，即速度和效率要求比较高。这种支付形式就称为微支付。

微支付主要有三种实现方式。第一，定制与预支付。这类方式适用于消费者对所购买的产品与服务有着充分的了解和信任，才可能产生“预先”付款的行为。第二，计费系统与集成。这类支付机制已经大量应用于电信行业，电信公司在利用计费系统对自身的服务进行收费的同时，可以向其他类型的商家提供账单集成服务。第三，储值方案，即电子现金方案。与第一种类型不同，这类方案基于“电子现金账户”而不是“预付费账户”，电子现金是可以回收并且跨系统运行的，可以是基于互联网的软件方案，也可以是基于智能卡的硬件方案，其发展潜力更多地面向现实环境，起到替代现金的作用。

2. 小额网络支付

小额支付是指在一定时间内对多笔支付业务进行轧差处理，净额清算资金。建设小额批量支付系统的目的是为社会提供低成本、大业务量的支付清算服务，支撑各种支付业务的使用，满足社会各种经济活动的需要。小额支付业务采取小额批量处理的方法，支付信息定时或实时转发，资金在日间规定时点轧差清算。

小额网络支付是指满足个体消费者和商业(包括企业)或政府部门在经济交往中的一般性支付需要的网络支付服务系统，也称消费者级支付系统。这种网络支付方式，按美国标准来说，发生的支付金额一般为 5～5000 美元的网络业务支付，中国相应为 5～5000 元人民币。由于小额支付是网络支付业务在日常事务中是最多的，一般占全社会总支付业务的 80%～90%，所以，这类系统必须具有极强的处理能力，才能支持经济社会中发生的大量支付交易。例如，去买几支笔、买一束鲜花、下载一个收费软件及企业批发一些办公用品等，因此支持这种档次消费的网络支付工具也发展得最成熟与最普及，常用的有信用卡、支付宝、微信支付、小额电子支票、个人网络银行账号等。

3. 中大额网络支付

在中国，大额实时支付系统(简称大额支付系统)是中国人民银行按照我国支付清算需要，利用现代计算机技术和通信网络开发建设，处理同城和异地跨行之间和行内的大额贷记及紧急小额贷记支付业务、人民银行系统的贷记支付业务以及即时转账业务等的应用系统。中大额网络支付指满足一般商业(包括企业、政府)部门之间的电子商务业务支付需要的网络支付服务系统，也称企业级资金转账系统。这种网络支付方式，按美国标准发生的支付金额一般在 5000 美元以上，中国相应为 5000 元人民币以上的网络支付。中大额资金转账系统，虽然发生次数远远不如一般的消费者级支付，但其支付结算的金额规模占整个社会支付金额总和的 80%以上，因此是各国家网络支付系统的主动脉。

一般来说，跨银行间、银行与企业间、企业与企业间、证券公司与银行间等发生的支付，金额较大，安全可靠性要求高，这些支付属于中大额支付系统处理的业务。常见的商业级网络支付方式主要有金融 EDI(FEDI)、电子汇兑系统、电子支票、CNAPS、企业网络银行服务等。大额实时支付系统是中国现代化支付系统的重要应用系统和组成部分，在我国支付系统中占有重要地位。

2.5 国内外网络支付发展情况

随着 20 世纪 90 年代 Internet 的广泛应用和电子商务的快速发展，国内外为服务电子商务与金融电子化的网络支付结算方式发展很快，并以前面所讲的电子支付与电子货币建设为基础。经过近三十年的发展，网络支付的方式层出不穷，支付手段不断创新。随着移动互联网的发展，移动支付也快速地发展起来。本节将分别介绍国外和国内的网络支付发展情况。

2.5.1 国外网络支付发展情况

1. 小额网络支付的发展

自从 1951 年第一张银行信用卡在美国的富兰克林国际银行诞生以来，短短的几十年时间，信用卡支付已得到了迅速的发展，几乎遍及全球各个国家。信用卡是由发卡机构签发的，证明持有人信誉良好，能为其提供信用消费的信用凭证。信用卡的发行突破了传统的现金支付方式，为银行建立先进的自动服务系统创造了条件，成为自动服务系统中的重要组成部分，并为电子货币、电子支付及网络支付结算时代的来临奠定了基础。以美、日为代表的发达国家于 20 世纪 80 年代就已经普及信用卡、ATM、POS 机、CD 等的应用，人均拥有数张银行卡，银行卡的交易额占支付总销售额的 70%以上，自助银行服务也已经普及，运行成本不及柜员操作成本的 1/4。关键是随着这些小额电子支付工具的运用，人们已经接受并乐意运用信用卡、CD、自助银行等服务方式，接受了电子货币的观念，构成了西方国家金融电子化和信息化的最普遍基础。伴随 Internet 的应用和电子商务的发展，人们乐于应用基于 Internet 上如信用卡、电子现金等网络支付方式。因此发展到现在，信用卡网络支付方式也是西方国家应用最广的网络支付结算方式。用信用卡在网络上进行支付已经非常普及，有力地促进了这些国家电子商务的发展。比如实际应用的包括电子支票系统(如 E-check、NetBill、NetCheque)、信用卡系统(如 CyberCash、First Virtual Holding)和电子现金系统(Mondex、NetCash、DiSicash)等。随着智能手持设备的出现和发展以及移动互联网的不断发展，在欧洲和美国也出现了各种移动支付工具，比如 Apple pay、Google pay 等。

2. 中小额网络支付发展

这方面主要表现为西方国家网络化的电子支付体系的构建及应用，典型的代表如 EFT、金融 EDI、SWIFT 和 CHIPS 的广泛应用。例如在美国，各大商业银行都建有自己庞大的电子资金转账系统，此外用于跨行的大额电子资金转账的汇兑系统主要有以下四个：第一个是 FedWire。它是联邦储备通信系统，由美国联邦储备系统(Federal Reserve System)所有和管理的美国国家支付系统，它实时处理美国国内大额资金的划拨业务，并逐笔清算资金。第二个是 Bankwire。它是一个非营利的电子汇兑系统，主要用于成员银行之间的电子资金转账。该系统向联邦提供每天的最终清算余额财务报表，用成员银行在联邦的资金以实现最终的资金清算。这样，通过 Bankwire 转账的资金当天就可用。第三个是 CHIPS。它是最重要的国际资金调拨系统。第四行是 SWIFT。该系统主要提供通信服务，专为其成员金融机构传送各种同汇兑有关的信息。成员金融机构接收到这种信息后，若同意处理，则将其转送到相应的资金调拨系统或清算系统(如前述的三种电子汇兑系统)内，再由后者进行各种必要的账务处理。通过这四个系统的应用，结合面向终端用户的支付平台，如信用卡、电子支票等，整个美国已经形成了一个广泛的、应用普及的、高度自动化的现代网络支付结算体系。

在欧洲也有类似的清算系统 TARGET，TARGET 的全拼为 The Trans-European Automated Real-time Gross settlement Express Transfer，即泛欧实时全额自动清算系统，为欧盟国家提供实时全额清算服务。TARGET 始建于 1995 年，1999 年 1 月 1 日正式启用。TARGET 由 16 个国家的 RTGS 系统、欧洲中央银行的支付机构(EPM)和相互间连接系统(Interlinking System)构成。互联系统将各国的 RTGS 系统与 EPM 相连，这样支付指令就能从一个系统传递到另一个系统。TARGET 主要处理以下三种交易：第一，与中央银行动作直接相关的支付(与实施货币政策直接相关的支付)。第二，提供大额支付服务的净额清算系统以欧元为单位进行的清算，需委托 TARGET 完成，目的是降低支付系统的风险。第三，以欧元为单位的银行间支付以及商业支付。此外，TARGET 也用于处理欧洲中央银行系统的交易指令、EUROI(EBA)系统的日终结算以及 CLS(持续结算)银行及其成员间的欧元结算。

2.5.2　我国网络支付发展情况

我国数字信息化虽然起步较晚，但电子商务发展和网络支付应用都比较快和广。近五年来，网上交易量和用户数量不断增长，交易金额增长迅速。由于竞争的加剧导致市场快速变化。交易的双方现在看重的是交易平台的便捷和安全情况，如今的电子商务越来越趋向于一种融合的趋势。在安全的认证领域内，单一模式的认证将会慢慢地被双因子认证取代。随着中国网络支付的不断发展和完善，已经建成了第二代中国支付清算体系，一般认为该体系中包括四大系统：中国现代化支付系统(CNAPS)、银行业金融机构支付清算系统、金融市场支付清算系统和第三方组织支付清算系统。互联网支付在国际支付网络中的地位将越来越重要。

1. 中国现代化支付系统

中国现代化支付系统(China National Advanced Payment System，CNAPS）为世界银行技术援助贷款项目，主要提供商业银行之间跨行的支付清算服务，是为商业银行之间和商业银行与中国人民银行之间的支付业务提供最终资金清算的系统；是各商业银行电子汇兑系统资金清算的枢纽系统；是联结国内外银行重要的桥梁；也是金融市场的核心支持系统。中国现代化支付系统包括大额实时支付系统、小额批量支付系统、网上支付跨行清算系统、境内外币支付系统等。

1) 大额实时支付系统

大额实时支付系统主要办理同城和异地、商业银行跨行之间的大额资金汇划以及紧急的小额支付业务，逐笔实时处理支付业务，全额清算资金。处理业务主要为大额支付、即时转账、城商行汇票等。

2) 小额批量支付系统

小额批量支付系统主要处理同城和异地纸凭证截留的借记支付业务以及每笔金额在规定金额起点以下的小额贷记支付业务，批量发送支付指令，轧差净额清算资金。小额批量支付系统业务种类多、业务量大。

3) 网上支付跨行清算系统

网上支付跨行清算系统实时到账，7×24 小时连续运行，新增了短信认证支付和扫码支付方式，支持银行、消费者、商户通过移动终端完成一次性的支付业务。

4) 境内外币支付系统

境内外币支付系统以清算处理中心为核心，由直接参与机构等单一法人集中接入，由代理结算银行进行银行间外币资金结算。它主要为境内银行业金融机构和外币清算机构提供外币支付服务的实时全额支付系统，涉及业务包括支付类、信息类和其他三类业务。支付类包括境内跨行贷记业务、轧差净额业务、付款交割业务。信息类包括转汇信息业务、查询查复业务、撤销申请、退汇申请等业务。其他业务包括机构管理、币种管理以及数字证书行号绑定等业务。

2. 银行业金融机构支付清算系统

银行业金融机构支付清算系统包括政策性银行行内业务系统、商业银行行内业务系统以及农村信用社行内业务系统。

3. 金融市场支付清算系统

金融市场支付清算系统也称清算系统、支付结算系统。它是一个国家或地区对伴随着经济活动而产生的交易者之间、金融机构之间的债权、债务关系进行清偿的制度安排；是提供支付服务的中介机构管理货币转移的规则；也是实现支付指令传送及资金清算的专业技术手段，同时用以实现债权、债务清偿及资金转移的制度性安排。各国中央银行提供支付清算服务的方式与范围有所不同，但它们的业务运行原理基本一致。使用中央银行的支付清算服务，金融机构首先需要在中央银行开立往来账户，其次要在账户中存储一定的备付金，以保证清偿的顺利进行。金融机构之间的债权、债务和应收、应付款项，通过中央银行往来账户的借贷记载进行划转清算。银行间清算需要通过彼此之间支付系统进行。在中国，金融市场支付清算系统一般包括中央国债登记公司业务系统、全国银行间外汇交易系统、全国银行间同业拆借系统和中央证券登记公司业务系统。

4. 第三方组织支付清算系统

第三方组织支付清算系统包括中国银联银行卡跨行支付系统、城市商业银行汇票业务处理系统、集中代收付中心业务处理系统、农信银资金结算中心业务处理系统和其他第三方支付服务组织业务处理系统。

本章小结

本章通过对电子支付的基本理论、网络支付的支撑平台、网络支付的基本流程和基本模式及网络支付方式的分类等内容的介绍，比较系统而全面地阐述了以 Internet 为主要平台的网络支付结算的理论与应用体系，并从国外、国内两个方面介绍了网络支付的发展和应用情况。

思考题

1. 简述电子支付与网络支付的关联。
2. 在支撑网络支付服务中，未来 Internet 会完全取代 EDI 网络平台吗？说说理由。
3. 调研分析中国现代化支付系统的体系结构与主要功能。
4. 分析网络支付方式分类方法的科学性。网络支付发展到现在，还有没有新的分类方法？
5. 举例说明中国已经在实际中应用的网络支付方式和存在的问题。
6. 谈谈未来网络支付的发展方向和趋势。

第3章 网络支付的安全威胁、需求与解决策略

【学习目标】

- 了解网络支付面临的安全问题。
- 分析电子商务实体各方对网络支付的安全需求。
- 理解针对安全需求所对应的网络支付安全解决策略。

【引导案例】

钓鱼网站假卖奥运会门票 在线交易要谨慎

CNET科技资讯网4月18日北京报道，一个借助国内当前最热门的奥运会门票预定来骗钱的网站日前被捕获。该网站实际上是一个钓鱼网站，利用人们对奥运的热衷和期待来进行非法诈骗。

钓鱼者制作了一个冒充奥运会官方票务网站的假网站 http://www.8aymp.com/，通过冒充奥组委的名义广泛散布虚假的奥运会门票兜售信息，以骗取钱款。

安全厂商SurfControl日前截获了此钓鱼网站，登录后首页显示为“第29届奥林匹克运动会官方票务网站”，页面中还有人文奥运的图标和福娃的标志。进入“奥运首页”一栏后，在“北京2008年奥运会票务信息”中称，这是第29届奥林匹克运动会的官方票务网站，还称这个网站已经在4月1日正式开始发售门票。

而拨打上面显示的订票服务热线电话，对方自称该网站出售的是正规的奥运会门票，“只要把钱汇入指定的账户就可以拿到门票了”。经查证，此网站为假冒网站，利用人们逐票的热切心理来骗取钱财，目前已被有关部门查封。

奥运会官方票务网站 http://www.tickets.beijing2008.cn 作为当前国内影响范围最广、受关注程度最高的网站，在线预售第一天即有60多万人在线注册准备进行预定，因此该类钓鱼活动潜在的破坏性和恶劣影响都令人担忧。

SurfControl提醒网民，在进行在线交易时切忌马虎大意，轻易提供个人的财物信息甚至不假思索就给他人汇款，中了钓鱼者的圈套而上当受骗，带来无法挽回的损失。

(资料来源：科技资讯网，2007-04-19)

3.1 网络支付安全威胁

网络支付中有哪些问题？.mp4

众所周知，Internet是一个完全开放的网络，任何一台计算机、任何一个网络都可以与Internet连接，通过Internet发布信息，通过Internet获取各网站的信息，通过Internet发送e-mail，通过Internet进行各种通信，通过Internet进行各种商务活动，即电子商务活动。但同时，有很多别有用心的单位或人或

黑客经常在 Internet 上四处活动，寻求机会，窃取别人的各种机密甚至妨碍或毁坏别人的网络系统运行等。在这种情况下，如果没有严格的安全保证，商户和客户、消费者就极有可能因为担心网上的安全问题而放弃电子商务，从而阻碍电子商务的发展。因此保证电子商务的安全是电子商务的核心问题，也是难点。

具体到电子商务中的网络支付结算，因为网上交易必然涉及客户、商家、银行及相关管理认证部门等多方机构及它们之间的系统配合，涉及资金的划拨，更使客户和商户必须考虑是否安全。因此，保证安全是推广应用网络支付结算的根本基础。网络支付与结算由于涉及资金的问题，更是电子商务中的主要安全发生点。网络支付结算面临的主要安全问题包括以下几个方面。

1. 支付等个人信息的盗用或窃取

网络支付中需要对支付账号和密码等个人信息在公开的 Internet 上进行传送，在这个过程中可能被窃取或盗用。如今，我们的日常生活越来越离不开网络，个人信息却经常在不知不觉中被盗用。比如，使用手机下载软件的时候，会有很多权限需要确认才可以，有的用户可能没有注意看，或者没仔细看，就直接点击了“确认”，这样可能就会造成信息被盗用。或者有些网站没有使用安全传输协议，导致信息的明文传输，那么这些信息很可能被盗用或窃取。

2. 支付金额或信息内容的更改

网络支付中支付的内容有可能被更改。比如本来甲公司向乙公司支付金额为 5000 元的货款，结果在网上发出支付命令后，由于不知哪一方的原因从账号中划去了 15 000 元，给网上交易的各方都带来困惑，使交易无法正常进行下去。

3. 交易双方无法相互确认身份

在 Internet 上进行交易时，交易的双方是互不见面的，没有办法用传统的方法进行双方身份的验证，那么这时支付方不知商家到底是谁，商家也不能清晰地确定如信用卡等网络支付工具是否真实、资金何时入账等。如一些不法商家或个人利用网络贸易的非面对面性，利用 Internet 上站点的开放性和不确定性，进行欺骗。就像本章的引导案例中那样，因为当时消费者无法确认北京奥运会的官方网站身份，因此出现了那样的被欺诈行为。

4. 随意否认或抵赖已发生的支付行为

在 Internet 上进行的网络支付不能进行传统的签名确认，这就可能带来随意否认支付行为的发生或更改发生金额等行为。例如，甲公司实际上并没有支付 2500 元给乙公司，而坚持说自己已经支付完毕；或者，乙公司已收到甲公司的 5000 元货款而矢口否认；又或者，本来甲乙公司的交易额只有 10 000 元，甲公司却坚持认为发生了 20 000 元等。

5. 网络支付系统本身被破坏

在 Internet 上运行的网络支付系统可能被故意攻击、网络支付被故意延迟等，如病毒等造成网络支付系统的错误或瘫痪、网络病毒造成网络支付结算过程被故意拖延等，造成客户或商家的损失或流失等。比如 2015 年 5 月 27 日傍晚，因市政施工导致杭州市某地的光缆被挖断，导致支付宝一个主要机房被影响，随后全国部分用户无法使用支付宝。事情发生后，支付宝工程师紧急将用户请求切换至国内其他机房。到 19 时左右，支付宝服务恢复正常。

6. 网络支付的速度

网络支付结算的速度不能太慢，否则无法满足消费者对支付速度的需求。

3.2 网络支付安全需求

对应上一节网络支付中存在的安全问题，网络支付系统在设计时要解决这些安全问题就需要对系统提出相应的安全需求，主要如下。

1. 保证信息流的机密性

网络支付系统需要保证网络上信息流尤其是资金流数据的保密性。因为网上交易是交易双方的事，交易双方并不想让第三方知道他们之间进行交易的具体情况，包括资金账号、客户密码、支付金额等网络支付信息。但是由于交易是在 Internet 上进行的，传送的信息很容易被别人获取，所以必须对传送的资金数据进行加密。

加密是以某种特殊的算法改变原有的信息数据，使未授权的用户即使获得了已加密的信息，但因不知解密的方法，仍然无法了解信息的内容。所谓加密的过程是使在网上传送的数据如信用卡号及密码运算成为一堆乱七八糟的谁也看不懂的数据，只有通过特定的解密方法对这堆乱七八糟的数据进行解密才能看到数据的原文，即由消息发送者加密的消息只有消息接收者才能够解密得到，别人无法得到，而且，这些加密的方法必须是很难破解的。在密码学中，加密是将明文信息隐匿起来，使之在缺少特殊信息时不可读。虽然加密作为通信保密的手段已经存在了几个世纪，但是只有那些对安全要求特别高的组织和个人才会使用它。在 20 世纪 70 年代中期，强加密(Strong Encryption) 的使用开始从政府保密机构延伸至公共领域。目前，加密已经成为保护许多广泛使用系统的方法，比如 Internet 电子商务、手机网络和银行自动取款机等。实际上，没有一种加密方法是无法破解的，只是一个时间问题，只要有足够的时间，任何加密方法都是可以破解的。但如果某一加密方法的破解需要几年时间，而花了几年时间得到一笔交易的信用卡卡号又有什么用呢？所以对加密的要求就是要难以破解。

2. 保证信息流的完整性

网络支付系统需要保证网络上资金结算数据不被随意篡改，即保证相关网络支付结算数据的完整性。数据在传送过程中不仅要求不被别人窃取，还要求不被篡改，能保持数据的完整。在通过 Internet 进行网络支付结算时，消息接收方收到消息后，必定会考虑收到的消息是否就是消息发送者发送的，在传送过程中此数据是否发生了改变。在支付数据传送过程中，可能会因为各种通信网络的故障，造成部分数据遗失，也可能因为人为因素，如有人故意破坏，造成传送数据的改变。如果无法证实网上支付信息数据是否被篡改，是无法长久在网上进行交易活动的。一些加密方法或手段就是用来解决数据的完整性的，如数字指纹(数字摘要)、数字签名或者双重数字签名的应用等。

3. 保证交易双方或多方之间的身份认定

网络支付系统需要保证网络上资金结算双方或多方身份的认定。在实体商店里买东西，营业员与顾客是面对面进行交易的，营业员要检查持卡人的信用卡是否真实，是否上了黑名单，信用卡是不是持卡人本人的，还要核对持卡人的签名、持卡人的身份证等，证实持卡人的身份。持卡人亲自来到商店，看到商店真实存在。而在网上进行交易时，交易双方互不见面，持卡人只知道商店的网址，不知道这个商店开在哪里。在网上没有方向，没有距离，也没有国界。有可能你在网上看到的一家大规模的商场，实际上只是两个年轻人用一台计算机制造的一场骗局。所以持卡人要想从网上商店买东西，必须先确定商店是否真实存在，是否能拿到东西。商店和银行都担心上网购物的是否是持卡人本人。

身份认证技术是在计算机网络中确认操作者身份的过程而产生的有效解决方法。计算机网络世界中一切信息包括用户的身份信息都是用一组特定的数据来表示的，计算机只能识别用户的数字身份，所有对用户的授权也是针对用户数字身份的授权。如何保证以数字身份进行操作的操作者就是这个数字身份的合法拥有者，也就是说保证操作者的物理身份与数字身份相对应，作为防护网络资产的第一道关口，身份认证有着举足轻重的作用。在Internet网上交易中，参加交易的各方，包括商户、持卡人和银行必须要采取如数字证书认证等措施才能够认定对方的身份。

4. 保证网络交易行为及内容的不可否认

网络支付系统需要保证网络上资金支付结算行为发生及发生内容的不可抵赖。在网上交易中，持卡人与商店通过网上传送电子信息来完成交易，需要有使交易双方对每笔交易都认可的方法。否则，持卡人购物后，商户将货送到他家里，他却说自己没有在网上下过订单，银行扣了持卡人的购物款，持卡人却不认账；反过来，持卡人已付款，可商家却坚持说没有收到货款，或者说，没有在大家认可的日子接收到资金，而你又故意延迟或否认物品的配送，造成客户的损失；还有商家明明收到了5000元，却说只收到1000元；等等。如果客户或商店或银行经常碰到这样的事，交易就没有办法正常进行了。所以，必须为网络支付结算提供一种使交易双方在支付过程中都无法抵赖的手段，使网上交易能正常开展下去，比如数字认证、数字签名、数字时间戳等。

5. 保证网络支付系统可靠、快捷地运行

网络支付系统需要保证网络支付系统的运行可靠、快捷，保证支付结算速度。实时的网络支付行为对网络支付系统的性能要求很高，如电子钱包软件、第三方支付系统等；网络支付支撑网络本身的安全防护能力，如防火墙系统的配置；网络通道速度的检测；管理机制的制定、确立等。

3.3 网络支付安全解决策略

电子商务中的网络支付结算体系应该是融购物流程、支付工具、安全技术、认证体系、信用体系以及现在的金融体系为一体的综合大系统。由此可以看出，网络支付安全体系的

建立不是一蹴而就的事，它受多种因素的影响，并与这些因素相互促进，动态地发展，共同走向成熟。下面就从电子商务整体系统上来考虑网络支付安全问题的解决。

3.3.1 安全策略制定的目的

制定电子商务安全策略的目的是保障网络安全保护工作的整体性、计划性及规范性，保证各项措施和管理手段的正确实施，使网络系统信息数据的机密性、完整性、认证性、不可否认性、访问控制性受到全面、可靠的保护；能够有序地、方便地鉴别和测试安全状态；能够对可能的风险作一个基本评估——系统的安全被破坏后的恢复措施和手段以及所需的代价。其主要内容包括：

(1) 进行安全需求分析。

(2) 对网络系统资源进行评估。

(3) 对可能存在的风险进行分析。

(4) 确定内部信息对外开放的种类及发布方式和访问方式。

(5) 明确网络系统管理人员的责任和义务。

(6) 确定针对潜在风险采取的安全保护措施的主要构成方面，制定安全存取、访问规则等。

3.3.2 安全策略制定的原则

安全策略是指在一个特定的环境里，为保证提供一定级别的安全保护所必须遵守的规则。安全策略一般遵循以下几个原则。

1. 适用性原则

在一种情况下实施的安全策略到另一个环境下就未必适合，因此，安全策略一定要依照当下特定的环境进行制定。

2. 动态性原则

在网络系统中，用户可能在不断地增加，网络规模也在不断地扩大，网络技术本身的发展变化也很快，因此，安全策略的制定必须遵循动态性原则，随着用户的增加、网络规模的扩大以及网络技术的发展，需要对网络系统安全需求和事件进行周期化的管理，对安全需求的变化应及时反映到安全策略中去，并对安全策略的实施加以评审和审计。

3. 简单性原则

安全的网络是相对简单的网络。简单性原则在这里一般有两方面的含义：一是让事务简单，便于理解；二是复杂化会为所有的安全带来隐藏的漏洞，直接威胁网络安全。

4. 系统性原则

网络系统的安全策略应全面考虑网络上各类用户、各种设备、各种情况，有计划、有准备地采取相应的策略。

5. 最小特权原则

最小特权原则是网络系统安全的最基本的原则。每个用户并不需要使用所有的服务；不是所有用户都需要去修改系统中的每一个文件；每一个用户并不需要都知道系统的根口令，每个系统管理员也没必要都知道系统的根口令等。

3.3.3　安全策略的内容

安全策略的具体内容中要定义保护的资源和保护的风险，要遵循电子商务安全的法律法规，最后要建立安全策略和确定一套安全机制。电子商务交易涉及的每个机构都必须制定一个安全策略以满足安全需要。安全策略的制定可以从以下几个方面进行：网络规划安全策略、网络管理员安全策略、访问服务网络安全策略、远程访问服务安全策略、系统用户的安全策略、上网用户的安全策略、远程访问用户的安全策略、自适应网络安全策略、智能网络系统安全策略以及直接风险控制安全策略等。具体到本书涉及的网络支付应用，安全策略制定的过程主要如下。

第一，安全策略内容的定义实现安全的网络支付结算的保护资源。定义资源与本机构的具体身份、任务、性质有关。同一机构在不同的经营期对资源的定义也是不同的。安全电子商务系统上以 Internet 为信息交换通道，由 CA 中心、银行、发卡机构、商家和用户组成，是实现安全网络支付结算的基础。可以看出，网络支付过程涉及多方的配合，包括交易方 A、商务网站本身、交易方 B、金融机构(如银行、发卡机构)、公证的第三方(如认证机构、时戳服务机构、仲裁者)、政府机构(如税务机构、海关)等。每个机构应该根据自身的性质和在网络支付中发挥的作用定义自己需要保护的资源。

第二，安全策略要定义保护的风险。每一种新的网络支付方式的推出与应用，均有一定的风险，因为绝对平安的支付手段是没有的，要进行相关风险分析。还要注意网络支付工具使用安全与使用便利、快捷之间的辩证关系。

第三，安全策略的制定要完全理解、遵循和利用电子商务安全与网络支付安全的法律法规。首先，要遵循已有的电子商务安全的法律法规。其次，要密切关注电子商务的立法，尤其是近期颁布施行的《中华人民共和国电子商务法》。

第四，安全策略的制定要建立相关安全策略和对应的一套安全机制。

安全策略中最后要根据定义的保护资源、定义的保护风险、电子商务安全的法律法规，建立安全策略和确定一套安全机制。安全策略是由个人或组织针对网络支付结算安全全面制定的，安全机制是实现安全策略的手段或技术、整套规则和决策。

对于制定系统的安全策略和安全机制，这里举一个具体的例子来进行说明。比如有一家电子商务公司网站，主要从事 B2B 业务，与多家公司有供应链上的交易活动：订立合同、订货、供货、发货、网络支付等。其中，保证网络支付的安全非常重要，因此相应的安全策略的基本规则和决策可以如下。

(1)　对不可拒绝性的要求一般。

(2)　对每一次网上交易网络支付需要机密性、完整性和认证性。

(3)　对不可否认性的要求严格。

(4)　对访问控制性的要求极严格，完全隔绝外部对有关支付结算信息文档的访问。

根据安全策略制定对应的安全机制可以简述如下。

(1) 从技术上要求实现每一次网上交易实现机密性、完整性和认证性，严格控制内部人员非法访问。

(2) 为了实现对不可否认性的严格要求，对有关不可否认性的认证文件建立严格的备份、归档制度。

(3) 因为对不可拒绝性的要求是一般性要求，所以对硬件设施等不提出特殊要求。

(4) 因为要求隔绝外部对网络支付结算整体信息文档的访问，必须采取设置防火墙等措施。

(5) 因为要求严格控制内部人员对与网络支付有关的重要文档的访问，因此，一方面从技术上使用一切预防和监察手段；另一方面，要制定内部人员对整体信息文档的访问机密守则和监督制度。

通常，一些机构需要建立保证网络支付结算安全的应急小组。确定的安全机制中还必须包括密钥管理。

3.3.4 保证网络支付安全的解决方法

信息安全的成败一般取决于两个因素：技术和管理。安全技术是信息安全的构筑材料，安全管理是真正的黏合剂和催化剂。信息安全管理作为组织完整的管理体系中一个重要的环节，构成了信息安全具有能动性的部分，是指导和控制组织的关于信息安全风险的相互协调的活动，其针对对象就是组织的信息资产。

根据网络支付的安全需求以及安全策略的内容，具体到网络支付结算，可以有针对性地采取以下七个方面的解决方法，包括技术和管理的解决方法。

第一，网络支付系统要对支付流程中涉及的各方身份进行认证。如建立CA认证机构、使用数字签名和数字证书实现对各方的认证，以证实身份的合法性、真实性。

第二，网络支付系统要对网络支付数据流的内容进行机密性保证。在系统中，使用相关加密算法对数据进行加密，以防止未被授权的非法第三者获取消息的真正含义。如采用各种加密算法进行加密、TLS保密通信机制、数字信封等。

第三，网络支付系统要对网络支付数据流内容进行完整性保证。如使用消息摘要(如数字指纹、SHA)算法以确认业务流的完整性。

第四，保证对网络支付行为内容的不可否认性。当交易双方因网络支付出现异议、纠纷时，采用某种技术手段提供足够充分的证据来迅速辨别纠纷中的是非。例如，采用数字签名、数字指纹、数字时间戳等技术并配合CA机构来实现其不可否认。

第五，处理多方贸易业务的多边支付问题。这种多边支付的关系可以通过双联签字等技术来实现，如SET安全支付机制。

第六，网络支付系统软件支撑网络平台的正常运行。保证网络支付用专有软件的可靠运行、支撑网络平台和支付网关的畅通无阻和正常运行，防止网络病毒和黑客的攻击，防止支付的故意延缓，防止网络通道的故意堵塞等是实现安全网络支付的基础，也是安全电子商务的基础。例如，采用网络防火墙技术、用户与资源分级控制管理机制、网络通道流量监控软件、网络防病毒软件等方法。

第七，政府支持相关管理机构的建立和电子商务法律的制定。电子商务法是指调整平等主体之间通过电子行为设立、变更和消灭财产关系和人身关系的法律规范的总称；是政府调整、企业和个人以数据电文为交易手段，通过信息网络所产生的、因交易形式所引起的各种商事交易关系，以及与这种商事交易关系密切相关的社会关系、政府管理关系的法律规范的总称。2013 年 12 月 27 日，全国人大常委会正式启动了《中华人民共和国电子商务法》的立法进程。2018 年 8 月 31 日，十三届全国人大常委会第五次会议表决通过《电子商务法》，自 2019 年 1 月 1 日起施行。

本章小结

本章介绍了网络支付面临的安全问题，分析了电子商务实体各方对网络支付的安全需求，提出了有针对性的网络支付安全策略。

思考题

1. 结合网络支付的安全问题，说说目前中国常常出现的网络支付安全问题的特点。
2. 分析网络支付安全的特点、安全需求和安全条件。
3. 网络支付存在哪些不安全因素？为什么？

第4章　网络支付系统安全与网络安全

【学习目标】

- 了解网络支付安全平台的安全问题。
- 分析 Internet 网络平台系统的安全措施。
- 了解防火墙技术。
- 了解入侵检测技术。
- 了解计算机病毒的相关知识。

【引导案例】

支付宝也敌不过挖掘机一铲子！

2015 年 5 月 27 日傍晚，因市政施工导致杭州市某地光缆被挖断(如图 4.1)，导致了支付宝一个主要机房被影响，随后全国部分用户无法使用支付宝，支付宝公司第一时间发布声明，如图 4.2 所示。事情发生后，支付宝工程师紧急将用户请求切换至国内其他机房。到 19 时左右，支付宝服务恢复正常。

图 4.1　支付宝敌不过挖掘机一铲子

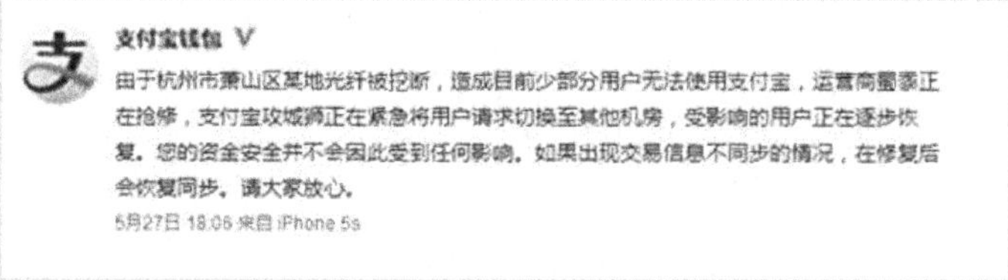
支付宝钱包 V
由于杭州市萧山区某地光纤被挖断，造成目前少部分用户无法使用支付宝，运营商
在抢修，支付宝攻城狮正在紧急将用户请求切换至其他机房，受影响的用户正在逐步恢
复。您的资金安全并不会因此受到任何影响。如果出现交易信息不同步的情况，在修复后
会恢复同步。请大家放心。
5月27日 18:06 来自 iPhone 5s

图 4.2　27 日支付宝发布的信息

此番事故一出，引发不少网友的担忧和吐槽。

“支付宝，你一定要坚强，一定要好起来！我辛苦搬砖的钱可都存在余额宝里了。”

“原来站在商业链顶端的，是挖掘机。”

“干掉支付宝原来就是一铲子的事啊。”

"再牛的互联网公司，也干不过挖掘机。"

"线上再牛，也怕线下挖掘机。"

"未来什么能够颠覆阿里、腾讯和百度这些互联网巨头？——挖掘机!"

"什么互联网+，什么 4.0，什么大数据，都顶不住传统行业的一铲子！。"

(资料来源：http://info.cm.hc360.com/2015/06/04)

电子商务系统是一个典型的分布式信息系统。电子商务是随着互联网的广泛应用而兴起的商务活动，网络支付系统又是电子商务系统最重要的组成部分之一，因此，它的安全和可信性取决于其所依托的计算机系统和网络通信系统的安全和可信与否，计算机系统安全技术和网络安全技术是电子商务安全的平台基础和技术支撑。本章将对与网络支付系统相关的系统安全和网络安全技术进行讨论。

4.1　防火墙技术

防火墙技术.mp4

防火墙是位于两个信任程度不同的网络之间的软件或硬件的集合。它可通过监测、限制、更改跨越防火墙的数据流，尽可能地对外部屏蔽内部的信息、结构和运行状况，以此来实现网络的安全保护。防火墙是一个或一组系统，能够增强机构内部网络的安全性。

防火墙技术，最初是针对 Internet 网络不安全因素所采取的一种保护措施。顾名思义，防火墙就是用来阻挡外部不安全因素影响的内部网络屏障，其目的就是防止外部网络用户未经授权的访问。它是一种计算机硬件和软件的结合，使 Internet 与 Intranet 之间建立起一个安全网关(Security Gateway)，从而保护内部网免受非法用户的侵入。防火墙主要由服务访问政策、验证工具、包过滤和应用网关四个部分组成。防火墙就是一个位于计算机和它所连接的网络之间的软件或硬件(其中硬件防火墙用得很少，只有国防部等部门才用，因为它的价格昂贵)，该计算机流入流出的所有网络通信均要经过此防火墙。

4.1.1　防火墙的基本原理

在网络中，所谓"防火墙"，是指一种将内部网和公众访问网(如 Internet)分开的方法，它实际上是一种隔离技术。防火墙是在两个网络通信时执行的一种访问控制尺度，它能允许你"同意"的人和数据进入你的网络，同时将你"不同意"的人和数据拒之门外，最大限度地阻止网络中的黑客来访问你的网络。换句话说，如果不通过防火墙，公司内部的人就无法访问 Internet，Internet 上的人也无法和公司内部的人进行通信。其结构如图 4.3 所示。

防火墙(Firewall)成为新兴的保护计算机网络安全的技术性措施。它是一种隔离控制技术，在某个机构的网络和不安全的网络(如 Internet)之间设置屏障，阻止对信息资源的非法访问，也可以阻止重要信息从企业的网络上被非法输出。作为 Internet 的安全性保护软件，Firewall 已经得到广泛的应用。通常企业为了维护内部的信息系统安全，在企业网和 Internet 间设立 Firewall 软件。企业信息系统对于来自 Internet 的访问，采取有选择的接收方式。它可以允许或禁止一类具体的 IP 地址访问，也可以接收或拒绝 TCP/IP 上的某一类具体的应用。

如果在某一台 IP 主机上有需要禁止的信息或危险的用户，则可以通过设置 Firewall 过滤掉从该主机发出的包。

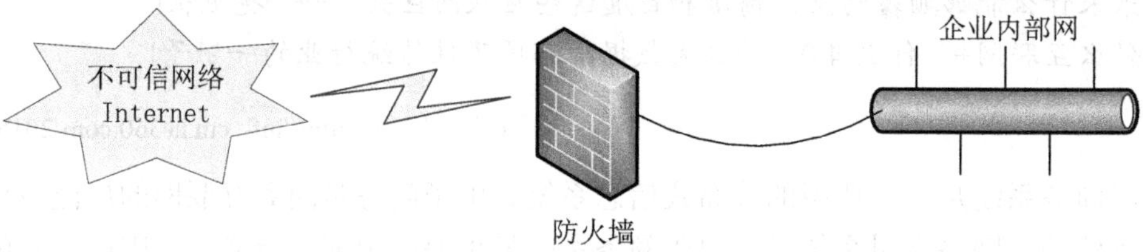

图 4.3　防火墙结构

4.1.2　防火墙的功能

防火墙对流经它的网络通信进行扫描，这样能够过滤掉一些攻击，以免其在目标计算机上被执行。防火墙还可以关闭不使用的端口，而且它还能禁止特定端口流出通信，封锁特洛伊木马。最后，它可以禁止来自特殊站点的访问，从而防止来自不明入侵者的所有通信。其基本功能如下。

1. 网络安全的屏障

一个防火墙(作为阻塞点、控制点)能极大地提高一个内部网络的安全性，并通过过滤不安全的服务而降低风险。由于只有经过精心选择的应用协议才能通过防火墙，所以网络环境变得更安全。如防火墙可以禁止诸如众所周知的不安全的 NFS 协议进出受保护网络，这样外部的攻击者就不可能利用这些脆弱的协议来攻击内部网络。防火墙同时可以保护网络免受基于路由的攻击，如 IP 选项中的源路由攻击和 ICMP 重定向中的重定向路径。防火墙应该可以拒绝所有以上类型攻击的报文并通知防火墙管理员。

2. 强化网络安全策略

通过以防火墙为中心的安全方案配置，能将所有安全软件(如口令、加密、身份认证、审计等)配置在防火墙上。与将网络安全问题分散到各个主机上相比，防火墙的集中安全管理更经济。例如在进行网络访问时，一次一密口令系统和其他身份认证系统完全可以不必分散在各个主机上，而集中在防火墙一身上。

3. 监控审计

如果所有的访问都经过防火墙，那么防火墙就能记录下这些访问并作出日志记录，同时也能提供网络使用情况的统计数据。当发生可疑动作时，防火墙能进行适当的报警，并提供网络是否受到监测和攻击的详细信息。另外，收集一个网络的使用和误用情况也是非常重要的。首先的理由是可以清楚防火墙是否能够抵挡攻击者的探测和攻击，并且清楚防火墙的控制是否充足。而网络使用统计对网络需求分析和威胁分析等而言是非常重要的。

4. 防止内部信息的外泄

通过利用防火墙对内部网络的划分，可实现内部网重点网段的隔离，从而限制局部重点或敏感网络安全问题对全局网络造成的影响。再者，隐私是内部网络非常关心的问题，一个内部网络中不引人注意的细节可能包含了有关安全的线索而引起外部攻击者的兴趣，甚至因此而暴露了内部网络的某些安全漏洞。

5. 数据包过滤

网络上的数据都是以包为单位进行传输的，每一个数据包中都会包含一些特定的信息，如数据的源地址、目标地址、源端口号和目标端口号等。防火墙通过读取数据包中的地址信息来判断这些包是否来自可信任的网络，并与预先设定的访问控制规则进行比较，进而确定是否需对数据包进行处理和操作。数据包过滤可以防止外部不合法用户对内部网络的访问，但由于不能检测数据包的具体内容，所以不能识别具有非法内容的数据包，无法实施对应用层协议的安全处理。

6. 网络 IP 地址转换

网络 IP 地址转换是一种将私有 IP 地址转化为公网 IP 地址的技术，它被广泛应用于各种类型的网络和互联网的接入中。网络 IP 地址转换一方面可隐藏内部网络的真实 IP 地址，使内部网络免受黑客的直接攻击；另一方面由于内部网络使用了私有 IP 地址，从而有效解决了公网 IP 地址不足的问题。

7. 虚拟专用网络

虚拟专用网络将分布在不同地域上的局域网或计算机通过加密通信，虚拟出专用的传输通道，从而将它们从逻辑上连成一个整体，不仅省去了建设专用通信线路的费用，还有效地保证了网络通信的安全。

4.1.3　防火墙的类型

从实现原理上分，防火墙的技术包括四大类：网络级防火墙(也叫包过滤型防火墙)、应用级网关、电路级网关和规则检查防火墙。

1. 网络级防火墙

网络级防火墙一般是基于源地址和目的地址、应用、协议以及每个 IP 包的端口来作出通过与否的判断。一个路由器便是一个“传统”的网络级防火墙，大多数的路由器都能通过检查这些信息来决定是否将所收到的包转发，但它不能判断出一个 IP 包来自何方，去向何处。防火墙检查每一条规则直至发现包中的信息与某规则相符。如果没有一条规则能符合，防火墙就会使用默认规则，一般情况下，默认规则就是要求防火墙丢弃该包。另外，通过定义基于 TCP 或 UDP 数据包的端口号，防火墙能够判断是否允许建立特定的连接，如 Telnet、FTP 连接。防火墙中的过滤器就是用于阻断某些类型信息的通过。通常，外部过滤器用于保护网关免受来自 Internet 的攻击。当网关遭到来自 Internet 的攻击而受到破坏时，内部过滤器用于对付网关受破坏后的后果。 过滤器执行由防火墙管理机构制定的一组规则，检验各数据组决定是否放行。这些规则按 IP 地址、端口号码和各类应用等参数确定。

网络级防火墙的优点是能协助保护整个网络；数据包过滤对用户透明，过滤路由器速度快、效率高。其缺点是不能彻底防止地址欺骗；一些应用协议不适合于数据包过滤；正常的数据包过滤路由器无法执行某些安全策略。

2. 应用级网关

应用级网关能够检查进出的数据包，通过网关复制传递数据，防止在受信任服务器和客户机与不受信任的主机间直接建立联系。应用级网关能够理解应用层上的协议，能够做复杂一些的访问控制，并做精细的注册和稽核。它针对特别的网络应用服务协议即数据过滤协议，并且能够对数据包分析进而形成相关的报告。应用网关对某些易于登录和控制所有输出输入的通信的环境给予严格的控制，以防有价值的程序和数据被窃取。 在实际工作中，应用网关一般由专用工作站系统来完成。但每一种协议需要相应的代理软件，使用时工作量大，效率不如网络级防火墙。应用级网关有较好的访问控制，是目前最安全的防火墙技术，但实现困难，而且有的应用级网关缺乏“透明度”。在实际使用中，用户在受信任的网络上通过防火墙访问 Internet 时，经常会发现存在延迟并且必须进行多次登录(Login)才能访问 Internet 或 Intranet。

所以，应用级网关的优点是代理易于配置，代理能生成各项记录，代理能灵活、完全地控制进出的流量、内容；代理能过滤数据内容，代理能为用户提供透明的加密机制，同时代理可以方便地与其他安全手段集成。其缺点是代理速度较路由器慢，代理对用户不透明，对于每项代理服务可能要求不同的服务器，代理服务不能保证你免受所有协议弱点的限制，代理不能改进底层协议的安全性。

3. 电路级网关

电路级网关用来监控受信任的客户或服务器与不受信任的主机间的 TCP 握手信息，以此来确定该会话(Session)是否合法。电路级网关是在 OSI 模型的会话层上来过滤数据包，这样比包过滤防火墙要高两层。电路级网关还提供一个重要的安全功能：代理服务器(Proxy Server)。代理服务器是设置在 Internet 防火墙网关的专用应用级代码。这种代理服务准许网管员允许或拒绝特定的应用程序或一个应用的特定功能。包过滤技术和应用网关是通过特定的逻辑判断来决定是否允许特定的数据包通过，一旦满足判断条件，防火墙内部网络的结构和运行状态便“暴露”在外来用户面前，这就引入了代理服务的概念，即防火墙内外计算机系统应用层的“链接”由两个终止于代理服务的“链接”来实现，这就成功地实现了防火墙内外计算机系统的隔离。同时，代理服务还可用于实施较强的数据流监控、过滤、记录和报告等功能。代理服务技术主要通过专用计算机硬件(如工作站)来承担。

4. 规则检查防火墙

该防火墙结合了包过滤防火墙、电路级网关和应用级网关的特点。它同包过滤防火墙一样，能够在 OSI 网络层上通过 IP 地址和端口号过滤进出的数据包。它也像电路级网关一样，能够检查 SYN 和 ACK 标记和序列数字是否逻辑有序。当然它也像应用级网关一样，可以在 OSI 应用层上检查数据包的内容，查看这些内容是否符合企业网络的安全规则。规则检查防火墙虽然集成前三者的特点，但是不同于一个应用级网关的是，它并不打破客户机/服务器模式来分析应用层的数据，它允许受信任的客户机和不受信任的主机建立直接连接。规则检查防火墙不依靠与应用层有关的代理，而是依靠某种算法来识别进出的应用层数据，这些算法通过已知合法数据包的模式来比较进出数据包，这样从理论上就能比应用级代理在过滤数据包上更有效。

4.1.4　电子商务中防火墙与 Web 服务器的配置方式

在电子商务业务活动中，包括网络支付与结算业务在内，商家、银行与客户均需在网络上进行互动、实时的信息交换。为了保证包括网络支付在内的网络业务的安全顺利进行，防火墙与这些业务 Web 服务器之间要进行必要的关联配置，以便商家或银行既能利用业务 Web 服务器对外提供网络业务服务，又能借助防火墙保证内部网的安全。防火墙和相应的业务 Web 服务器有以下两种配置方式。

1. 业务 Web 服务器设置在防火墙内部

业务 Web 服务器设置在防火墙之内的配置如图 4.4 所示。将业务 Web 服务器装在防火墙内的好处是它可得到安全防护，不容易被外界攻击，但 Web 服务器本身不易被外界访问，这种防火墙是创建一个“内部网络站点”，它仅能由内部网中的用户访问。由于电子商务中业务 Web 站点主要向外界提供信息，所以这种配置不适合目前绝大多数电子商务业务的需要，仅用于企业面向职员的网络服务的专门站点中。

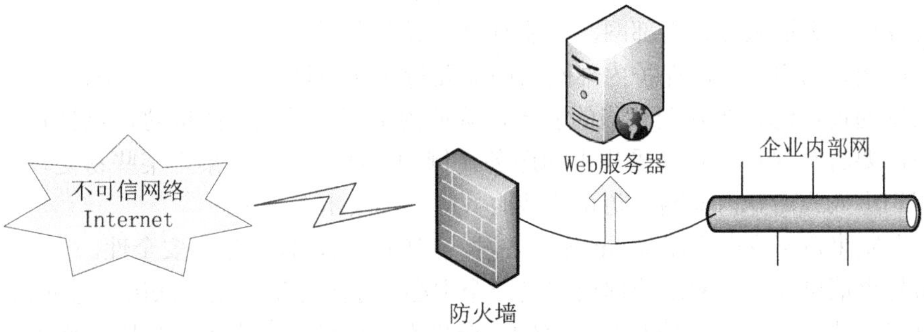

图 4.4　业务 Web 服务器设置在防火墙之内的配置

2. 业务 Web 服务器设置在防火墙外部

在电子商务网站中业务 Web 服务器主要设置在防火墙外部，这样就可以让 Internet 上的所有用户访问这个业务服务器。这种配置方式主要是为了保证内部网的安全，虽然 Web 服务器不受保护，但内部网则处于良好保护之下，即使外部攻击者闯进了该 Web 站点，内部网络仍然是安全的。这时 Web 服务器为了保护内部网络要作出一定的牺牲。这种业务服务器放置在防火墙外的配置如图 4.5 所示。

不过，对于对安全有较高要求的企业还可以设置一内一外两个防火墙。外部防火墙是可打通的，允许防火墙传递对端口 80 的请求，访问请求或被限制到 Web 站点，或从 Web 站点返回，或在一个“双宿主网关”类型的防火墙上安装代理服务器，这样来自 Web 服务器的所有访问请求在被代理服务器截获之后才传给服务器。而内部防火墙则采取严格的隔离措施，把 Web 服务器严格地隔离在内部网之外。

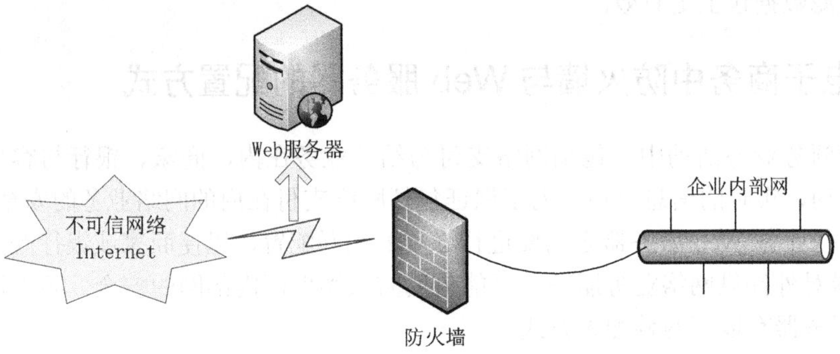

图 4.5　业务 Web 服务器设置在防火墙之外的配置

4.1.5　防火墙的优缺点

在电子商务中，防火墙技术主要对支撑电子商务各种业务开展的网络平台进行安全防护，也可以说是商家、银行等组织的内部网络的第一道防护措施，可以用于支撑网络支付的银行内部网络、商家的电子商务网站、客户的采购网站等平台的防护。

通过设置防火墙来保护内部网，主要有以下五个方面的优点。

(1)　可选择网络服务，保护内部网络中需要特殊保护且易受攻击的服务。

防火墙通过过滤存在安全缺陷的服务，降低内部网遭受攻击的威胁，这样也保护了内部网络中需要特殊保护并且易受攻击的服务。例如，防火墙可以禁止某些易受攻击的服务(如 NFS 等)进入或离开内部网，防止这些服务被外部攻击者利用。

(2)　遏制来自不安全网络如 Internet 各种线路的攻击，提高集中安全性。

利用防火墙可以允许网络管理员定义一个中心“遏制点”，防止非法用户进入内部网络。防火墙可以简化安全管理，使整个网络的安全性在防火墙系统上得到加固，而不是分布在内部网络的所有主机上，增加整个网络安全管理的复杂性。同时，还可以把一些附加的安全防护措施(如口令系统或其他的身份认证软件等)集中放置在防火墙系统中，以使防火墙的保护范围相对集中，安全成本也相对便宜。

(3)　可以方便地监视整个网络的安全性，且反应及时，具有报警提醒功能。

对一个内部网络连接到 Internet 上的企业或机构来说，最重要的是及时了解它们所受到的攻击，这样可以及时应对，减少损失。网络管理员必须审计并且记录所有通过防火墙的重要信息。如果网络管理员不能及时响应报警并且审查常规记录，防火墙就形同虚设。在这种情况下，网络管理员永远不会知道防火墙是否受到了攻击。

(4)　可以作为部署 NAT 的逻辑地址。

在应用级防火墙中可以借助 NAT(Network Address Translation，网络地址转换)服务，缓解地址空间短缺的问题，也可隐藏内部网络的拓扑结构。

(5)　增强内部网中资源的保密性，强化私有权。

在电子商务网络支付系统应用中，对银行内部网络节点而言，保密性是非常重要的，因为某些看似不重要的信息外泄往往会成为攻击者攻击的开始。使用防火墙系统，网络节点可以阻塞一些服务，使得外部网络主机无法获取这些有利于攻击或有用的信息。

设置防火墙的目的只是加强网络的安全性，其应用也只是许多安全防护手段的一种。虽然防火墙具有一些优点，但仍然有一些缺陷和不足，不能完全、绝对保证企业内部网络的安全。其主要缺陷有以下几个方面。

(1) 限制了一些有用的网络服务的使用，降低了网络性能，比如方便、快捷等。

(2) 只能限制内部用户对外的访问，无法防护来自内部网络用户的攻击。

防火墙无法禁止公司内部存在的间谍将敏感数据复制出来，而将其带出公司。对来自内部网络用户的攻击只能依靠内部网络主机系统的安全性，正如“外贼易防，家贼难防”一样。企业必须对内部雇员进行信息安全教育，让他们了解网络攻击的各种类型，懂得保护自己的用户口令和周期性变换口令的必要性。防火墙的这种不足表明防火墙对内部网络用户来讲形同虚设，目前尚无好的解决办法，只有采用多层防火墙系统进行一定的补救。

(3) 防火墙不能完全防止传送感染病毒的软件或文件，特别是一些数据驱动型的攻击数据。

由于病毒类型太多，层出不穷，且操作系统各异，编码与压缩二进制文件的方法各不相同，不能期望防火墙去对每个文件进行的扫描都能查出潜在的病毒和威胁，特别是看似无害的数据一旦执行就开始攻击。

(4) 被动防守，不能防备新的网络安全问题。

防火墙是一种被动式的安全防护手段，它只能对已知的网络威胁起作用。随着网络攻击手段的不断更新和一些新的网络应用服务的出现，靠一次性的防火墙设置解决永远的网络安全问题是不可能的，只有不断研发与升级，才能起到应有的作用。

总之，防火墙是保证内部网络整体安全的有效手段，但不是绝对的手段。设置防火墙的目的只是加强网络的安全性，而不是绝对保证被保护的网络(如网络银行系统)的安全。因此，在防火墙应用的选择上，需要建立一个符合需要的防火墙，要根据自身的安全需求程度制定一个符合实际需要的安全防护策略，在安全性能、防护成本、用户应用性能等方面综合权衡，经常地组合几种技术，如包过滤、代理服务、状态检测等。例如，在电子商务网络支付活动中，防火墙不仅要为银行后台网络提供各种安全保护功能，也要具有足够的透明度和网络性能，保证正常支付结算业务的即时处理。否则，客户商务购物却不能即时实现支付，银行网络再安全也没有什么用了。

4.1.6 常见的防火墙软件介绍

随着 Internet 网络的普及应用，防火墙软件的需求越来越大。但目前市场上生产防火墙产品的厂商多，又良莠不齐，彼此兼容性差，使不同的防火墙产品互联很困难。为此，目前国际上提出两个防火墙软件的标准。

(1) 美国防火墙测试标准。该标准由美国国家计算机安全协会(National Computer Security Association，NCSA)成立的防火墙开发商(Firewall Product Developer，FWPD)联盟制定。此标准使得参与此联盟的防火墙厂商能按统一的标准生产。

(2) Secure/WAN 标准。该标准由 RSA 数据安全公司、Sunday Micro Systems 公司、Checkpoint 公司、TIS 公司以及一些 FTP 公司类的 TCP/IP 协议主要开发商共同制定推出。这个标准能使不同厂商生产的防火墙在 TCP/IP 协议的 IP 层上具有互操作性，从而解决建立虚拟网(VPN)的一个主要障碍。此标准包含两个部分：一是防火墙中采用的信息加密技术的一致性，即加密算法、安全协议一致，使得遵循此标准生产的防火墙产品能够实现无缝连接，但又不失去加密功能；二是安全控制策略的规范性、逻辑上的正确合理性，避免防火墙厂商推出的产品由于安全策略上的漏洞而对整个内部保护网络产生危害。

电子商务中个人用户的安全需求基本局限于防止网络病毒和“邮件炸弹”，一般的单机防火墙就能满足需求；而商家、银行、CA 认证中心以及政府部门是网络安全产品最重要的应用对象，需要防火墙产品提供强大的安全防护功能。下面介绍一些常用的防火墙。

1. 华为防火墙

据 IDC 最新发布的《中国 IT 安全硬件市场 2015—2019 年预测与分析(2014 年下半年)》报告显示：华为公司在中国防火墙市场以 18.9%的市场份额排在第一位。在安全硬件市场占比总和超过六成的防火墙和 UTM(United Threat Management，统一威胁管理)两个领域，2014 年市场占有率之和继续保持第一。华为公司始终保持在网络安全领域的耕耘投入和建设：自 2003 年推出首款防火墙产品以来，十余年间持续投入，不断提升产品的竞争力，2013 年发布了第一代 UTM 产品，2014 年发布了下一代防火墙产品。

2. 思科防火墙

思科(CISCO)公司是全球领先的网络解决方案供应商，其提供的解决方案是世界各地成千上万的公司、大学和政府部门建立互联网的基础，用户遍及电信、金融、服务、零售等行业及政府部门和教育机构等。

思科公司推出的 Cisco ASA 5500-X 系列 FirePOWER 服务下一代防火墙可提供完整的环境认知和动态控制功能，支持自动评估威胁、关联情报和优化防御功能，以保护所有网络，从而全面改变企业抵御复杂威胁的方式。在该款防火墙中，思科公司集成了业经证明、具备应用控制功能的 Cisco ASA 5500 系列防火墙及来自 Sourcefire 的行业领先的下一代入侵防御系统(NGIPS)和高性能恶意软件防护(AMP)功能，能够在攻击前、攻击进行中和攻击后的整个过程，为企业提供全面的威胁防御支持。

4.2 入侵检测技术

入侵检测技术.mp4

入侵检测是继防火墙之后的又一道防线。防火墙只能对黑客的攻击实施被动防御，一旦黑客攻入系统内部，则没有切实的防护策略，而入侵检测系统(Intrusion Detection System，IDS)则是针对这种情况设置的又一道防线。

随着网络技术的发展，网络环境变得越来越复杂，对于网络安全来说，单纯的防火墙技术暴露出明显的不足和弱点，如无法解决安全后门问题，不能阻止网络内容攻击，而调查发现，50%以上的攻击都来自内部；不能提供实时入侵检测功能；对病毒等束手无策；等等。因此很多组织致力于提出更多更强大的主动策略和方案来增强网络的安全性，其中一个有效的解决途径就是入侵检测。入侵检测系统可以弥补防火墙的不足，为网络安全提供实时的入侵检测并采取相应的防护手段，如记录证据、跟踪入侵、恢复或断开网络连接等。这引发了人们对入侵检测技术研究和开发的热情。

4.2.1 入侵检测

1. 入侵检测的基本概念

入侵指的就是试图破坏计算机机密性、完整性、可用性或可控性的一系列活动。入侵活动包括非授权用户试图存取数据、处理数据，或者妨碍计算机的正常运行。入侵检测就是对计算机网络和计算机系统的关键节点的信息进行收集分析，检测其中是否有违反安全策略的事件发生或攻击迹象，并通知系统安全管理员。

入侵检测技术是一种主动保护自己免受攻击的网络安全技术。入侵检测系统(Intrusion Detection System，IDS)是防火墙的补充解决方案，可以防止网络基础设施(如路由器、交换机和网络带宽)和服务器(如操作系统和应用层)受到拒绝服务(DoS)袭击。由于问题比较复杂，先进的 IDS 解决方案一般都包含两个组件：用于保护网络的 IDS(NIDS)和用于保护服务器及其上运行的应用的主机 IDS (HIDS)。入侵检测系统主要执行如下任务。

(1) 监视、分析用户及系统活动。

(2) 系统构造和弱点的审计。

(3) 识别反映已知进攻的活动模式并向相关人士报警。

(4) 异常行为模式的统计分析。

(5) 评估重要系统和数据文件的完整性。

(6) 操作系统的审计跟踪管理，并识别用户违反安全策略的行为。

一个成功的入侵检测系统，不仅可使系统管理员时刻了解网络系统(包括程序、文件和硬件设备等)的任何变更，还能给网络安全策略的制定提供依据。它应该配置简单，使非专业人员非常容易地获得网络安全信息。入侵检测系统在发现入侵后，会及时作出响应，包括切断网络连接、记录时间和报警等。

入侵检测系统被认为是继防火墙之后的第二道安全闸门，在不影响网络性能的情况下能对网络进行检测。它可以防止或减轻上述的网络威胁。因此，一个好的入侵检测系统应具有如下特点。

(1) 不需要人工干预即可不间断地运行。

(2) 有容错功能。即使系统发生了崩溃，也不会丢失数据，或者在系统重新启动时重建自己的知识库。

(3) 不需要占用大量的系统资源。

(4) 能够发现异于正常行为的操作。如果某个 IDS 使系统由“跑”变成了“爬”，就不要考虑使用。

(5) 能够适应系统行为的长期变化。例如，系统中增加了一个新的应用软件，系统写照就会发生变化，IDS 必须能适应这种变化。

(6) 判断准确。具有相当强的坚固性，防止被篡改而收集到错误的信息。

(7) 灵活定制。解决方案必须能够满足用户要求。

(8) 保持领先。能及时升级。

2. 入侵行为的误判

入侵行为判断的准确性是衡量 IDS 是否高效的重要技术指标，因为，IDS 系统很容易出现判断失误，这些判断失误分为正误判、负误判和失控误判三类。

1) 正误判

正误判(falsepositive)是指把一个合法操作判断为异常行为。其特点是导致用户不理会IDS的报警，类似于“狼来了”的后果，使用户逐渐对IDS的报警淡漠起来，这种“淡漠”非常危险，将使IDS形同虚设。

2) 负误判

负误判(fasenegative)是指把一个攻击动作判断为非攻击行为，并允许其通过检测。其特点是背离了安全防护的宗旨，IDS系统成为例行公事，后果十分严重。

3) 失控误判

失控误判(subversion)是指攻击者修改了IDS系统的操作，使它总是出现负误判的情况。其特点是不易觉察，长此以往，对这些“合法”操作IDS将不会报警。

4.2.2 入侵检测系统的分类

入侵检测系统按其输入数据的来源来看，可以分为以下三种。

1. 基于主机的入侵检测系统

其输入数据来源于系统的审计日志，一般只能检测该主机上发生的入侵。主机型入侵检测系统往往以系统日志、应用程序日志等作为数据源，当然也可以通过其他手段从所在的主机收集信息进行分析。主机型入侵检测系统保护的一般是所在的系统。

主机型 IDS 有显而易见的缺点：必须为不同平台开发不同的程序、增加系统负荷、所需安装软件数量众多等，但是内在结构却没有任何束缚，同时可以利用操作系统本身提供的功能，并结合异常分析，更准确地报告攻击行为。

2. 基于网络的入侵检测系统

其数据来源于网络的信息流，能够检测该网段上发生的网络入侵。网络型入侵检测系统的数据源则是网络上的数据包，它往往将一台机器的网卡设为混杂模式，监听本网段内所有的数据包并进行判断。一般网络型入侵检测系统担负着保护整个网段的任务。

网络型 IDS 的优点主要是简便。一个网段上只需安装一个或几个这样的系统，便可以检测整个网段的情况，且由于往往分出单独的计算机做这种应用，不会给运行关键业务的主机带来负载上的增加。但由于现在的网络日趋复杂和高速网络的普及，这种结构正受到越来越大的挑战。

3. 采用上述两种数据来源的分布式入侵检测系统

能够同时分析来自主机系统审计日志和网络数据流的入侵检测系统，一般为分布式结构，由多个部件组成。分布式入侵检测系统的几个部件往往位于不同的主机上。系统中的部件是具有特定功能的独立的应用程序、小型的系统或者仅仅是一个非独立的应用程序的功能模块。在部署时，这些部件可能在同一台计算机上，也可以各自分布在一个大型网络的不同地点。总之，部件能够完成某一特定的功能，并且是分布式入侵检测系统的一部分。部件之间通过统一的网络接口进行信息交换，这样既简化了部件之间数据交换的复杂性，使得部件非常容易地分布在不同主机上，也给系统提供了一个扩展的接口。

4.2.3　入侵检测系统的优缺点

1. 入侵监测系统的优点

入侵检测系统能够增强网络的安全性，它的优点主要如下。

(1) 能够使现有的安防体系更完善。

(2) 能够更好地掌握系统的情况。

(3) 能够追踪攻击者的攻击线路。

(4) 界面友好，便于建立安防体系。

(5) 能够抓住肇事者。

2. 入侵检测系统的缺点

入侵检测系统不是万能的，它同样存在许多不足之处，具体如下。

(1) 不能够在没有用户参与的情况下对攻击行为展开调查。

(2) 不能够在没有用户参与的情况下阻止攻击行为的发生。

(3) 不能克服网络协议方面的缺陷。

(4) 不能克服设计原理方面的缺陷。

(5) 响应不够及时，签名数据库更新得不够快。经常是事后才检测到，适时性不好。

4.3　计算机病毒

4.3.1　计算机病毒概述

计算机病毒(computer virus)是编制者在计算机程序中插入的破坏计算机功能或者数据的代码，能影响计算机使用、能自我复制的一组计算机指令或者程序代码。

计算机病毒具有传播性、隐蔽性、感染性、潜伏性、可激发性、表现性和破坏性。计算机病毒的生命周期：开发期→传染期→潜伏期→发作期→发现期→消化期→消亡期。

计算机病毒是一个程序、一段可执行代码。就像生物病毒一样，它具有自我繁殖、互相传染以及激活再生等生物病毒的特征。计算机病毒有独特的复制能力，它们能够快速蔓延，又常常难以根除。它们能把自身附着在各种类型的文件上，当文件被复制或从一个用户传送到另一个用户时，它们就随同文件一起蔓延开来。

4.3.2　计算机病毒的特点

计算机病毒的结构决定了它自身的特点，可归纳为如下几个方面。

1. 计算机病毒是一段可执行的程序

计算机病毒和其他的合法程序一样，是一种可存储、可执行的非法程序。它可以直接或间接地运行，可以隐藏在系统的可执行文件或数据文件中而不易被人们发现或觉察。在病毒程序运行时，它与合法程序争夺系统的控制权。

2. 计算机病毒的传染性

计算机病毒的传染性是计算机病毒的再生机制。病毒程序一旦进入系统，并与系统中的合法程序链接在一起，它就会在运行这一被传染的程序之后开始传染其他程序。这样一来，病毒很快就会传染到整个系统或扩散到硬盘上面。一个感染上病毒的计算机系统同样具有破坏性。

3. 计算机病毒的潜伏性

计算机病毒的潜伏性是指其具有依附于其他媒体而寄生的能力。一个编制巧妙的计算机病毒程序可以在一段很长的时间内隐藏在合法文件中，对其他系统进行传染而不被人们发现。计算机病毒的潜伏性与传染性相辅相成，潜伏性越好，它在系统中存在的时间越长，病毒传染的范围就越大。

4. 计算机病毒的可触发性

计算机病毒一般都有一个触发条件，或者触发其传染，比如，在一定条件下激活一个病毒的传染机制，使之进行串扰；或者在一定条件下激活计算机病毒的表现部分或破坏部分。激活条件可以是外界的，也可以是内部的。但对病毒本身而言，激活条件都是外部因素。因为一种病毒设置一定的激发条件，条件的判断是病毒本身的功能，而条件则是由外部提供的。

5. 计算机病毒的破坏性

计算机病毒的破坏性取决于计算机病毒的设计者，有的设计者的目的只是搞一些恶作剧，有的是想对计算机系统进行破坏。它可以毁掉全部数据并使之无法恢复，同时也可对某些数据进行修改。但并不是所有的病毒都会对计算机系统产生极大的破坏作用。因为计算机病毒是一种非法的计算机可执行程序，对计算机系统来讲，所有的病毒都存在这一个共同的危害，即降低计算机系统的工作效率。

6. 计算机病毒攻击的主动性

计算机病毒设计者的意图是想攻击计算机系统，因此对系统的攻击都是主动的，不以人的意志为转移。从一定程度上讲，计算机系统无论采取多么严密的保护措施都不能彻底排除病毒对系统的攻击，而保护措施只是一种预防的手段。

7. 计算机病毒的针对性

现在世界上出现的计算机病毒，并不是对所有的计算机系统都能进行传染。例如：有的针对 IBM-PC 及其兼容机，有的针对 Apple 公司或者 UNIX 操作系统。

8. 计算机病毒的衍生性

分析计算机病毒的结构可知，病毒的破坏部分反映了设计者的设计思想和设计目的。但是这可以被其他掌握原理的人以其个人的企图进行任意改动，从而衍生出一种不同于原版本的新的计算机病毒(又称为变种)。这就是计算机病毒的衍生性。

当计算机系统或文件染有计算机病毒时，需要检测和消除。但是，计算机病毒一旦破坏了没有副本的文件，便无法修复。隐性计算机病毒和多态性计算机病毒更使人难以检测。在与计算机病毒的对抗中，如果能采取额外防范措施，就能使系统不染毒，或者染毒后能减少损失。

4.3.3　计算机病毒的分类

计算机病毒种类繁多而且复杂，按照不同的方式以及计算机病毒的特点和特性，可以分为不同的种类。同时，根据不同的分类方法，同一种计算机病毒也可以属于不同的计算机病毒种类。

1. 根据病毒存在的媒体划分

(1)　网络病毒。这种病毒通过计算机网络传播感染网络中的可执行文件。

(2)　文件病毒。这种病毒感染计算机中的文件(如 COM、EXE、DOC 等文件)。

(3)　引导型病毒。这种病毒感染启动扇区(Boot)和硬盘的系统引导扇区(MBR)。

还有这三种情况的混合型，例如：多型病毒(文件和引导型)感染文件和引导扇区两种目标，这样的病毒通常都具有复杂的算法，它们使用非常规的办法侵入系统，同时使用了加密和变形算法。

2. 根据病毒传染渠道划分

(1)　驻留型病毒。这种病毒感染计算机后，把自身的内存驻留部分放在内存(RAM)中，这一部分程序挂接系统调用并合并到操作系统中去，它处于激活状态，一直到关机或重新启动。

(2)　非驻留型病毒。这种病毒在得到机会激活时并不感染计算机内存，一些病毒在内存中留有小部分，但是并不通过这一部分进行传染。

3. 根据破坏性进行分类

(1)　无害型。除了传染时减少磁盘的可用空间外，对系统没有其他影响。

(2)　无危险型。这类病毒仅仅是减少内存、显示图像、发出声音等，无实际危险。

(3)　危险型。这类病毒可在计算机系统操作中造成严重的错误。

(4)　非常危险型。这类病毒删除程序、破坏数据、清除系统内存区和操作系统中重要的信息。

4. 根据算法划分

1)　伴随型病毒

这类病毒并不改变文件本身，它们根据算法产生 EXE 文件的伴随体，具有同样的名字和不同的扩展名(COM)，如 XCOPY.EXE 的伴随体是 XCOPY-COM。病毒把自身写入 COM 文件并不改变 EXE 文件，当 DOS 加载文件时，伴随体优先被执行，再由伴随体加载执行原来的 EXE 文件。

2)　“蠕虫”型病毒

通过计算机网络传播，不改变文件和资料信息，利用网络从一台机器的内存传播到其他机器的内存，计算机将自身的病毒通过网络发送。有时它们在系统中存在，一般除了内存不占用其他资源。

3) 寄生型病毒

除了伴随和“蠕虫”型，其他病毒均可称为寄生型病毒，它们依附在系统的引导扇区或文件中，通过系统的功能进行传播。按其算法不同，寄生型病毒还可细分为以下几类。

(1) 练习型病毒。病毒自身包含错误，不能进行很好的传播，如一些病毒在调试阶段。

(2) 诡秘型病毒。它们一般不直接修改 DOS 中断和扇区数据，而是通过设备技术和文件缓冲区等对 DOS 内部进行修改，不易看到资源，使用比较高级的技术，利用 DOS 空闲的数据区进行工作。

(3) 变形病毒(又称幽灵病毒)。这类病毒使用一个复杂的算法，使自己每传播一份都具有不同的内容和长度。它们一般由一段混有无关指令的解码算法和被变化过的病毒体组成。

4.3.4 网络病毒的防范方法

在网络环境下，防范病毒问题显得尤其重要。这有两方面的原因：首先是网络病毒具有更大破坏力；其次是遭到病毒破坏的网络要进行恢复非常麻烦，而且有时恢复几乎不可能。因此采用高效的网络防病毒方法和技术是一件非常重要的事情。网络大都采用 Client-Server 的工作模式，需要从服务器和工作站两个方面解决防范病毒的问题。在网络上对付病毒有以下四种基本方法。

1. 基于网络目录和文件安全性方法

以 NetWare 为例，在 NetWare 中，提供了目录和文件访问权限与属性两种安全措施。访问权限有：访问控制权、建立权、删除权、文件扫描权、修改权、读权、写权和管理权。属性有：需归档、复制禁止、删除禁止、仅执行、隐含、索引、清洗、只读、读写、改名禁止、可共享、系统和交易等。属性优先于访问权限。根据用户对目录和文件的操作能力，分配不同的访问权限和属性。例如，对于公用目录中的系统文件和工具软件，应该只设置只读属性，系统程序所在的目录不要授予修改权和管理权。这样，病毒就无法对系统程序实施感染和寄生，其他用户也就不会感染病毒。

由此可见，网络上公用目录或共享目录的安全性措施，对于防止病毒在网上传播起到了积极作用。至于网络用户的私人目录，由于其限于个别使用，病毒很难传播给其他用户。采用基于网络目录和文件安全性的方法对防止病毒起到了一定作用，但是这种方法毕竟是基于网络操作系统的安全性的设计，存在着局限性。现在市场上还没有一种能够完全抵御计算机病毒侵染的网络操作系统，从网络安全性措施角度来看，在网络上也无法防止带毒文件的入侵。

2. 采用工作站防病毒芯片

这种方法是将防病毒功能集成在一个芯片上，安装在网络工作站上，以便经常性地保护工作站及其通往服务器的路径。工作站是网络的门户，只要将这扇门户关好，就能有效地防止病毒的入侵。将工作站存取控制与病毒保护能力合二为一插在网卡的 EPROM 槽内，用户也可以免除许多烦琐的管理工作。

Trend Micro Devices 公司解决的办法是基于网络上每个工作站都要求安装网络接口卡，网络接口卡上有一个 Boot Rom 芯片，因为多数网卡的 Boot Rom 并没有充分利用，都会剩余一些使用空间，所以如果安全程序够小的话，就可以把它安装在网络的 Boot Rom 的剩余空间内，而不必另插一块芯片。

市场上 Chipway 防病毒芯片就是采用了这种网络防病毒技术。在工作站 DOS 引导过程中，ROMBIOS、Extended BIOS 装入后，Partition Table 装入之前，Chipway 获得控制权，这样可以防止引导型病毒。Chipway 的特点是：①不占主板插槽，避免了冲突；②遵循网络上的国际标准，兼容性好；③具有其他工作站防毒产品的优点。但目前，Chipway 对防止网络上广为传播的文件型病毒能力还十分有限。

3. 采用 Station Lock 网络防毒方法

Station Lock 是著名防病毒产品开发商 Trend Micro Devices 公司的新一代网络防病毒产品。其防毒概念是建立在“病毒必须执行有限数量的程序之后，才会产生感染效力”的基础之上。例如，病毒是一个不具自我辨别能力的小程序，在病毒传染过程中至少必须拦截一个 DOS 中断请求，而且必须试图改变程序指针，以便让系统优先执行病毒程序从而获得系统控制权。引导型病毒必须使用系统的 BIOS 功能调用，文件型病毒必须将自己所有的程序代码复制到另一个系统执行文件时才能复制感染。混合型病毒和多形体病毒在实施感染之前也必须获取系统控制权，才能运行病毒体程序而实施感染。Station Lock 就是通过这些特点，用间接方法观察，精确地预测病毒的攻击行为。其作用对象包括多形体病毒和未来型病毒。

Station Lock 也能处理一些基本的网络安全问题，如存取控制、预放未授权复制以及在一个点对点网络环境下限制工作站资源相互存取等。Station Lock 能根据病毒活动辨别可能的病毒攻击意图，并在病毒造成任何破坏之前予以拦截。由于 Station Lock 是在启动系统开始之前就接管了工作站上的硬件和软件，所以病毒攻击 Station Lock 是很困难的。Station Lock 是目前网络环境下防范病毒比较有效的方法。

4. 基于服务器的防毒技术

服务器是网络的核心，一旦被病毒感染，就会无法启动，使整个网络陷于瘫痪，造成灾难性后果。目前基于服务器的防止病毒方法大都采用了 NetWare 装载模块(NetWare Load Module，NLM)技术，以 NLM 模块方式进行程序设计，以服务器为基础，提供实时扫描病毒能力。市场上的产品如 Central Point 公司的 AntiVirus for Networks、Intel 公司的 LANdesk Virus Protect 以及南京威尔德电脑公司的 Lanclear for NetWare 等都是采用了以服务器为基础的防病毒技术。这些产品的目的都是保护服务器，使服务器不被感染。这样，病毒也就失去了传播途径，因而从根本上杜绝了病毒在网上蔓延。

1)　对服务器中所有文件扫描

这一方法是对服务器的所有文件进行集中检查看其是否带毒，若有带毒文件，则提供给网络管理员几种处理方法。允许用户清除病毒，或删除带毒文件，或更改带毒文件名成为不可执行文件名并隔离到一个特定的病毒文件目录中。

2)　实时在线扫描

网络防病毒技术必须保持全天 24 小时监控网络是否有带毒文件进入服务器。为了保证病毒监测实时性，通常采用多线索的设计方法，让检测程序作为一个随时可以激活的功能模块，且在 NetWare 运行环境中，不影响其他线索的运行。这往往是设计一个 NLM 最重要的部分，即多线索的调度。实时在线扫描能非常及时地追踪病毒的活动，及时告知网络管理员和工作站用户。

3) 服务器扫描选择

该功能允许网络管理员定期检查服务器中是否带毒，如可按每月、每星期、每天集中扫描一下网络服务器，这样就使网络用户拥有极大的操作选择余地。

4) 自动报告功能及病毒存档

当网络用户将带毒文件有意或无意地拷入服务器中时，网络防病毒系统必须立即通知网络管理员或涉嫌病毒的使用者，同时自动记入病毒档案。病毒档案一般包括：病毒类型、病毒名称、带毒文件所存的目录及工作站标识等，另外，记录对病毒文件处理的方法。

5) 工作站扫描

考虑到基于服务器的防病毒软件不能保护本地工作站的硬盘，有效的方法是在服务器上安装防毒软件，同时在上网的工作站内存中调入一个常驻扫毒程序，实时检测在工作站中运行的程序。如 LANdesk Virus Protect 采用 Lpscan，而 LANClear for NetWare 采用 world 程序等。

6) 对用户开放的病毒特征接口

病毒及其变种层出不穷。如何使防病毒系统能对付不断出现的新病毒？这要求开发商能够使自己的产品具有自动升级功能，也就是真正交给网络用户防范病毒的一把金钥匙。其典型的做法是开放病毒特征数据库。用户随时将遇到的带毒文件，经过病毒特征分析程序，自动将病毒特征加入特征库，以随时增强抗毒能力。当然这一工作难度极大，需要不懈地努力。在上述四种网络防毒技术中，Station Lock 是一种针对病毒行为的防范方法，Station Lock 目前已能提供 Intel 以太网络接口卡支持，而且未来还将支持各种普及型的以太令牌环(Token-Ring)网络接口卡。

基于服务器的防治病毒方法，表现在可以集中式扫毒，能实现实时扫描功能，软件升级方便。特别是当联网的机器很多时，采用这种方法比为每台工作站都安装防病毒产品要节省成本。其代表性的产品有 LANdesk、LANClear for NetWare 等。

本章小结

本章介绍了网络支付系统与网络安全的一些基本技术。首先介绍了防火墙技术，防火墙技术是位于两个信任程度不同的网络之间的软件或硬件的集合。它可通过监测、限制、更改跨越防火墙的数据流，尽可能地对外部屏蔽内部的信息、结构和运行状况，以此来实现网络的安全保护。 其次介绍了入侵检测技术，入侵检测技术是继防火墙之后的第二道防线。防火墙只能对黑客的攻击实施被动防御，一旦黑客攻入系统内部，则没有切实的防护策略，而入侵检测系统则是针对此而提出的。最后介绍了计算机病毒相关知识，计算机病毒是编制者在计算机程序中插入的破坏计算机功能或者数据的代码，能影响计算机使用，能自我复制的一组计算机指令或者程序代码。在网络环境下，防范病毒问题尤其重要，因此采用高效的网络防病毒方法和技术是一件非常重要的事情。

思 考 题

1. 简述防火墙原理。
2. 分析防火墙设置在不同位置的优缺点。
3. 防火墙有哪些分类的方法？
4. 简述入侵检测的原理。
5. 什么是计算机病毒？它有什么危害？
6. 结合你身边发生的例子，分析计算机病毒的威胁，并总结应该注意的地方。

第 5 章　信息加密技术

【学习目标】

- 了解信息加密技术的一般概念。
- 理解对称密钥密码技术。
- 理解非对称密钥密码技术。
- 理解数字信封技术。
- 理解对称和非对称密钥密码技术的优缺点。

【引导案例】

日本 7-11 支付盗刷案：超 1500 名用户被认定受损

据《日本经济新闻》2019 年 7 月 17 日报道，针对智能手机支付服务“7pay”遭到非法盗刷的事件，日本柒和伊控股公司(Seven & i Holding)7 月 16 日宣布，截至 7 月 11 日已认定该事件造成约 1574 名用户合计损失约 3240 万日元(约合人民币 206.2 万元)。该公司将继续调查用户蒙受损失的实际情况并查明原因。

柒和伊控股旗下的服务运营商 7pay 公司根据用户的申请，核对了账号的使用记录等，对人数和金额进行了认定。该公司此前曾发布消息称，截至 7 月 4 日，疑似账号遭到非法访问的用户约为 900 人，损失金额共计约 5500 万日元，这些数字按照超过一定金额的充值及使用等条件估算得出。

柒和伊控股今后将继续对用户蒙受损失的实际情况进行调查，人数及损失金额有可能会扩大。该公司已宣布将全额补偿用户的损失。

7pay 于 7 月 1 日开始提供服务。有用户反映，“发生了自己没有印象的交易”，于是该公司开始进行内部调查，并于 7 月 3 日发现盗刷现象。目前，现金卡和现金等所有充值服务以及新用户注册服务均已停止。

柒和伊控股 7 月 5 日成立了专门加强安全措施的部门，并表明将采取引进“双重认证”以及调整充值额上限等应对措施。7 月 11 日，该公司已禁止用户使用 Facebook 及推特等“外部 ID”进行登录，并计划 7 月内拿出安全方面的具体措施。

(资料来源：移动支付网，2019-7-17)

信息加密技术是网络支付乃至电子商务安全交易的核心，这种技术主要用来实现电子商务交易的保密性、完整性、授权、可用性和不可否认性等。在电子商务交易系统中包含三个实体：买方、卖方和金融中介。在一次电子商务交易过程中，买方通常要将支付方式的账号如银行卡号和密码口令提供给商家，申请购物，买方带有卡号和口令的订单在传送到商家的过程中，保证买家敏感信息的保密性的任务要由密码技术来完成；同时在支付时还要对交易双方的身份进行认证，这要用到数字签名和认证技术，这些都是借助密码技术来实现的。本书第 3 章介绍的网络支付的安全需求的绝大部分也都是要通过密码技术来保证的。本章主要对信息加密技术的发展以及基本知识进行简要的介绍，并对两种基本的加密算法——私有密钥密码技术和公开密钥密码技术进行论述。

5.1　信息加密技术概述

5.1.1　密码技术的发展

密码技术的发展大致分为三个阶段：古代加密方法、古典密码和近现代密码学。

1949 年之前的密码学更像是一门艺术，而不是科学或技术。早在公元前 400 年，人类就有了通信密码的记载。古代的行帮暗语和一些文字猜谜游戏等，实际上就是对信息的加密。比如，公元前，秘密书信已用于战争之中。西洋“史学之父”希罗多德(Herodotus)的《历史》(*The Histories*)中记载了一些最早的秘密书信故事。公元前 5 世纪，希腊城邦为对抗奴役和侵略，与波斯发生多次冲突和战争。公元前 480 年，波斯秘密集结强大的军队，准备对雅典(Athens)和斯巴达(Sparta)发动一次突袭。希腊人狄马拉图斯(Demaratus)在波斯的苏萨城(Susa)里看到了这次集结，便用一层蜡把木板上的字遮盖住，送往并告知了希腊人波斯的图谋。最后，波斯海军覆没于雅典附近的沙拉米斯湾(Salamis Bay)。这种加密方法通过原始的约定，把需要表达的信息限定在一定的范围内流通，属于较原始的古代加密方法。古典密码(Classical Cryptography)的加密方法主要是文字置换，使用手工或机械变换的方式来实现。古典密码的代表密码算法主要有：单表代替密码、多表代替密码以及转轮密码。它主要应用于政治、军事以及外交等领域，可以说，自从有了战争，就有了保密通信。交战双方为了保护自己的通信安全、窃取对方的情报而不断地研究各种信息加密技术。自电话和无线电波通信技术发明以来，密码技术在通信领域得到了广泛的应用。在两次世界大战期间，密码学技术在军事、政治和外交领域得到了长足的发展，这段时间称为古典密码的发展阶段。

1949 年克劳德·艾尔伍德·香农(C. E. Shannon)发表文章 *The Communication Theory of Secrecy System*《保密系统的通信理论》为密码学奠定了坚实的理论基础，使密码学成为一门真正的科学。1976 年，W. Diffie 和 M. E. Hellman 发表了 *New Directions in Cryptography*《密码学中的新方向》一文，提出了一种崭新的密码设计思想，导致了密码学的一场革命。他们首次证明了从发送端到接收端无密钥传输的保密通信是可能的，从而开创了公钥密码学的新纪元。1977 年，美国国家标准局(National Bureau of Standards)正式公布了数据加密标准(Data Encryption Standard，DES)，将 DES 算法公开，从而揭开了密码学的神秘面纱。从此，密码学的研究进入了一个崭新的时代。随着计算机、Internet 和通信技术的迅猛发展，很多敏感信息常常通过公开通信设施或计算机网络进行交换，特别是电子商务和电子政务的迅速发展，越来越多的个人信息需要严格保密，如银行账号、个人隐私等，正是这种对信息的机密性和真实性的需求，密码学才逐渐从军事、政治、外交等领域走进公众的日常生活当中。

在现代特别指对信息以及其传输的数学性研究，常被认为是数学和计算机科学的分支，和信息论也密切相关。著名的密码学者罗纳德·李维斯特(Ron Rivest)解释道：“密码学是关于如何在敌人存在的环境中通信。”从工程学的角度来看，这相当于密码学与纯数学的异同。

密码学是信息安全等相关议题，如认证、访问控制的核心。密码学的首要目的是隐藏信息的含义，并不是隐藏信息的存在。密码学也促进了计算机科学，特别是关于电脑与网络安全所使用的技术，如访问控制与信息的机密性技术。密码学已被应用在日常生活中，包括自动柜员机的芯片卡、电脑使用者存取密码、电子商务等。

密码学领域是应用数学和计算机科学的一个分支。数学理论在密码学的研究和发展中发挥着重要的作用，这些数学知识主要有数论、群论、组合逻辑、复杂性理论及信息论等。对于计算机科学而言，密码学与数据库技术、计算机网络、计算机软硬件知识联系紧密。

5.1.2　密码技术的基本知识

密码技术是信息安全技术的核心，密码学主要是研究通信安全保密的学科，它主要包括两个分支：密码编码技术和密码分析技术。密码编码技术的主要任务是寻求产生安全性高的有效密码算法和协议，研究对信息如何进行变换，以期保护信息在信道的传递过程中不被窃取、解读和利用的方法，从而满足对信息进行加密和认证的要求。密码分析技术的主要任务是破译密码或伪造认证信息，实现窃取机密信息或进行诈骗破坏活动。这两个分支既相互对立又相互依存，也正是由于这种对立统一关系，才推动了密码技术的不断发展。

在通信过程中，待加密的信息称为明文(plaintext)，已被加密的信息称为密文(ciphertext)，仅有收、发双方知道的信息称为密钥。在密钥控制下，由明文变为密文的过程叫加密(encryption)，其逆过程叫脱密或解密(decryption)。在密码系统中，除合法用户外，还有非法的截收者，他们试图通过各种办法窃取机密(又称为被动攻击)或篡改消息(又称为主动攻击)。密码通信系统结构如图 5.1 所示。

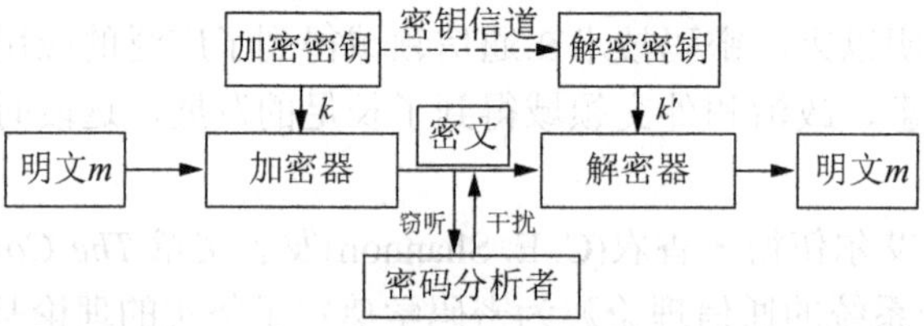

图 5.1　密码通信系统结构

如图 5.1 所示，对于给定的明文 m 和密钥 k，加密变换 Ek 将明文变为密文 $c=f(m, k)=Ek(m)$，在接收端，利用脱密密钥 k' (有时 $k=k'$，)完成脱密操作，将密文 c 恢复成原来的明文 $m=Dk$，(c)。一个安全的密码体制应该满足：①非法截收者很难从密文 c 中推断出明文 m；②加密和脱密算法应该相当简便，而且适用于所有密钥空间；③密码的保密强度只依赖于密钥；④合法接收者能够检验和证实消息的完整性和真实性；⑤消息的发送者无法否认其所发出的消息，同时也不能伪造别人的合法消息；⑥必要时可由仲裁机构进行公断。

随着密码学的不断成熟，大量密码产品应用于国计民生中，如 USB Key、RFID 卡、银行卡等。从广义上讲，包含密码功能的应用产品也是密码产品，如各种物联网产品，它们的结构与计算机类似，也包括运算、控制、存储、输入输出等部分。密码芯片是密码产品安全性的关键，它通常是由系统控制模块、密码服务模块、存储器控制模块、功能辅助模块、通信模块等关键部件构成的。

密码体制的分类方法有很多，最常用、最经典的是：根据加密算法和解密算法所使用的密钥是否相同，或是否能简单地由加密密钥推导出解密密钥，可以将密码体制分为对称密钥密码体制(也叫作单钥密码体制、私有密钥密码体制、秘密密钥密码体制)和非对称密钥密码体制(也称为双钥密码体制、公开密钥密码体制)。本章后两节将对这两种密钥密码技术进行详细介绍。

5.2　对称(私有)密钥密码技术

对称密钥加密法.mp4

对称密钥密码体制，也叫作私有密钥密码体制或秘密密钥密码体制，即加密密钥与解密密钥相同的密码体制。在这种体制中只要知道加密密钥或解密密钥，就可以反推出解密密钥或加密密钥。早期使用的加密算法大多是对称密钥密码体制。

5.2.1　对称(私有)密钥密码技术的基本原理

在计算机网络用户之间进行通信时，为了保护信息不被第三方窃取，必须采用各种方法对数据进行加密。最常用的方法之一就是对称密钥加密法(symmetric encryption algorithm)，或者称为秘密密钥加密法。

私有密钥密码算法的基本原理是信息发送方用一个密钥对要发送的数据进行加密，信息的接收方能用同样的密钥解密，而且只能用这一密钥解密。由于双方所用加密和解密的密钥相同，所以叫作对称密钥加密法。由于这对密钥不能被第三方知道，所以又叫作秘密密钥加密法。最常用的对称密钥加密法叫作 DES(Data Encryption Standard)算法。

如图 5.2 所示，甲、乙两公司之间进行通信，每个公司都持有共同的密钥，甲公司要向乙公司订购钢材，用共用的密钥加密，发给乙公司，乙公司收到后，同样用这一共用密钥解密，就可以得到这一份订购单。

由于对称密钥加密法需要在通信双方之间约定密钥，一方生成密钥后，要通过独立的安全的通道送给另一方，然后才能开始进行通信。这种加密方法在专用网络中使用效果较好，并且速度快。因为通信各方相对固定，可预先约定好密钥。

由于加密和解密所用的算法是完全公开的，保证信息安全的关键是加密和解密所用的密钥。密钥不同，生成的密文也就不同，用哪一个密钥加密，就必须用哪一个密钥解密。信息发送方用一个密钥对要发送的数据进行加密，信息的接收方能用同样的密钥解密，且只能用这个密钥解密。只要将密钥保护好，使密钥只有通信的双方知道，任何第三方都得不到密钥，也就无法窃取这些通信双方所传送的信息内容了。

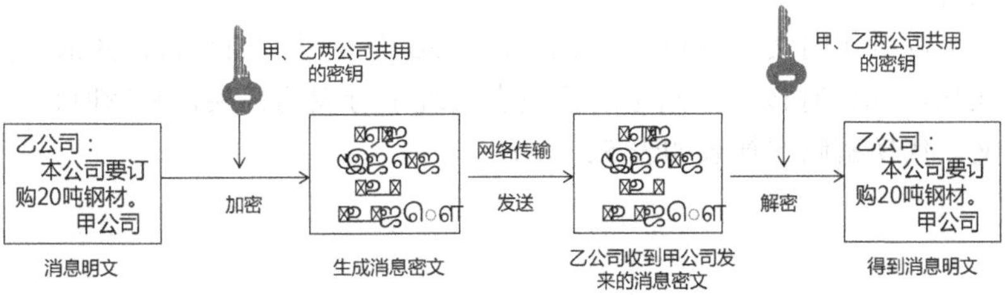

图 5.2　私有密钥加密法的应用过程

5.2.2 对称(私有)密钥密码技术的分类

对称密码体制按照对明文数据的加密方式不同，可以分为古典密码、流密码(又叫系列密码)和分组密码三类。古典密码是现代密码的基础，它包含密码处理的基本功能单元。分组密码(block cipher)对明文进行加密时，首先需要对明文进行分组，每组的长度都相同，然后对每组明文分别加密得到等长的密文。分组密码的特点是加密密钥与解密密钥相同。分组密码的安全性主要依赖于密钥，而不依赖于加密算法和解密算法，因此，分组密码的加密和解密算法都可以公开。流密码(stream ciper)将信息分成连续的符号或比特，用密钥流对信息进行加密。其中，密钥流(也叫序列密码)是由种子密钥通过密钥流生成器得到的。

1. 古典密码

分析古典密码有助于我们更好地理解、设计与分析近现代密码体制。在古典密码中，主要有移位密码、代换密码、放射密码和置换密码等。这里主要简单介绍移位密码和代换密码。

1) 移位密码

移位密码的明文空间、密文空间和密钥空间都相同。比如使用移位密码可以用来加密含有 26 个字母的英文信息，首先建立英文字母移位密码替换表，如表 5.1 所示。这里大写和小写字母对应的数字是一样的。

表 5.1 移位密码替换表

A	B	C	D	E	F	G	H	I	J	K	L	M
0	1	2	3	4	5	6	7	8	9	10	11	12
N	O	P	Q	R	S	T	U	V	W	X	Y	Z
13	14	15	16	17	18	19	20	21	22	23	24	25

有了密码替换表，再取定密钥，就可以按加密和解密算法进行信息处理了。假设明文为 $x \in z_{26}$，密文为 $y \in z_{26}$，则定义加密算法为 $e_k(x) = (x+k) \bmod 26$，解密算法为 $d_k(y) = (y-k) \bmod 26$。比如我们要加密明文信息“HIJACKOZOO ”，首先按照表 5.1 将明文字母替换成相应的数字，如“7 8 9 0 2 10 14 25 14 14 ”；再取定一个 k 值，$k=9$，对其每个字母单钥作加密运算，可得“16 17 18 9 11 19 23 8 23 23”，因此得到密文为“QRSJLTXIXX”。相反，也可以按照解密算法 $d_k(y) = (y-k) \bmod 26$ 进行解密。对于这种密码，若攻击者知道密码算法，就很容易利用穷举法将密文解密。

2) 代换密码

代换密码可以看作明文空间和密文空间都是 26 个字母，加密和解密都是在这 26 个字母上的代数运算，加密时按一个固定的置换表实现字母表的替换，解密时再重新替换回来即可得到明文。代换密码替换表如表 5.2 所示。

表 5.2　代换密码替换表

A	B	C	D	E	F	G	H	I	J	K	L	M
x	n	a	z	b	m	h	c	t	v	w	o	p
N	O	P	Q	R	S	T	U	V	W	X	Y	Z
d	e	f	g	i	j	k	l	q	r	s	u	y

从替换中可以看出，移位密码是代换密码的一个特例。移位密码最多有 26 种变换方法，但是代换密码可能的替换总数是 26 的阶乘。

2. 流密码

流密码采用密钥生成器，从原始密钥生成一系列密钥流来加密信息，每个明文可以选用不同的密钥加密。如果流密码所使用的是真正随机生成的、与信息长度相同的二进制序列，此时的流密钥就是一次一密的密码体制，这种密码的破解相当困难。与分组密码体制相比，流密码目前应用的领域主要还是在军事和外交等部门，虽然现在也有许多公开设计和研究成果发表，但作为密码学的一个分支，流密码的大多数设计、分析成果还都是保密的。目前可以公开见到的流密码算法主要包括 A5、SEAL、RC4 等。

流密码的原理介绍在理论上要求比较高，这里仅作简单介绍。流密码多数情况下用二进制序列来表示，这种流密码将明文和密钥都转换成相应的二进制序列，种子密钥用来控制密钥流发生器，使密钥流发生器输出密钥流，加密变换只是简单的模 2 加变换(也即明文和密钥进行二进制的异或运算)。解密时，接收方将利用安全信道传送来的种子密钥和与加密方相同的密钥发生器来生成密钥流，该密钥流与加密端同步，并使用与加密变换相同的解密变换，从而完成信息的加密解密操作。

流密码的设计核心在于密钥发生器的设计，流密码的安全强度取决于密钥发生器产生的密钥流的周期、复杂度、随机特性等，安全的密钥流生成器会使用非线性变换。

3. 分组密码

分组密码体制是目前商业领域中比较重要而流行的一种加密体制，它广泛地应用于数据的保密传输、加密存储等应用场合。分组密码对明文进行加密时，首先需要对明文进行分组，每组的长度都相同，然后对每组明文分别加密得到等长的密文。分组密码的特点是加密密钥与解密密钥相同。分组密码的安全性主要依赖于密钥，而不依赖于对加密算法和解密算法的保密，因此，分组密码的加密和解密算法是可以公开的。

现代分组密码的研究始于 20 世纪 70 年代中期，至今已有四十余年的历史，这期间人们在这一研究领域已经取得了丰硕的研究成果。

对于分组密码，在早期的研究，基本上是围绕 DES 进行的，推出了一些类似的算法，如 LOKI、FEAL、GOST 等。进入 20 世纪 90 年代，人们对 DES 算法的研究更加深入，特别是差分密码分析(differential cryptanalysis)和线性密码分析(linear cryptanalysis)的提出，迫使人们不得不研究新的密码结构。IDEA 密码打破了 DES 类密码的垄断局面，随后出现的 SQUARE、SHARK、SAFER-64 等采用了结构非常清晰的代替—置换(SP)网络，从理论上给出了最大差分特征概率和最佳线性逼近优势的界，证明了密码对差分密码分析和线性密码分析的安全性。

目前分组密码所采用的整体结构可分为 Feistel 结构(如 CAST-256、DEAL、DFC、E2 等)、SP 网络(如 Safer+、Serpent 等)及其他密码结构(如 Frog 和 HPC)。加/解密相似是 Feistel 型密码的一个实现优点，但它在密码的扩散上似乎有些慢，如需要两轮才能改变输入的每一个比特。SP 的网络结构非常清晰，S 一般被称为混淆层，主要起混淆作用。P 一般被称为扩散层，主要起扩散作用。在明确 S 和 P 的某些密码指标后，设计者能估计 SP 型密码抵抗差分密码分析和线性密码分析的能力。SP 网络和 Feistel 网络相比，可以得到更快速的扩散，但是 SP 密码的加/解密通常不相似。

分组密码是现代密码学中的一个重要分支，其诞生和发展有着广泛的实用背景和重要的理论价值。目前这一领域还有许多理论和实际问题有待继续研究和完善，这些问题包括：如何设计可证明安全的密码算法；如何加强现有算法及其工作模式的安全性；如何测试密码算法的安全性；如何设计安全的密码组件，如 S 盒、扩散层及密钥扩散算法等。

分组密码算法实际上就是在密钥的控制下，简单而迅速地找到一个置换，用来对明文分组进行加密变换。一般情况下对密码算法的要求有以下几点。

1) 分组长度足够长

当分组长度较小时，分组密码类似于某些古典密码如置换密码，它仍然有效地保留了明文中的统计信息，这种统计信息将给攻击者留下可乘之机。

2) 密钥量足够大

分组密码的密钥所确定的密码变换只是所有置换中极小一部分。如果这一部分足够小，攻击者可以有效地穷举明文空间所确定所有的置换。这时，攻击者就可以对密文进行解密，以得到有意义的明文。

3) 密码变换足够复杂

密码变换需要足够复杂，使攻击者除了穷举法以外，找不到其他快捷的破译方法。

5.2.3 对称(私有)密钥密码技术的优缺点

对称密钥加密法的主要优点是加密和解密的速度快。由于加/解密使用同一把密钥，而且应用简单，在专用网络中通信各方相对固定，所以应用效果较好。比如，在金融通信专网与军事通信专网的加密通信中，对于数据量较大的文件等的传送，利用私有密钥加密码是比较有效的。

但是，对称密钥加密法也存在很多缺陷，尤其是单独应用于 Internet 公开网络环境中会遇到很多问题。

(1) 由于算法公开，其安全性完全依赖于对私有密钥的保护，因此密码需要经常更换，而且必须使用与传递加密文件不同的途径来传递密钥，也即需要一个传递私有密钥的安全通道。如果通过电话通知、邮寄、专门派人传送等方式，又不适用于 Internet 公开网络环境。所以说，单独应用对称密钥加密法难以满足开放式 Internet 网络环境的需要，也难以满足在 Internet 上开展电子商务的安全性方面的要求。

(2) 在同一网络中，如果所有用户都使用同样的密钥，就会失去保密的意义。如果网络中有三个人需要彼此两两通信，当采用对称密钥加密法时，每个用户都需要两个密钥分别和其他两个人进行加密通信，而且这两把密钥必须不同，否则就没有保密的意义了。如果在 Internet 网络环境中有 n 个用户，这 n 个用户之间需要两两通信，对任一用户来讲，至少需要拥有 $n-1$ 个密钥，而对应的通信双方密钥相同，所以整个网络就需要 $n(n-1)/2$ 个通信密钥。这在专用网络中通信双方相对固定的情况下应用尚可，但对于 Internet 这样大型的、公共的网络环境来说，用户群几乎无限，分布也很广，这就造成两个问题：一是密钥的数量将是个无穷数；二是每个用户都保有 $n-1$ 个数量庞大的密钥，而且同时要分清楚每一个密钥分别对应哪一个特定的通信方，这些如果直接应用于网络支付业务，密钥的分配、保存和管理就成了大问题。

(3) 在 Internet 网络环境中，通信的各方大部分都是不固定的，也就是存在很多一次性通信，一次通信结束后很长一段时间或者以后根本不会再通信，那么这时使用对称密钥加密法，不仅在密钥数量上庞大，而且用户的很多密钥都是一次用完之后就没用了，造成了很大的浪费。

(4) 单独使用对称密钥加密法，因为对称密钥是通信双发共同拥有的，不是一方独有的，因此难以用它作为身份认证的工具。采用对称密钥加密法实现信息传输，只是解决了数据的机密性问题，不能认证信息发送者的身份，因此有可能存在欺骗。特别是在网络支付中可能产生冒用别人的名义发送资金转账指令的问题。

鉴于对称密钥应用于 Internet 网络环境有诸多缺陷，使得其应用范围有很大的限制，比如银行内部专用网络，传送数据一般都采用对称加密算法加密，如传送某网络支付方式用的密码；或者在军事指挥网络中，一般也常用这种对称密钥加密法；另一种场合是私人加密，也经常运用这种加密方法，因为一般私人信息的价值要小于破解这个加密所要耗费的时间和精力。总之，由于对称密钥加密法需要在通信双方之间约定密钥，一方生成密钥后，要通过独立的安全通道传送给另一方，然后才能开始进行通信。这种加密方法在专用网络中使用效果较好，并且速度快。因为通信各方相对固定，可预先约定好密钥。那么，在 Internet 公开网络中，通常会采用另一种密码体制进行加/解密，这就是下面一节中将要介绍的非对称(公开)密钥加密技术。

5.3 非对称(公开)密钥密码技术

非对称密钥加密法.mp4

在公开网络中，如在 Internet 上，用对称密钥加密法传送交易信息，就会发生困难。比如，一个商户想在 Internet 上同几百万个用户安全地进行交易，每一位用户都要由此商户分配一个特定的密钥并通过独立的安全通道传送，密钥数巨大，这几乎是不可能的，这就必须采用非对称(公开)密钥加密法(Asymmetric Encryption)。自 1976 年迪菲(Diffie)和赫尔曼(Hellman)在《密码学的新方向》一文中提出公开密钥密码的思想以来，非对称密钥密码技术获得了巨大的发展，在理论研究方向，为数众多的密码研究人员甚至包括其他领域的一些研究人员对非对称密钥密码也投入了巨大的精力与热情，发表了大量的研究文献，获得了一整套系统的研究成果；在实践应用中，非对称密钥密码技术成功地解决了计算机网络安全的身份认证、数字签名等问题，推动了包括电子商务在内的一大批网络应用的不断深入和发展。

5.3.1 非对称(公开)密钥密码技术的基本原理

非对称密钥加密法的加密和解密所用的密钥不同，所以叫非对称密钥加密法。在这种体制中，存在一对密钥对，共用两个密钥，它们在数学上相关，称作密钥对。用密钥对中的任何一个密钥加密，可以用另一个密钥解密，而且只能用此密钥对中的另一个密钥解密。通信方采用某种算法(秘钥生成程序)生成了这两个密钥后，将其中一个保存好，叫作私人密钥(private key)，将另一个密钥公开散发出去，叫作公开密钥(public key)。由于其中有一把密钥是可以对网络上的大众用户公开的，所以这种信息加密传输方式也称为公开密钥加密法。

在实际应用中，某通信方 A 可将生成的密钥对进行约定，比如将其中一把密钥保存好，设为私钥 $K_A^{私}$，只能通信方 A 自己知道和使用，不与别人共享；而将另一个密钥设为公钥 $K_A^{公}$，公钥可通过网络公开散发出去(可借助后面介绍的数字证书渠道)，与 A 通信的任何一方都可以获取其公钥并进行应用。因此，当网络中通信双方进行通信时，它们都有各自的公开密钥和私有密钥，然后双方交换各自的公开密钥，此时通信方 A 拥有 $K_A^{私}$、$K_A^{公}$ 以及对方的公开密钥 $K_B^{公}$ 三个密钥；相应地，通信方 B 拥有 $K_B^{私}$、$K_B^{公}$ 以及对方的公开密钥 $K_A^{公}$ 三个密钥。特别注意，每一个通信方所拥有的公开密钥和私有密钥才是一对密钥对，符合非对称密钥对的特定性质，也即用其中一个密钥进行加密，只能用另一个密钥进行解密。例如，$K_A^{私}$ 和 $K_A^{公}$ 就是一对密钥对，当用 $K_A^{私}$ 进行加密时，只能用 $K_A^{公}$ 进行解密；相反，当用 $K_A^{公}$ 进行加密时，只能用 $K_A^{私}$ 进行解密。这时就存在下面两种应用情况。

1. 用于定点加密通信场景

非对称密钥加密法用于定点加密的原理如图 5.3 所示。当通信方 A 需要将原文秘密地发送给通信方 B 时，通信方 A 用交换而来的 B 的公开密钥对原文进行加密，那么加密后的密文通过 Internet 进行传输，当通信方 B 收到此密文时，因为密文是由 B 的公钥进行加密的，因此只能用 B 的私钥进行解密，而 B 的私钥是 B 所私有的。这样一来，这个密文即使在传输过程中被第三方截取，由于任何第三方都没有 B 的私钥，因此也没办法解开密文而获取信息的原文。总之，当发送方要发送机密信息给特定的对方时，可以用对方的公钥进行加密并传送给对方，只要对方的私钥没有泄露，就可以保证发送的信息只能被这位特定的对方获取，从而实现“定点加密通信”。

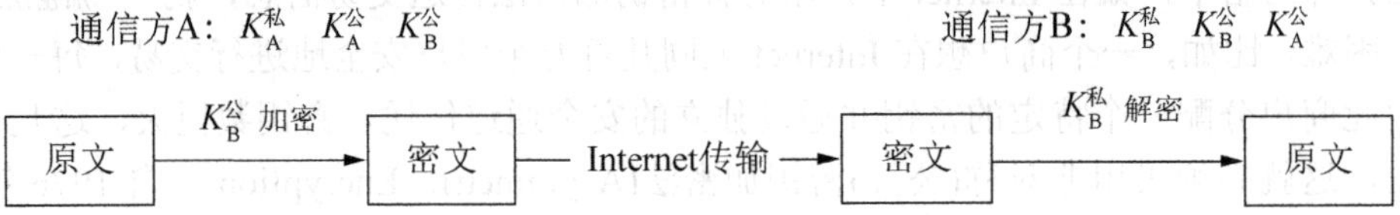

图 5.3 非对称密钥加密法用于定点加密的原理

2. 实现身份认证及不可抵赖等

非对称密钥加密法用于实现身份认证等的原理如图 5.4 所示。通信方 A 用自己的私有密钥对要发送的原文进行加密，形成密文并发送给通信方 B，当通信方 B 收到这样的密文时，根据密钥对的数学相关关系，这个密文只能用其对应的 A 的公开密钥进行解密。反过来说，当通信方 B 发现其收到的密文只能由通信方 A 的公开密钥进行解密，说明这个密文一定是由通信方 A 的私有密钥进行加密的，而 A 的私有密钥是通信方 A 所私有，网络上的其他任何一方都没有，因此可以断定这个密文一定是拥有这个私有密钥的通信方 A 所发送的，从而可以实现信息发送的身份认证或不可抵赖等。这个作用是对称密钥加密法根本无法实现的，是非对称密钥加密法非常重要的一个作用。不过这里要注意的是，因为 A 的公开密钥是公开的，很可能网络上很多方都会拥有，因此这里所加密的信息原文在这个意义上并不具备保密的性质，不能用这样的方法发送需要机密传送的信息，只能用于身份认证等作用。从另一个意义上讲，非对称密钥加密算法之所以能实现身份认证这样的作用，主要在于它的私钥是每个通信方各自私有的，可以用它来进行身份等方面的认证。我们后面要讲到的数字签名还会具体阐述。

图 5.4　非对称密钥加密法用于实现身份认证等的原理

非对称密钥加密法的加密和解密算法是完全公开的，但算法是不可逆的，因此加密的关键是密钥，用户只要保存好自己的私有密钥，就不怕泄密。

上述两种情况均可以应用到网络支付安全中。比如，当网络银行客户要给银行业务部门发送“支付通知”时，既要保证信息的机密又要保证“支付通知”密文只能是银行业务部门收到并解密，这时就可以参照上述非对称密钥加密法的第一种应用情况进行；而当客户通过银行网络支付后，要求银行业务部门回送“确认通知”，这时客户需要确定这个“确认通知”是对应的银行业务部门发送来的，不能抵赖，也不是别人假冒的，这时可以参照上述公开密钥加密法的第二种应用情况进行。

5.3.2　非对称(公开)密钥密码技术的常用算法

非对称(公开)密钥密码技术是 1976 年在斯坦福大学被提出来的。公开密钥系统设计的理论基础是假设某个特定已知的数学问题是很难解决的。与对称加密系统相比，公开密钥系统的功能是强大的，但同时也对加密算法的设计提出了更高的要求，攻击该系统必须用到公开密钥这一额外信息。这种加密技术的优点是不需要通用的密钥，用于解密的私钥不需要发往任何地方，公钥在传递与发布过程中即使被截获，由于没有与之相匹配的私钥，截获公钥也没有意义。

非对称加密算法的典型代表是著名的 RSA 算法。该算法是于 1977 年由罗纳德·李维斯特(Ron Rivest)、阿迪·萨莫尔(Adi Shamir)和伦纳德·阿德曼(Leonard Adleman)在美国麻省理工学院开发的。RSA 是这个算法的三个发明人(Rivest、Shamir 和 Adleman)姓名的首字母。所谓的公开密钥密码体制就是使用不同的加密密钥与解密密钥，是一种“由已知加密密钥推导出解密密钥在计算上是不可行的”密码体制。RSA 加密算法的安全性能与密钥的长度有关，长度越长越难解密。在用于网络支付安全的 SET 系统中使用的密钥长度一般为 1024 位和 2048 位。这就使加密的计算量很大。为减少计算量，在传送信息时，常采用传统加密方法与公开密钥加密方法相结合的方式，即信息采用改进的 DES 或 IDEA 密钥加密，然后使用 RSA 密钥加密对话密钥和信息摘要。对方收到信息后，用不同的密钥解密并可核对信息摘要。安全电子交易(Secure Electronic Transaction，SET)协议中要求 CA 采用 2048 位长的密钥，其他实体使用 1024 位的密钥。RSA 算法是目前最有影响力的公钥加密算法，它能够抵挡住目前为止已知的所有密码攻击，已被 ISO 推荐为公钥数据加密标准。其算法基于一个十分简单的数论事实：将两个大素数相乘十分容易，但想要对其乘积进行因式分解却极其困难，因此，可以将乘积公开作为加密密钥。其基本思想是：先找出两个非常大的质数 P 和 Q，算出 $N=P\times Q$，找到一个小于 N 的数 E，使 E 和 $(P-1)\times(Q-1)$ 互为质数。另外再找一个数 D，使其满足 $(E\times D)\text{mod}[(P-1)\times(Q-1)]=1$，其中 mod 为取模，也即相除取余。如此，$(N,E)$ 和 (N,D) 就是产生的一对密钥对，将其中一个视为公钥，另一个即为私钥。那么加密和解密的运算方式即为如下公式，C 为密文，M 为明文。

$$C=M^E(\text{mod}(n)) \tag{5.1}$$

$$M=C^E(\text{mod}(n)) \tag{5.2}$$

下面用一个例子来阐述 RSA 算法的加/解密过程。假定 $P=3$，$Q=11$，则 $N=P\times Q=33$，$(P-1)\times(Q-1)=20$，选择 $E=3$，因为 3 和 20 没有公共因子。$(3\times D)\text{mod}(20)=1$，得出 $D=7$。从而得到(33,3)为公钥；(33,7)为私钥。加密过程为将明文 M 的 3 次方模 33 得到密文 C，解密过程为将密文 C 的 7 次方模 33 得到明文。具体演算过程如表 5.3 所示。

表 5.3　RSA 算法的加/解密演算过程

明文 M		密文 C			解密	
字母	序号	M^3	M^3(mod 33)	C^7	C^7(mod 33)	字母
A	01	1	01	1	01	A
E	05	125	26	8 031 810 176	05	E
N	14	2 744	05	78 125	14	N
S	19	6 859	28	13 492 928 512	19	S
Z	26	17 576	20	128 000 000	26	Z

RSA 算法比较知名的应用是浏览器上内置的 TLS 安全通信协议和各大电子商务平台的数字证书。比如京东商城的数字证书中就是使用了 RSA 的公钥系统的 2048 位密钥，如图 5.5 所示。

图 5.5　京东商城数字证书中的 2048 位密钥

5.3.3　非对称(公开)密钥密码技术的优缺点

1. 非对称密钥密码技术的优点

(1) 身份认证较为方便。在网络中进行通信时，你不需要认识通信各方，只要你的服务器认为该实体的带公钥的数字证书是可靠的，就可以进行安全通信。

(2) 密钥分配简单。公开密钥可以像电话号码一样，告诉每个网络成员与商业伙伴，需要好好保管的只是一个私人密钥。可见，密钥的保存量比私有密钥加密少得多，密钥管理也比较方便，可像收集电话号码一样收集所有成员的公钥。

(3) 公开密钥密码技术能够很好地支持对传输信息的数字签名，解决数据的否认与抵赖问题。

2. 非对称密钥密码技术的缺陷

非对称密钥密码技术有很多优势，但如果单独应用也有其局限性，其最大的缺陷就在于它的加/解密速度。由于算法计算中进行的都是大数计算，所以无论用软件还是用硬件实现，RSA 算法最快的情况也比对称密钥密码技术的 DES 算法慢两个数量级，难以满足电子商务中特别是网络支付中即时支付结算的需求。

5.3.4 对称密钥密码技术和非对称密钥密码技术的比较

下面将通过对对称密钥加密法的典型算法 DES 算法与非对称密钥加密法的典型算法 RSA 算法的比较，来说明对称密钥密码技术与非对称密钥密码技术的优缺点和应用范围。

1. 加/解密的处理效率

DES 算法在效率上明显优于 RSA 算法，即 DES 算法比 RSA 算法快得多。因为 DES 密钥的长度通常只有 100 比特左右，可以利用软件和硬件实现高速处理；而 RSA 算法密钥较长，需要进行大数的乘幂和求模等多倍字长的处理，处理速度明显慢于 DES 算法。RSA 密钥长度随着保密级别提高，增加很快。表 5.4 列出了对同一安全级别下所对应的对称密钥和非对称密钥加密法的密钥长度。可以看出同一级别下的 RSA 密钥长度比对称密钥长度长很多，因此效率也就低很多。

表 5.4　同一安全级别下不同算法所对应的密钥长度

保密级别	对称密钥长度(bit)	RSA 密钥长度(bit)	保密年限(年)
80	80	1024	2010
112	112	2048	2030
128	128	3072	2040
192	192	7680	2080
256	256	15 360	2120

2. 密钥的分发和管理

在密钥分发与管理上，RSA 算法比 DES 算法更加优越。因为 RSA 算法可以采用公开形式分配加密密钥，对加密密钥的更新也很容易，且对不同的通信对象，只需将自己的私人密钥保密好即可；而 DES 算法要求通信前对密钥进行秘密分配传递，使密钥的变更或更换困难，对不同的通信对象，DES 算法需要产生和保管巨量的不同的密钥。比如对于具有 N 个用户的网络，需要 $N(N-1)/2$ 个密钥，在用户群不是很大的情况下还可以，但是对于公共网络 Internet，当用户群很大、分布很广时，密钥的分配和保管就成了大问题。而对于 RSA 算法，公开密钥和私有密钥是不同的，密钥的分配和管理就很简单，比如对于具有 N

个用户的网络，仅需要 $2N$ 个密钥。

3. 安全性

只要密钥足够长，RSA 算法和 DES 算法的安全性都可以得到保障，目前 112 位密钥的 DES 算法和 2048 位的 RSA 算法都没找到在可预见的时间内可以破译它们的有效方法。

4. 数字签名和认证

DES 算法从原理上不可能实现数字签名和身份认证，但 RSA 算法能够方便地进行数字签名和身份认证，这对加强电子商务的安全性，特别是加强网络支付的安全性具有重大意义和实际用途。

从以上比较的结果可以看出，对称密钥密码技术与非对称密钥密码技术各有短长，非对称密钥密码技术在签名认证方面功能强大，而对称密钥密码技术在加/解密速度方面具有很大优势。所以，可以设计一种综合对称密钥密码技术和非对称密钥密码技术的优点，同时避免它们各自不足的加/解密方案，这就是下一节中介绍的数字信封技术。

5.4　数字信封技术

数字信封.mp4

5.4.1　数字信封的基本原理

在网络中需要传送较大信息时，比如公司的电子合同，如果单独采用对称密钥密码技术，没法解决密钥秘密安全传送的问题；如果单独采用非对称密钥密码技术，其加/解密的速度太慢，效率太低，无法满足现实的需求。这时就需要结合两种算法的优势，采用数字信封算法进行加解密。

数字信封(digital envelope)实际上是使用双层加密体制。在内层，利用对称密钥加密技术加密正文，每次传送消息都可以重新生成新的随机的对称密钥，实现了一次一密，保证了信息的安全性；在外层，使用非对称密钥加密法对内层中随机生成的对称密钥进行加密传送，保证了对称密钥传输的安全性。数字信封技术的应用，使信息在公共网络中的传输有了安全保障。

数字信封具体的工作过程如图 5.6 所示。

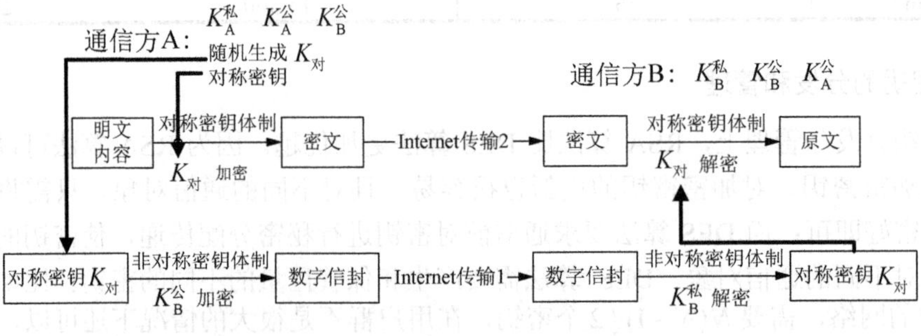

图 5.6　数字信封的工作过程示意图

(1)　通信发送方 A 在本地利用算法随机生成一个对称密钥加密法用的对称密钥 $K_{对}$，比如 DES 密钥。

(2) 通信发送方 A 采用非对称密钥加密体制中接收方的公开密钥 $K_{B}^{私}$ 对之前随机生成的对称密钥 $K_{对}$ 进行加密，形成对称密钥的密文，其实就是把对称密钥 $K_{对}$ 装进了数字信封。

(3) 通信发送方 A 把装有对称密钥 $K_{对}$ 的数字信封通过网络发送给接收方 B，完成第一次传送，即 Internet 传输 1。

(4) 通信发送方 A 对需要传输的较长信息采用对称密钥体制的 $K_{对}$ 进行加密，形成密文 M，发送给接收方 B，完成第二次传送，也即 Internet 传输 2。

(5) 接收方 B 收到发送方传送来的数字信封和信息的密文 M，首先利用自己的私人密钥 $K_{B}^{私}$ 对数字信封进行解密，取出其中的随机对称密钥 $K_{对}$。

(6) 接收方取得对称密钥 $K_{对}$ 后，用其对信息的密文 M 进行解密，得到信息明文，知晓其中的内容，这次通信完成。

5.4.2 数字信封的优点

数字信封技术结合了对称密钥加密技术和非对称加密技术的长处，而又避免了各自的不足，它的优点可以总结为如下五个方面。

(1) 加密和解密的速度较快。数字信封的速度可以满足实用特别是网络支付中的即时处理需求。因为较长的信息明文是采用对称密钥加密体制进行加密和解密的，速度较快；而只有对随机生成的对称密钥的加密传送采用非对称密码技术(如 RSA 算法)中的定点加密机制来进行，对称密钥本身信息短小，所以即使用非对称加密体制来进行加解密，速度仍然可以得到保障。因此，总体来说，数字信封的加密和解密的速度较快，可以接近对称密钥加密法如 DES 算法的速度。

(2) 通信双方在传输的密文中携带用 RSA 公钥加密的 DES 对称密钥，不用为交换 DES 密钥而费尽周折，减小了 DES 对称密钥在传输过程中泄密的风险。

(3) 具有数字签名和身份认证的功能。在数字信封的算法中基本的密钥体制仍然使用非对称密钥加密体制，因此非对称密钥加密体制的优势仍然保留，通信双方可将自己的数字签名信息互相发给对方，供保留和认证。

(4) 密钥管理方便。数字信封虽然采用了 DES 算法，由于解决了交换 DES 密钥的问题，并不要为每次通信都保密管理相应的 DES 对称密钥，只需好好保密管理自己的 RSA 私人密钥就可以了。因为 RSA 公开密钥可以公开，而 DES 对称密钥可以在通信之前随机产生，不必事先约定；通信结束后，删除相应的 DES 对称密钥。

(5) 保证通信的安全。信息发送方使用随机 DES 对称密钥对信息明文进行加密，保证了只有具有 DES 对称密钥规定的收信人借助解密才能得到信息的原文内容。而采用数字信封技术后，即使加密文件在网络上传送时被他人非法截获，因为截获者无法得到发送方的 DES 密钥，也不可能对文件进行解密。

本章小结

本章首先介绍了加密与解密的基本知识，密码的发展大致分为三个阶段：古代加密方法、古典密码和近现代密码学。其次根据密码体制最常用的分类方法，分别介绍了对称(私有)密钥密码技术和非对称(公开)密钥密码技术。最后结合对称密钥密码技术和非对称密钥密码技术的优缺点，介绍了综合两种密码技术优点的数字信封技术。

思考题

1. 什么是加密技术？加密的基本过程是什么？
2. 简述私有密钥密码技术的原理。
3. 简述公开密钥密码技术的原理。
4. 什么是数字信封？为什么要有数字信封技术？它有什么优点？
5. 在网络支付流程中，防火墙技术与数据加解密技术的应用侧重点有什么不同？

第 6 章　数据的完整性技术

【学习目标】

- 了解数据完整性的概念。
- 掌握数字摘要技术的原理。
- 掌握数字签名技术的原理。
- 掌握数字时间戳技术的原理。
- 掌握双重数字签名技术的原理。

【引导案例】

央视曝光安卓新漏洞，不知不觉复制你的支付宝

央视财经频道节目中曝光了一种安卓新漏洞，攻击者可以轻松复制受害者手机的软件和登录信息，而且像支付宝这种移动支付也能直接盗用来消费。

具体的盗取流程是，攻击者发送一条带有恶意代码的链接，被攻击者只要打开了这个链接，那么攻击者的手机上就可以复制出和被攻击者手机上相同的软件和登录信息，整个过程很快就完成，受害者没有办法察觉。

央视节目中演示的时候也是如此，攻击者的手机发过去一条短信，利用另一个手机收取短信后打开其中的链接，虽然是一个抢红包的页面，但在毫无察觉的情况下，仅仅几秒钟，攻击者的手机上就多出了一个一模一样的支付宝，而且账号也登录在上面。更重要的是，当攻击者拿着克隆的支付宝账号去商场进行消费的时候，竟然成功支付。也就是说，完全可以像原手机一样查看隐私、账单并且消费。

目前这种漏洞只在安卓系统上生效，还没有发现苹果手机出现类似的情况，所以建议大家收到来历不明的短信、信息等切勿点击其中的链接，安卓手机也可以考虑安装一个病毒防护软件来防止病毒入侵。

(资料来源：中关村在线)

以对称密钥密码技术和非对称密钥密码技术为代表的保护数据机密性的技术，基本解决了数据的保密问题。在电子商务及网络支付业务活动中，除了数据的保密性问题，还存在数据完整性问题，比如用户支付的数额为 500 元，可是从资金账号里却被划走 1000 元；银行按照客户发来的转账单转移了款项，可客户却矢口否认发过相关的转账单。这些问题总结下来都是涉及数据的真实、伪造、篡改问题，数据拥有者的真实身份问题或者商务参与者的商务行为的认证和不可抵赖不可否认等问题，也即数据的完整性问题，或者是相关商务数据受到未经许可的修改、伪造以及否认与抵赖。

传统的商务活动中会出现纸质合同被修改、纸质支票被伪造、不承认合同规定的支付条款等，在网络上的电子商务及网络支付活动中一样会遇到这些类似的问题。为了避免这些问题，保证电子商务中数据(特别是与支付相关的一些隐私数据)的完整性，就需要采用一些数据完整性技术来解决这些问题。这些完整性技术主要包括数字摘要、数字签名、数字时间戳和双重数字签名等，它们实际上仍然是建立在信息加密技术基础上的。本章将分别详细介绍这些技术。

6.1　数字摘要技术

数字摘要技术.mp4

数字摘要技术是数字完整性技术的基础技术。网络中通信双方在相互传送如电子合同、电子制品等数据信息时，不仅要对相关数据进行保密，不让第三者知道，还要知道数据在传输中有没有被别人篡改，也就是要保证数据的完整性，其中一个有效手段就是数字摘要技术。

6.1.1　数字摘要技术的基本原理

数字摘要(Digital Digest)也叫消息摘要，是一种单向的、不可逆的加密算法。发送方对被传送的一个信息报文(比如支付通知单)根据某种数学算法算出一个信息报文的摘要值，并将此摘要值与原始信息报文一起通过网络传送给接收者，接收者应用此摘要值检验信息报文在网络传送过程中有没有发生改变，以此判断信息报文的真实与否。

摘要值本质上是由原始信息报文通过某个加密算法产生的一个特殊的数字信息串，比较短，它与原始信息报文之间有着一一对应的关系。也即每个信息报文可以按照某种加密算法产生一个自己特定的数字摘要，就像每个人都有自己独特的指纹一样，因此，数字摘要也称为数字指纹或数字手印，英文也可以称为 Digital Thumbprint。根据这种应用原理，可以通过数字摘要来确定所代表的信息报文的真实性与完整性，就像人可以通过指纹来确定某人的真实身份一样。

数字摘要技术其实是单向哈希(Hash)函数技术，所以也称为哈希值，可用于信息完整性检验、各种协议的设计以及计算机科学等。所谓单向哈希函数就是把任意长的输入串 x 变化成固定长的输出串 y 的一种函数，并满足：

(1) 已知哈希函数的输出，求解它的输入是困难的，即已知 y=Hash(x)，求 x 是困难的。

(2) 已知 x_1，计算 y_1=Hash(x_1)，构造 x_2 使 Hash(x_2)=y_1 是困难的。

(3) y=Hash(x)，y 的每一比特都与 x 的每一比特相关，并有高度敏感性。即每改变 x 的一比特，都将对 y 产生明显影响。

也就是说，信息报文经此算法后能产生一数字摘要，但不可能由此数字摘要再用任何办法或算法来还原原来的信息报文，这样就保护了信息报文的机密性。因此数字摘要算法有一定的要求，必须满足下面的条件。

(1) 生成数字摘要的算法必须是一个公开的算法，数据交换的双方可以用同一算法对原始数据经计算而生成的数字摘要进行验证。

(2) 算法必须是一个单向算法，就是只能通过此算法从原始数据计算出数字摘要，而不能通过数字摘要得到原始数据。

(3) 不同的两条消息不能得到相同的数字摘要。

6.1.2　数字摘要的常用算法和示例

目前数字摘要的常用算法有 RSA 公司提出的 MD5 和 SHA 系列算法。这些算法都是以 Hash 函数算法为基础的，也称为 Hash 编码法。

MD5 算法(Message-Digest Algorithm 5)由美国密码学家罗纳德·李维斯特(Ron Rivest)教授设计。该编码法采用单向 Hash 函数将需加密的明文“摘要”成一串 128 位的密文，用于确保信息传输的完整性和一致性。MD5 是由 MD4、MD3、MD2 改进而来，主要增强了算法的复杂度和不可逆性。但该算法已被破解，故在安全要求高的场合不应使用。

SHA 系列算法的全称是 Secure Hash Algorithm，即安全散列算法，是基于 MD4 算法的。第一代算法 SHA-1 生成的摘要长度是 160 位，由于生成摘要更长，运算过程更加复杂，在相同硬件下，SHA-1 的运行速度慢于 MD5，但是也更安全。随着安全级别需求的提高，SHA-224、SHA-256、SHA-384 和 SHA-512 等各种更安全的算法被提出并在实际应用中使用。比如，在京东商城的数字证书中数字摘要 Hash 算法就是使用 SHA-256 的算法，如图 6.1 所示。

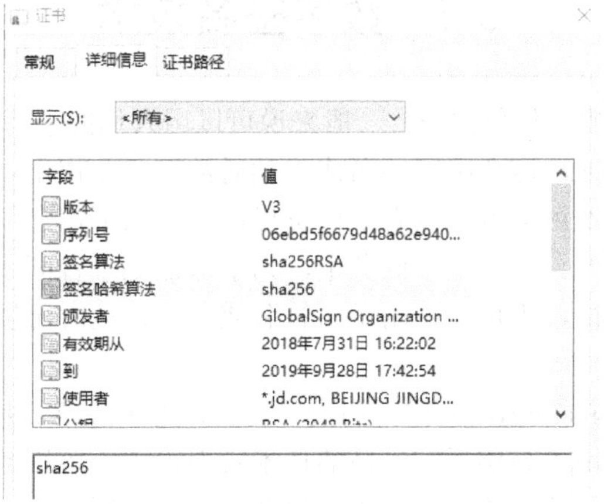

图 6.1　京东商城的 SHA-256 应用示意

这里以数字摘要在网络支付业务过程中的应用为例，其数字摘要生成的示意如图 6.2 所示。图中的 Hash 函数就是指单向的不可逆的意义对应函数。如前所述，虽然 Hash 算法是公开的，但算法精度上还是有区别的，即产生的数字摘要的长度有区别。数字摘要长度太短，容易重复，也即两个不同的信息报文产生的数字摘要一样，这样就失去了防伪的作用；数字摘要长度太长，对算法的要求太高，产生时间长，而传送的时间也长，成本高，开销大。所以，一般来说，数字摘要的长度只要基本保证在一定的要求下不重复就可以了，当然也不可能绝对保证不重复，像指纹一样重复的概率几乎无限小就可以了。

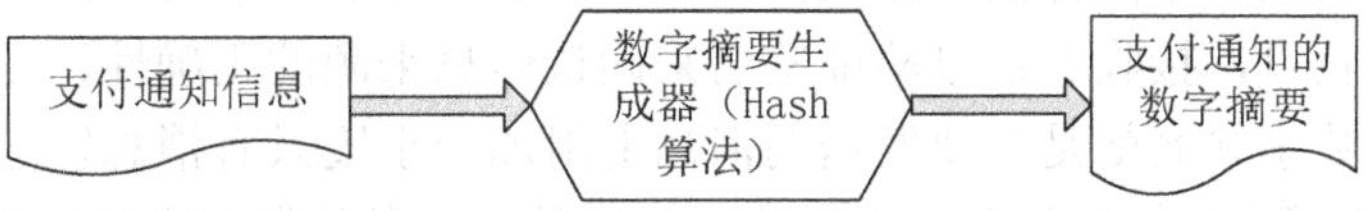

图 6.2　数字摘要生成的示意图

6.1.3 数字摘要的优缺点

数字摘要可以保证信息原文的真实性，可在一定程度上防伪、防篡改，类似于签名的真实性检验，所以数字摘要也是数字签名的基础技术之一。

不过值得注意的是，Hash 算法本身并不能完全保证数据的完整性，还必须与其他密码或密钥结合起来使用才能保证。因为Hash 算法是公开的，如果某人篡改了传送的消息，可以很容易地同时改变由 Hash 算法生成的数字摘要。单独采用数字摘要显然无法保证数据的完整性，而必须将数字摘要保护起来，使别人无法伪造。

在 SET 系统中是将数字摘要用发送者的私人密钥加密，产生数字签名来保证数据的完整性，相当于将数字摘要保护起来，使他人无法伪造。接收者收到加了密的数字摘要，只能用发送者的公开密钥解密，如果可以确信这个数字摘要是发送者发来的，就可以用此数字摘要来验证所收到消息的完整性。这就是数字签名技术，在下一节中将具体介绍这个非常重要的完整性技术。

6.2 数字签名技术

数字签名技术.mp4

在传统商务的合同或支付单据中，一般来说可以用人们的手写签名或者公司的盖章来认证，这个手写签名或盖章通常有两个作用：一是证明支付单据是由签名者发送并认可的，不可抵赖，负有法律责任；二是保证信息的真实性，不是伪造的，非经签名者许可不许修改。而在电子商务中，为了保证电子合同或网络支付信息的真实性和不可否认，也即完整性，不可能使用手写签名或印章，这时可以使用类似手写签名作用的数字签名。

数字签名(digital signature)，又称公钥数字签名、电子签章，是一种类似写在纸上的普通的物理签名，但是使用了公钥加密领域的技术实现，用于鉴别数字信息的方法。一套数字签名通常定义两种互补的运算，一个用于签名，另一个用于验证。一般来说，数字签名就是只有信息的发送者才能产生的别人无法伪造的一段数字串，这段数字串同时也是对信息的发送者发送信息真实性的一个有效证明。数字签名是非对称密钥加密技术与数字摘要技术的应用结合。

6.2.1 数字签名的基本原理

数字签名从原理上讲就是通过一个单向函数对要传送的报文进行处理，得到用于认证报文来源并核实报文是否发生变化的一个字符串，用这个字符串来代替手写签名或印章，可起到与手写签名或印章同样的法律效力。数字签名具有法律效力，签名者一旦签名便需要对自己的签名负责，接收者通过验证签名来确认信息来源的正确性、完整性和可靠性。在具体做法上，数字签名就是在要发送的消息上附加一小段只有消息发送者才能产生而别人无法伪造的特殊数据(个人标记)，而且这段数据是原消息数据加密转换生成的，用来证明消息是由发送者发来的。

当然，也可采用将整条信息采用非对称密钥密码技术，用发送者的私人密钥加密的方法，确保信息报文来自发送方，而且不可否认。但一方面由于信息报文往往很长(比如电子合同)，系统必须花很长时间对信息进行加/解密，速度很慢；另一方面，根据非对称密钥密码技术的原理，用发送者的私人密钥加密，可以用其公开密钥解密，公开密钥是公开的，如果直接这么做，信息报文就不能实现它的私密性。因此采用数字签名技术更合理和高效。

数字签名技术利用非对称密钥加密法和数字摘要技术，分别解决了电子文件或信息报文网络传送与交换后的不可否认性和真实性。发送方利用发送的信息报文 M 产生自己的数字签名，可以形象地用如下的数学公式来描述：

数字签名(信息报文 M)=信件发送者私人密钥加密[Hash (信息报文 M)]

数字签名的过程可用文字描述如下。

(1) 发送方借助数字摘要技术，使用公开的单向函数(如 SHA-256)对信息报文 M 进行数学变换，得到信息报文的数字摘要 D。

(2) 发送方借助非对称密钥加密法，使用自己的私人密钥对得到的数字摘要 D 进行加密，得到一个特殊的字符串，即数字标记(这个特殊的数字标记就是发送者加在信息报文上的数字签名)。

(3) 发送者把产生的数字标记附在信息报文 M 之后，一同通过网络发给接收方。

(4) 接收方收到信息报文 M' (接收方收到的信息报文 M' 可能在传送中被更改)和数字签名。

(5) 接收方利用发送方的公开密钥对收到的数字签名进行解密，得到数字摘要 D。注意，因为数字签名由发送方的私人密钥产生，而私人密钥只有发送方自己拥有，因此，解密得到的数字摘要 D 和发送方产生的数字摘要 D 一定相同。并且由此也确认了这个数字签名的确是发送方发送的，认证了发送方的身份，其行为不可抵赖。

(6) 接收方再将得到的信息报文 M'，使用与发送方相同的单向 Hash 函数(如 SHA-256)进行数字摘要计算，得到摘要 D'。

(7) 接收方将数字签名中解密得到的数字摘要 D 和数字摘要 D' 进行比较，如果相同，说明信息报文 M' 与信息报文 M 是一致且真实的，签名有效；否则，收到的信息报文 M' 不是发送方发送的真实报文 M，签名无效。

通常，在网络支付应用中数字签名技术不会单独使用，因为数字签名仅仅解决了数据的完整性和认证性问题，而数据的传输还要保证数据的机密性，这就涉及上一章介绍的加密方法，以此用来保证数据的机密性。一般来说，数据传输既要保证数据的机密性，又要保证数据的完整性，就要既使用数字签名技术，又使用数字信封技术。因此，在广泛意义上的具有数字签名的数据机密性传输过程如图 6.3 所示。这里以客户 A 向银行 B 发送“支付通知 M”为例，在“支付通知 M”上附带客户 A 的数字签名，帮助银行 B 认证客户 A 的发送行为，也即的确得到了客户 A 的支付通知，并且鉴别银行 B 收到的“支付通知 M'”的真伪。同时在传送“支付通知 M”时要保证信息的机密性，并且为了提高传送信息的效率，采用数字信封来保证信息的机密性。具体步骤如下。

(1) 客户 A 和银行 B 交换彼此的公开密钥；客户 A 随机生成对称密钥体制下的对称密钥 $K_{对}$，比如 DES 密钥。

(2) 客户 A 采用非对称密钥加密体制中的银行 B 的公开密钥 $K_B^{公}$ 对之前随机生成的对

称密钥 $K_{对}$ 进行加密，形成对称密钥的密文，其实就是把对称密钥 $K_{对}$ 装进了数字信封。

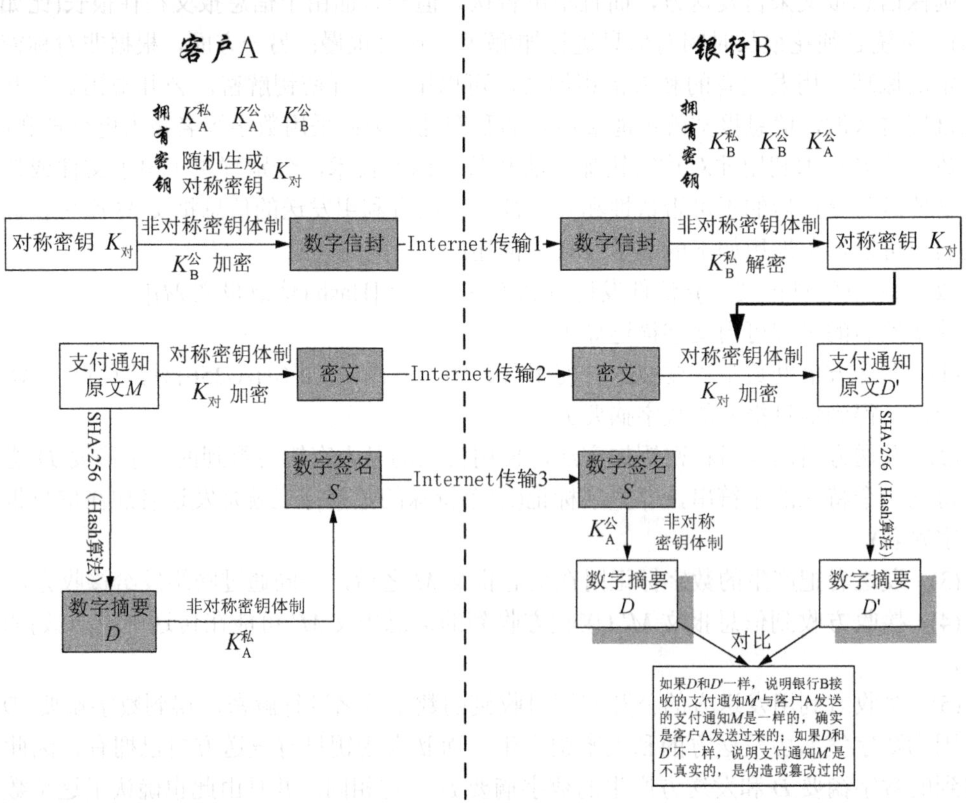

图 6.3　数字签名的数据机密传输过程

(3)　客户 A 把装有对称密钥 $K_{对}$ 的数字信封通过网络发送给银行 B，完成第一次传送，即 Internet 传输 1。

(4)　客户 A 对需要传输的支付通知 M 采用对称密钥体制的 $K_{对}$ 进行加密，形成密文，发送给银行 B，完成第二次传送，也即 Internet 传输 2。

(5)　客户 A 借助 SHA-256 数字摘要算法对支付通知原文 M 进行加密，得到数字摘要 D，再用客户 A 自己的私人密钥 $K_A^{私}$ 对数字摘要 D 进行加密，得到数字签名 S，然后将数字签名通过网络发送给银行 B，完成 Internet 传输 3。

(6)　银行 B 收到客户 A 送来的数字信封和支付通知的密文，首先用自己的私人密钥 $K_B^{私}$ 对数字信封进行解密，取出其中的随机对称密钥 $K_{对}$。

(7)　银行 B 取得对称密钥 $K_{对}$ 后，用其对支付通知的密文进行解密，得到支付通知原文 M'，并借助和客户 A 相同的公开的 SHA-256 数字摘要算法对支付通知 M' 进行变换，得到数字摘要 D'。

(8)　银行 B 取得客户 A 的数字签名，用客户 A 的公开密钥 $K_A^{公}$ 将其解密，得到数字摘要 D。这里得到的数字摘要 D 和前面得到的 D' 进行比对，如果 D 和 D' 一样，说明银行 B 接收的支付通知 M' 与客户 A 发送的支付通知 M 是一样的，确实是客户 A 发送过来的；如果 D 和 D' 不一样，说明支付通知 M' 是不真实的，是伪造或篡改过的。

当上述客户 A 从某电商平台购买商品并通过银行 B 进行网络支付时，由于网上传递的“订单信息”与“支付通知”是捆绑在一起的，因此一起发送给了银行。可是，出于保护隐私，客户 A 并不想让银行知道“订单信息”的真实内容；反过来，客户 A 发给银行的“支付通知”也不想让商家知道内容。如果要解决这样的问题，单靠这里的一次对“支付通知”进行数字签名显然是不够的，需要采取后面所述的双重签名。这种双重数字签名的典型应用就是支持信用卡网络支付的 SET 安全协议机制。

6.2.2　数字签名的作用

数字签名和传统手写签名的作用其实是一样的，都是确保消息的真实性和完整性。数字签名和手写签名的区别如下：手写签名或印章是模拟的，因人而异，即使同一个人也有细微的差别，因此比较容易伪造，如果要鉴别也比较困难，需要一些特殊鉴别专家；而数字签名从物理上就是采用 0 和 1 的数字串，极难伪造，要鉴别是否伪造，根据算法自身的验证就可以解决。就数字签名而言，对不同的信息报文，即使是同一个人发出的，其数字签名也是不同的，这样就实现了文件内容与签名的最紧密的“捆绑”。

数字签名广泛应用于网络上的数据传输，尤其应用于网络支付安全中，可以解决如下一些安全鉴别问题。

(1) 接收方伪造。接收方伪造一份文件，声称这是发送方发送的，但因为接收方没有发送方的私人密钥，无法生成发送方的数字签名，使用发送方的公开密钥无法验证数字签名成功。

(2) 发送方否认。发送方事后不承认发送过文件，但发送方发送时是用自己的私人密钥加密的数字签名，私人密钥只有自己有，所以无法抵赖或否认。

(3) 第三方冒充。网上非法的第三方用户冒充发送或接收信息报文，但因为没有发送方的数字签名，从而可以鉴别出来。

(4) 发送方或接收方篡改信息报文。由于各种原因对信息报文中的内容比如支付金额进行改动等，但内容改动之后对应的数字签名就会有相应的变动，原来的数字签名就不能验证通过。

基于数字签名的作用，可以总结出数字签名的应用特点，具体如下。

(1) 数字签名是可信的。接收方用发送方的公开密钥能够解密收到的数字签名(数字标记)，就可以确认是由发送方签名的，因此数字签名是可信的。

(2) 数字签名是不可伪造的。数字签名必须通过私人密钥加密产生，只有发送方拥有自己的私人密钥，别人没有，因此发送方的数字签名是不可伪造的。

(3) 同一数字签名是不可多用的。数字签名是信息报文经过 Hash 算法变换并用私人密钥加密得到的，信息报文发生改变，数字签名也会相应改变。

(4) 数字签名附带的信息报文是不可篡改的。如果信息报文有任何改变，都将导致数字签名验证不能通过。

(5) 数字签名是不可抵赖的。接收方不用发送方的任何帮助就可以通过验证发送方的数字签名而认证发送方的行为。

数字签名分为确定性数字签名和随机式数字签名两种。确定性数字签名，其明文与密文一一对应，对特定信息报文的数字签名不变化，如 RSA、Rabin 等数字签名；随机式签名，根据签名算法中的随机参数值，对同一消息的签名也有对应的变化，这样，一个信息报文可能有多个合法的不同数字签名，如 E1Gamal 等签名。

6.3　数字时间戳技术

数字时间戳.mp4

数字时间戳技术是对电子文件签署的日期和时间进行的安全性保护和有效证明的技术。它是由专门的认证机构来加的，并以认证机构收到文件的时间为依据。

这其中需要在经过数字签名的交易上打上一个可信赖的时间戳，从而解决一系列的实际和法律问题。由于用户桌面时间很容易改变，由该时间产生的时间戳不可信赖，因此需要一个权威的第三方来提供可信赖的且不可抵赖的时间戳服务。

在各种政务和商务文件中，时间是十分重要的信息。在书面合同中，文件签署的日期和签名一样均是十分重要的防止文件被伪造和篡改的关键性内容。

在电子交易中，同样需对交易文件的日期和时间信息采取安全措施，而数字时间戳服务(Digital Time-stamp Service，DTS)就能提供电子文件发表时间的安全保护。

数字时间戳的产生过程如图 6.4 所示，用户首先将需要加时间戳的文件用 Hash 编码加密形成文件摘要，然后将该文件摘要发送到 DTS，DTS 在所述文件摘要中加入收到所述文件摘要的日期和时间信息，然后再对加入日期和时间信息的新摘要文件加密(数字签名)，最后送回用户。

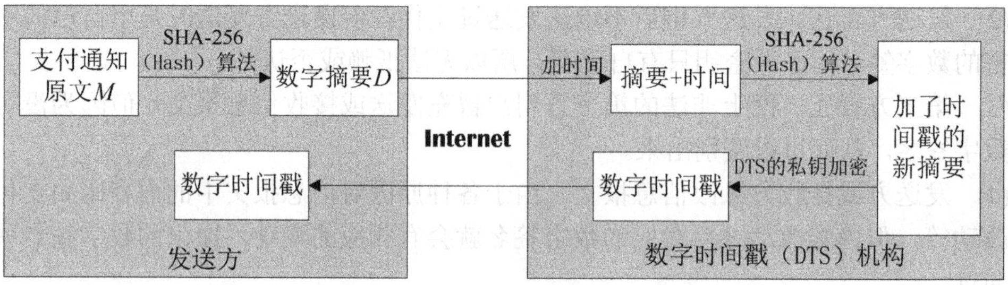

图 6.4　数字时间戳的产生过程

由贝尔通信实验室(Bellcore Communication Research)创造的 DTS 采用如下的过程：加密时将摘要信息归并到二叉树的数据结构；再将二叉树的根值发表在报纸上，这样更有效地为文件发表时间提供了佐证。注意，书面签署文件的时间是由签署人自己写上的，而数字时间戳则不然，它是由认证单位 DTS 加入的，以 DTS 收到文件的时间为依据。因此，时间戳也可作为科学家的科学发明文献的时间认证。

6.4　双重数字签名技术

双重数字签名技术.mp4

在电子商务的电子支付系统中，存在着客户、商家和银行三者之间交易信息的传递，其中包括只能让商家看到的订购信息和只能让银行看到的支付信息。因为银行需要了解的支付信息是客户通过商家传递给银行的，双重签名的目的就是在交易的过程中，在客户把订购信息和支付信息传递给商家时，将订购信息和支付信息隔离开，商家只能看到订购信息而不能看到支付信息，同时将支付信息无改变地传递给银行；商家和银行可以验证订购信息和支付信息的一致性，以此来判断订购信息和支付信息在传输的过程中是否被修改。这时，仅靠发送方对整个信息的一次数字签名显然是不够的，需要双重签名或多重签名。

数字签名是对数字摘要用签名方的私钥进行加密而得到，相应地，双重数字签名是对双重数字摘要进行加密而得到。消息发送方对发给不同接收方的两条信息报文分别进行 Hash 运算，得到各自的数字摘要，然后将这两条数字摘要连接起来，再进行 Hash 运算，生成新的数字摘要，即双重数字摘要，最后用发送方的私人密钥对新的双重数字摘要加密，得到一个基于两条数字摘要基础上的数字签名，也即双重数字签名。

双重数字签名在电子支付系统中的具体用法需要同时保证信息的机密性和完整性，具体的应用过程如图 6.5 所示。

第 1 到第 4 步为在用户 A 端生成双重数字签名的过程。用户 A 在商务交易过程中形成两种信息：一种为与商家 B 有关的订单信息，简称 OI；另一种为与银行 C 有关的支付信息，简称 PI。用 Hash 算法分别对 OI 信息和 PI 信息进行计算得到它们的摘要信息 MD(OI)和 MD(PI)。接着将两个摘要信息连接并再进行 Hash 运算生成新的摘要信息 MD(BC)，也即双重数字摘要，然后再用用户 A 的私人密钥对双重数字摘要进行加密，形成双重数字签名 DS。

第 5 到第 6 步为用户 A 为商家 B 生成密文和数字信封的过程。用户 A 将随机生成一把对称秘钥 SK1，用这个对称密钥 SK1 对要发送给商家 B 的所有信息(包括订单信息 OI 的原文、双重数字签名 DS、支付信息 PI 的数字摘要 MD(PI)以及用户 A 的数字证书，数字证书中包含了 A 的公开密钥)进行加密生成密文信息 EM(B)。同时利用数字信封技术，用商家 B 的公开密钥对对称密钥 SK1 进行加密，生成数字信封 DE(B)。

第 7 到第 8 步为用户 A 为银行 C 生成密文和信封的过程。用户 A 将随机生成另一把对称秘钥 SK2，用这个对称密钥 SK2 对要发送给银行 C 的所有信息(包括支付信息 PI 的原文、双重数字签名 DS、订单信息 OI 的数字摘要 MD(OI)以及用户 A 的数字证书，数字证书中包含了 A 的公开密钥)进行加密生成密文信息 EM(C)。同时利用数字信封技术，用银行 C 的公开密钥对对称密钥 SK2 进行加密，生成数字信封 DE(C)。

用户生成 EM(B)、DE(B)、EM(C)和 DE(C)后通过 Internet 发送给商家 B 和银行 C。

第 9 到第 14 步为商家 B 接收到信息后的处理过程。商家 B 接收到两个密文两个信封 EM(B)、DE(B)、EM(C)和 DE(C)之后，因为他只拥有 B 自己的私有密钥，而四个加密文件中只有数字信封 DE(B)是由 B 的公钥加密的，所以商家 B 可以解开，得到 SK1；拿到 SK1，就可以解开 EM(B)，得到订单信息 OI 的原文、双重数字签名 DS、支付信息 PI 的数字摘要 MD(PI)以及用户 A 的数字证书，其中数字证书中包含了 A 的公开密钥。从商家 B 获取的信息可以看到，他可以看到与他有关的订单信息 OI 的原文，但对于支付信息 PI，他不能看到原文，只得到 PI 信息的数字摘要，因此对用户 A 是隐私保护的。对接收到的订单信息 OI 进行 Hash 运算得到其数字摘要 MD(OI)'，然后将其和接收到的支付信息 PI 的数字摘要 MD(PI)进行合并，再次用 Hash 算法进行摘要运算，得到新的双重数字摘要 MD(BC)′；同时对接收到的双重数字签名用用户 A 的公钥进行解密，得到签名中的双重数字摘要 MD(BC)。最后将两种途径中计算出的 MD(BC)和 MD(BC)′ 进行比较，如果相同则说明所有的密文都是用户 A 自己发送的，并且在传送的过程中没有被更改，因此既保证了数据的机密性和完整性，也保证了部分数据的隐私性。

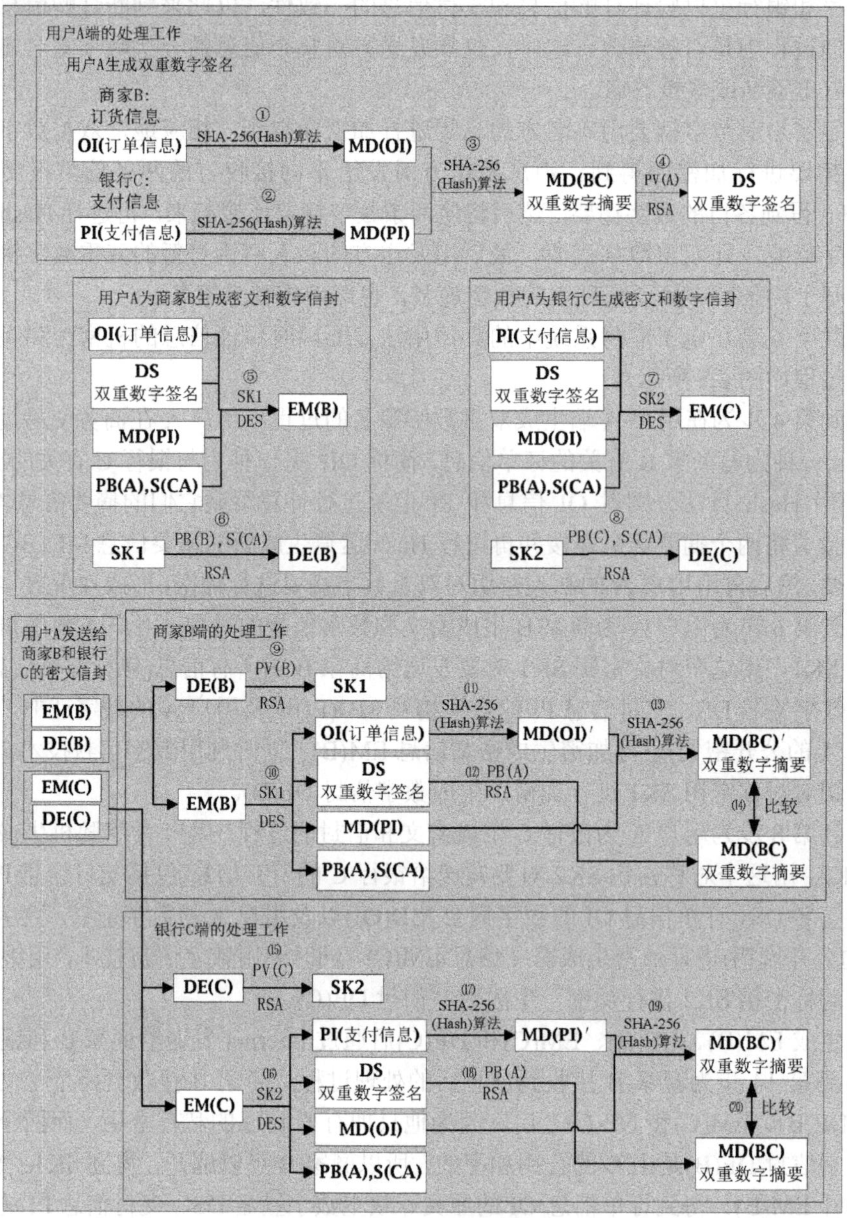

图 6.5　双重数字签名的应用示意

同样的道理，第 15 到第 20 步是银行 C 接收到信息后的处理过程。银行 C 接收到两个密文两个信封 EM(B)、DE(B)、EM(C)和 DE(C)之后，因为它只拥有 C 自己的私有密钥，而四个加密文件中只有数字信封 DE(C)是由 C 的公钥加密的，所以银行 C 可以解开，得到 SK2；拿到 SK2，就可以解开 EM(C)，得到支付信息 PI 的原文、双重数字签名 DS、订单信息 OI 的数字摘要 MD(OI)以及用户 A 的数字证书，其中数字证书中包含了 A 的公开密钥。从银行 C 获取的信息可以看到，它可以看到与它有关的支付信息 PI 的原文，但对于订单信息

OI，它不能看到原文，只得到 OI 信息的数字摘要，因此对用户 A 是隐私保护的。将接收到的支付信息 PI 进行 Hash 运算法得到其数字摘要 MD(PI)′，然后将其和接收到的订单信息 OI 的数字摘要 MD(OI)进行合并，再次用 Hash 算法进行摘要运算，得到新的双重数字摘要 MD(BC)″；同时对接收到的双重数字签名用用户 A 的公钥进行解密，得到签名中的双重数字摘要 MD(BC)。最后将两种途径中计算出的 MD(BC)和 MD(BC)″进行比较，如果相同则说明所有的密文都是用户 A 自己发送的，并且在传送的过程中没有被更改，因此既保证了数据的机密性和完整性，也保证了部分数据的隐私性。

本 章 小 结

本章介绍了数据完整性技术。数据完整性问题是指涉及数据的真实、伪造、篡改问题，数据拥有者的真实身份问题或者商务参与者的商务行为的认证和不可抵赖、不可否认等问题，或者是相关商务数据受到未经许可的修改、伪造以及否认与抵赖。

传统的商务活动中会出现纸质合同被修改、纸质支票被伪造、不承认合同规定的支付条款等，在网络上的电子商务及网络支付活动中一样会遇到这些类似的问题。为了避免这些问题，保证电子商务中的数据(特别是与支付相关的一些隐私数据)的完整性，就需要采用一些数据完整性技术来解决这些问题。这些数据完整性技术主要包括数字摘要、数字签名、数字时间戳和双重数字签名等，它们实际上仍然是建立在信息加密技术基础上的。本章分别介绍了数字摘要技术、数字签名技术、数字时间戳技术以及双重数字签名技术。

思 考 题

1. “为了安全保存，我把我的数字签名放在我的 IC 卡中了”，这种说法对不对？说明理由。
2. 数字摘要技术能否单独保证数据的完整性问题？为什么？
3. 为什么要使用数字时间戳技术？它的作用是什么？
4. 数字签名技术和双重数字签名技术的区别是什么？两者的应用场景有什么不一样的地方？
5. 画出双重签名在一次具体的网络支付服务中的应用过程示意图。
6. 数字签名技术是如何保障信息数据的完整性的？

第 7 章　身份认证技术

【学习目标】

- 了解身份认证的基本过程。
- 理解三种不同的身份认证方法。
- 了解数字证书与认证机构的工作原理。
- 了解公钥基础设施 PKI 的组成部分、核心技术以及功能和优势。

【引导案例】

基于公安部互联网可信身份认证系统的“安心码”在绍兴上线

居高不下的通信网络诈骗、保姆纵火、顺风车司机杀人……近年来，因陌生人身份信息不对称而间接引发的违法犯罪案件层出不穷。2019 年 2 月 20 日，绍兴市公安局依托“越警管家”服务平台发布“安心码”，在全国范围内率先探索基于互联网身份认证体系的身份信用及报备体系建设。

“安心码”基于公安部互联网可信身份认证系统，通过人脸识别，核验所有陌生人身份。用户在“越警管家”服务平台进行实名认证，即可生成自己的“安心码”。在各种需要确认对方身份的情境下，“安心码”可为市民的生命财产安全保驾护航。

有了“安心码”即可进行远程身份核验，尤其是微信端、QQ 平台转账时可登录“越警管家”平台发送“安心码”。

绍兴市公安局网上办事服务中心主任金晓玉举例，张三想要给李四汇款，但又不确定互联网另一端李四的真实身份，此时只需要登录“越警管家”服务平台使用“安心码”身份验证功能，手机端就会生成一个二维码。张三将二维码转发给李四，进行刷脸识别验证。若李四的身份信息验证成功，张三会收到验证成功的信息提示，内容包括李四的姓名以及身份证前三位与后两位号码。

非绍兴人，未曾在“越警管家”服务平台实名认证的人也能被验证？“可以的。我们的‘安心码’是基于公安部互联网可信身份认证系统，拥有的是全国数据库。对方在被验证的时候，只要填写姓名以及身份证号再配合刷脸即可。”金晓玉回答道。

据悉，当身份核验过程中出现可疑人员时，“越警管家”服务平台将实时向所在社区的管家民警发送预警信息，民警将根据信息线索进行调查取证，解除风险隐患，必要时迅速出动打击违法犯罪。

“越警管家”服务平台的“安心码”自 2 月 1 日起，开始在绍兴市越城区城南街道、迪荡街道以及马山镇进行试点应用，受到群众、企业的一致欢迎。

1 月 24 日，刘某娜在明业印染应聘过程中，扫“安心码”实名认证时，发现系吸毒前科人员，经尿检，甲基安非他明呈阳性，被绍兴市公安局治安拘留 15 天，并强制隔离戒毒两年。

截至目前，试点辖区已有 10 家企业、15 家家政公司进行单位认证，17 151 人进行扫码核验身份，其中企业招工核验 2700 余人次，家政核验 1100 余人次，核验出涉毒人员 5 名。

“安心码”还可面对面扫一扫实时进行身份核验，可应用于网约打车、家政服务、企业招工、房屋租赁等领域。据悉，在身份核验过程中不会在互联网上存储身份信息，但每次扫码都能生成一个信用记录。

绍兴市公安局党委副书记、常务副局长丁松勇认为，“安心码”在给群众带来身份确认方便快捷的同时，每一次扫码留痕也将为政府推进社会信用体系建设提供大数据支撑，使社会管理实现“服务即采集，服务促管理，服务拓治理”的转变，是公安机关深化“最多跑一次”改革，大力实施“民意警务”“智慧警务”强有力的创新样本。

(资料来源：人民网)

在传统商务与电子商务中，均存在对贸易伙伴身份的确定与认证问题。特别是在电子商务中，由于是基于非面对面的网上交易，贸易双方几乎不会见面，那么验证贸易对方的身份比如在网络支付中对收款人或付款人身份的认证是非常必要的。

因此，如何在 Internet 上识别对方身份，在电子商务时代是重要的一环。传统商务中有相应的双方身份认证机制，如政府部门颁发的身份证、护照、公司营业证书、产品质量验证证书等。有了这些政府颁发的证书，保证了贸易双方身份的认证和合法性的认证，才保障了传统商务的安全、有序、可靠进行。而在 Internet 上是没有“政府”的，但存在一些身份认证技术。

身份认证是系统审查用户身份，从而确定该用户是否具有对某种资源的访问和使用权限。身份认证通过标识和鉴别用户的身份，提供一种判别和确认用户身份的机制。身份认证技术是在计算机网络中确认操作者身份的过程中而产生的有效解决方法。计算机网络世界中一切信息包括用户的身份信息都是用一组特定的数据来表示的，计算机只能识别用户的数字身份，所有对用户的授权也是针对用户数字身份的授权。如何保证以数字身份进行操作的操作者就是这个数字身份的合法拥有者，也就是说保证操作者的物理身份与数字身份相对应？身份认证技术就是为了解决这个问题。

在身份认证的模型中，一般包含三个参与方：一是被认证人，需要出示自己的证件，称作示证者 P(Prover)，又称为声称者(Claimant)。二是验证者 V(Verifier)，由验证者根据示证者出示的证件来决定示证者的身份是否满足要求。三是可信赖者 TTP(Trusted Third Party)，参与调解纠纷，在许多应用场合没有第三方。

计算机网络中的身份认证一般是通过将一个证据与实体身份绑定来实现的，实体可以是用户、主机、应用程序或进程。

7.1　身份认证的方法

身份认证有哪些方法(一).mp4

身份认证有哪些方法(二).mp4

身份认证是信息认证技术中一项十分重要的内容，它一般仅涉及两个方面的内容：一是识别，二是验证。所谓识别，就是指要明确用户是谁。这就要求对每个合法的用户都具有识别能力。为了保证识别的有效性，就需要保证任意两个不同的用户都具有相同的识别符。所谓验证，就是指在用户声称自己的身份后，认证方还要对他所声称的身份进行验证，以防假冒。一般来说，用户身份认证可通过三种基本方式或其组合方式来实现。

(1) 用户所知道的某种秘密信息(what you know，你知道什么)。例如，用户知道自己的口令。

(2) 用户持有的某种秘密信息(硬件) (what you have，你有什么)。用户必须持有合法的随身携带的物理介质，例如，智能卡中存储着用户的个人化参数，访问系统资源时必须有智能卡。

(3) 用户所具有的某些生物学特征(who you are，你是谁)。如指纹、声音、DNA 图案、视网膜扫描等。

在网络世界中的手段与真实世界中一致，为了达到更高的身份认证安全性，某些场景会挑选上面两种方式混合使用，即所谓的双因素认证。

7.1.1 基于 what you know 的认证方法

基于 what you know 的认证方法中最常用、最简单的就是静态密码。用户的密码是由用户自己设定的。在网络登录时输入正确的密码，计算机就认为操作者就是合法用户。实际上，许多用户为了防止忘记密码，经常采用诸如生日、电话号码等容易被猜测的字符串作为密码，或者把密码抄在纸上放在一个自认为安全的地方，这样很容易造成密码泄露。如果密码是静态的数据，在计算机内存中或传输过程中可能会被木马程序截获。因此，静态密码机制无论是使用还是部署都非常简单，但从安全性上讲，用户名/密码方式是一种不安全的身份认证方式。

7.1.2 基于 what you have 的认证方法

1. 短信密码

短信密码以手机短信形式请求包含 6 位随机数的动态密码，身份认证系统以短信形式发送随机的 6 位密码到客户的手机上。客户在登录或者交易认证时输入此动态密码，从而确保系统身份认证的安全性。从本质上讲，这是 what you have 的认证方法，因为你拥有自己的手机。短信密码的认证方法具有以下优点。

1) 安全性

由于手机与客户绑定比较紧密，短信密码生成与使用场景是物理隔绝的，因此密码在通路上被截获的概率降至最低。

2) 普及性

只要会接收短信即可使用，大大降低了短信密码技术的使用门槛，学习成本几乎为零，所以在市场接受度上不会存在阻力。

3) 易收费

由于移动互联网用户天然养成了付费的习惯，这和 PC 时代互联网有截然不同的理念，而且收费通道非常发达，如果是网银、第三方支付、电子商务可将短信密码作为一项增值业务，每月通过 SP 收费不会有阻力，因此也可增加收益。

4) 易维护

由于短信网关技术非常成熟，大大降低了短信密码系统上马的复杂度和风险，短信密码业务后期客服成本低，稳定的系统在提升安全的同时也营造了良好的口碑效应，这也是银行大量采纳这项技术的重要原因。

2. 智能卡

智能卡是一种内置集成电路的芯片，芯片中存有与用户身份相关的数据，智能卡由专门的厂商通过专门的设备生产，是不可复制的硬件。智能卡由合法用户随身携带，登录时必须将智能卡插入专用的读卡器读取其中的信息，以验证用户的身份。

智能卡认证是通过智能卡硬件不可复制来保证用户身份不会被仿冒。然而由于每次从智能卡中读取的数据是静态的，通过内存扫描或网络监听等技术还是很容易截取到用户的身份验证信息，因此还是存在安全隐患的。它利用 what you have 的认证方法。

3. 动态口令

动态口令是目前最为安全的身份认证方式，利用 what you have 方法，也是一种动态密码。

动态口令牌是客户手持用来生成动态密码的终端，主流的是基于时间同步方式的，每 60 秒变换一次动态口令，口令一次有效，它产生 6 位动态数字进行一次一密的方式认证。

但是由于基于时间同步方式的动态口令牌存在 60 秒的时间窗口，导致该密码在这 60 秒内存在风险，现在已有基于事件同步的、双向认证的动态口令牌。基于事件同步的动态口令，是以用户动作触发的同步原则，真正做到了一次一密，并且由于是双向认证，即服务器验证客户端，客户端也需要验证服务器，从而达到了杜绝木马网站的目的。

由于它使用起来非常便捷，85%以上的世界 500 强企业运用它保护登录安全，广泛应用于 VPN、网上银行、电子政务、电子商务等领域。

动态口令是应用最广的一种身份识别方式，一般是长度为 5～8 的字符串，由数字、字母、特殊字符、控制字符等组成。用户名和口令的方法几十年来一直用于提供所属权和准安全的认证来对服务器提供一定程度的保护。当你每天访问自己的电子邮件服务器，服务器要采用用户名与动态口令对用户进行认证，一般还要提供动态口令更改工具。系统(尤其是互联网上新兴的系统)通常还提供用户提醒工具以防忘记口令。

4. USB Key

基于 USB Key 的身份认证方式是近几年发展起来的一种方便、安全的身份认证技术，它采用软硬件相结合的办法。

一次一密的强双因子认证模式，很好地解决了安全性与易用性之间的矛盾。USB Key 是一种 USB 接口的硬件设备，它内置单片机或智能卡芯片，可以存储用户的密钥或数字证书，利用 USB Key 内置的密码算法实现对用户身份的认证。基于 USB Key 的身份认证系统主要有两种应用模式：一是基于冲击/响应(挑战/应答)的认证模式；二是基于 PKI 体系的认证模式，运用在电子政务、网上银行。

5. 数字证书

随着 PKI 技术日趋成熟，许多应用中开始使用数字证书进行身份认证与数字加密。数字证书是由权威公正的第三方机构即 CA 认证中心签发的，以数字证书为核心的加密技术，可以对网络上传输的信息进行加密和解密、数字签名和签名验证，确保网上传递信息的机密性、完整性，以及交易实体身份的真实性，签名信息的不可否认性，从而保障网络应用的安全性。PKI 即公共密钥体系，就是利用一对互相匹配的密钥进行加密和解密操作。每个用户拥有一个仅为本人所掌握的私有密钥，用它进行解密和签名；用户同时拥有一个公开密钥用于文件发送者加密和接收者验证签名。当发送一份保密文件时，发送方使用接收方的公钥对数据加密，而接收方则使用自己的私钥解密，这样，信息就可以安全无误地到达接收方，即使被第三方截获，由于没有相应的私钥，也无法进行解密。

7.1.3 基于 what you are 的认证方法

基于 what you are 的认证方法主要是生物特征识别认证。所谓生物识别技术，就是通过计算机与光学、声学、生物传感器和生物统计学原理等高科技手段密切结合，利用人体固有的生理特性(如指纹、人脸、虹膜等)和行为特征(如笔迹、声音、步态等)来进行个人身份的鉴定。生物识别技术比传统的身份鉴定方法更具安全性、保密性和方便性。生物特征识别技术具有不易遗忘、防伪性能好、不易伪造或被盗、随身“携带”和随时随地可用等优点。

生物识别技术主要是指通过人类生物特征进行身份认证的一种技术，人类的生物特征通常具有可以测量或可自动识别和验证、遗传性或终身不变等特点，因此生物识别认证技术较传统认证技术存在较大的优势。

生物识别系统对生物特征进行取样，提取其特征并且转化成数字代码，并进一步将这些代码组成特征模板。由于微处理器及各种电子元器件成本不断下降，精度逐渐提高，生物识别系统逐渐应用于商业上的授权控制如门禁、企业考勤管理系统、安全认证等领域。用于生物识别的生物特征有手形、指纹、人脸、虹膜、视网膜、脉搏、耳郭等，行为特征有签字、声音、按键力度等。基于这些特征，人们已经发展了手形识别、指纹识别、面部识别、发音识别、虹膜识别、签名识别等多种生物识别技术。

1. 指纹识别

实现指纹识别有多种方法。其中有些是仿效传统的公安部门使用的方法，比较指纹的局部细节；有些直接通过全部特征进行识别；还有一些使用更独特的方法，如指纹的波纹边缘模式和超声波。有些设备能即时测量手指指纹，有些则不能。在所有生物识别技术中，指纹识别是当前应用最广泛的一种。

指纹识别对于室内安全系统来说更为适合，因为可以有充分的条件为用户提供讲解和培训，而且系统运行环境也是可控的。由于其相对低廉的价格、较小的体积(可以很轻松地集成到键盘中)以及容易整合，所以在工作站安全访问系统中应用的几乎全部都是指纹识别。

2. 手掌几何学识别

手掌几何学识别就是通过测量使用者的手掌和手指的物理特征来进行识别，高级的产品还可以识别三维图像。作为一种已经确立的方法，手掌几何学识别不仅性能好，而且使用比较方便。它适用的场合是用户人数比较多，或者用户虽然不经常使用，但使用时很容易接受。如果需要，这种技术的准确性可以非常高，同时可以灵活地调整生物识别技术性能以适应相当广泛的使用要求。手形读取器使用的范围很广，且很容易集成到其他系统中，因此成为许多生物识别项目中的首选技术。

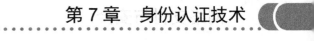

3. 声音识别

声音识别就是通过分析使用者的声音的物理特性来进行识别的技术。现今，虽然已经有一些声音识别产品进入市场，但使用起来还不太方便，这主要是因为传感器和人的声音可变性都很大。另外，比起其他生物识别技术，其使用的步骤也比较复杂，在某些场合显得不方便。很多研究工作正在进行中，我们相信声音识别技术将取得重大进展。

4. 视网膜识别

视网膜识别使用光学设备发出的低强度光源扫描视网膜上独特的图案。有证据显示，视网膜扫描是十分精确的，但它要求使用者注视接收器并盯着一点。这对于戴眼镜的人来说很不方便，而且与接收器的距离很近，也让人不太舒服。所以尽管视网膜识别技术本身很好，但用户的接受程度很低。因此，该类产品虽在 20 世纪 90 年代经过重新设计，加强了连通性，改进了用户界面，但仍然是一种非主流的生物识别产品。

5. 虹膜识别

虹膜识别是与眼睛有关的生物识别中对人产生较少干扰的技术。它使用相当普通的照相机元件，而且不需要用户与机器发生接触。另外，它有能力实现更高的模板匹配性能。因此，它吸引了各种人的注意。以前，虹膜扫描设备在操作的简便性和系统集成方面没有优势，我们希望新产品能在这些方面有所改进。

6. 签名识别

签名识别在应用中具有其他生物识别所没有的优势，人们已经习惯将签名作为一种在交易中确认身份的方法，它的进一步发展也不会让人们觉得有太大不同。实践证明，签名识别是相当准确的，因此签名很容易成为一种可以被接受的识别符。但与其他生物识别产品相比，这类产品现今数量很少。

7. 人脸识别

广义的人脸识别包括构建人脸识别系统的一系列相关技术，包括人脸图像采集、人脸定位、人脸识别预处理、身份确认以及身份查找等；而狭义的人脸识别特指通过人脸进行身份确认或者身份查找的技术或系统。

人脸识别的优势在于其自然性和不被被测个体察觉的特点。所谓自然性，是指该识别方式同人类(甚至其他生物)进行个体识别时所利用的生物特征相同。例如人脸识别，人类也是通过观察比较人脸区分和确认身份的。另外，具有自然性的识别还有语音识别、体形识别等，而指纹识别、虹膜识别等都不具有自然性，因为人类或者其他生物并不通过此类生物特征区别个体。不被察觉的特点对于一种识别方法也很重要，这会使该识别方法不令人反感，并且因为不容易引起人的注意而不容易被欺骗。人脸识别具有这方面的特点，它完全利用可见光获取人脸图像信息，而不同于指纹识别或者虹膜识别，需要利用电子压力传感器采集指纹，或者利用红外线采集虹膜图像，这些特殊的采集方式很容易被人察觉，从而更有可能被伪装欺骗。

人脸识别技术应用在很多领域：第一，企业、住宅安全和管理，如人脸识别门禁考勤系统、人脸识别防盗门等；第二，电子护照及身份证；第三，公安、司法和刑侦；第四，自助服务；第五，信息安全，如计算机登录、电子政务和电子商务。

7.2　数字证书与认证机构

数字证书.mp4

在电子商务环境中，尤其是网络支付中认证参与交易的各方的方法主要是基于 PKI 的认证方式，所以，本书着重介绍 PKI 认证方式中的数字证书和数字证书认证机构。

7.2.1　数字证书

1. 数字证书的基本概念

数字证书(Digital Certificate，Digital ID)又称为数字凭证，即用电子手段来证实一个用户的身份和对网络资源的访问权限。数字证书是一种数字标识，也可以说是网络上的安全护照，它提供的是网络上的身份证明。数字证书拥有者可以将其证书提供给其他人、Web 站点及网络资源，以证实他的合法身份，并且与对方建立加密的、可信的通信。比如用户可以通过浏览器使用证书与 Web 服务器建立 TLS 会话，使浏览器与服务器之间相互验证身份。另外，用户也可以使用数字证书发送加密和签名的电子邮件。

在密码学中，数字证书也可称为公钥证书，是用于证明公钥的所有权的电子文档。证书的内容包括有关密钥的信息、有关其所有者身份的信息(称为主题)，以及已验证证书内容的实体的数字签名(称为颁发者)。如果签名有效，并且检查证书的软件信任发行者，则它可以使用该密钥与证书的主题安全地通信。在电子邮件加密、代码签名和电子签名系统，证书的主题通常是个人或组织。但是，在传输层安全性(TLS)中，证书的主题通常是计算机或其他设备，但 TLS 证书除了识别设备的核心角色外，还可以识别组织或个人。

目前数字证书的格式一般采用 X.509 国际标准，一个标准的 X.509 数字证书包含以下内容：证书的版本信息、证书的序列号、证书所使用的签名算法、证书的发行机构名称、证书的有效期、证书所有人的名称、证书所有人的公开密钥、证书发行者对证书的签名等。图 7.1 所示是数字证书的一个示例，这是京东商城的数字证书，可在浏览器中打开京东商城，单击网址左边的绿色锁按钮即可获取。

2. 数字证书的类型

1)　根证书

根证书是一种自签证书，但是获得广泛认可，通常已预先安装在各种软件(包括操作系统、浏览器、电邮软件等)上，作为信任链的起点，来自公认可靠的政府机关(如中国香港邮政)、软件公司(如 Google)等，与各大软件商通过严谨的核认程序才在不同的软件广泛部署。由于部署程序复杂费时，需要行政人员的授权及机构法人身份的核认，一张根证书的有效期可能在十年以上。在某些企业，也可能会在内部计算机上自行安装企业自签的根证书，以支持内部网的企业级软件，但是这些证书可能未被广泛认可，只在企业内部适用。

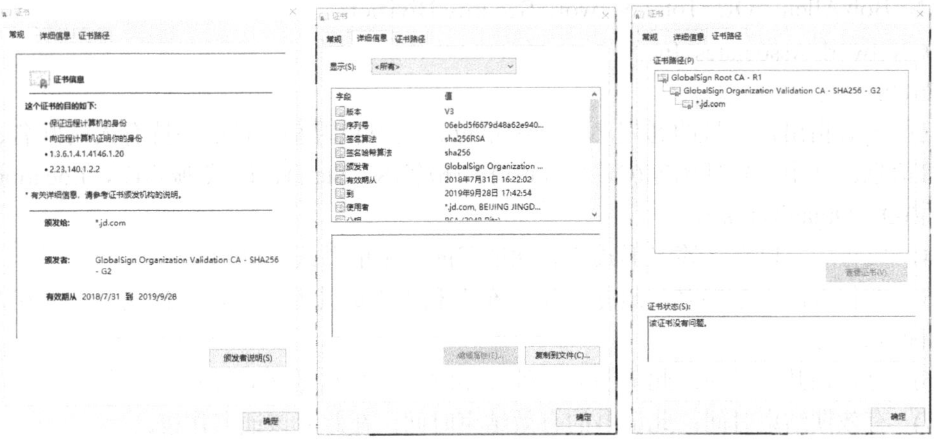

图 7.1　数字证书示例

2)　授权证书

授权证书又称属性证书，本身没有公钥，必须依附在一张有效的数字证书上才有意义，其用处是赋予相关拥有人签发终端实体证书的权利。某些情况下，如果只在短期内授予证书机构签发权利，便可以不改变(缩短)该机构本身持有的证书的有效期。这种情况，类似于某人持有长达十年期的护照，而只通过签发短期入境签证，来个别赋予护照持有人额外权利。

3)　TLS 服务器证书

服务器通常以域名形式在互联网上提供服务，服务器证书上主体的通用名称就是相应的域名，相关机构名称则写在组织或单位一栏。服务器证书(包括公钥)和私钥会安装于服务器(如 Apache)，等待客户端协议加密细节。客户端的软件(如浏览器)会运行认证路径验证算法以确保安全，如果未能肯定加密通道是否安全(例如证书上的主体名称不对应网站域名、服务器使用了自签证书或加密算法不够强)，可能会警告用户。

4)　TLS 客户端证书

有时候，某些 TLS 服务器可能会在创建加密通道时，要求客户端提供客户端证书，以验证身份及控制访问权限。客户端证书包含邮箱地址或个人姓名，而不是主机名。但客户端证书比较不常见，因为考虑到技术门槛及成本因素，通常都是由服务提供者验证客户身份，而不是依赖第三方认证机构。通常，需要使用到客户端证书的服务都是内部网的企业级软件，他们会设立自己的内部根证书，由企业的技术人员在企业内部的计算机上安装相关客户端证书以便使用。在公开的互联网，大多数网站都是使用登录密码和 Cookie 来验证用户，而不是客户端证书。

3. 数字证书的内容

数字证书是指遵从 X.509 格式规范的证书，包含以下内容，它们以字段的方式表示。

(1)　版本：现行通用版本是 V3。

(2)　序号：用以识别每一张证书，特别是在撤销证书的时候有用。

(3)　主题信息：证书持有人唯一的标识符(或称 DN，Distinguished Name)，这个名字在 Internet 上应该是唯一的。DN 由许多部分组成，例如：

CN=Bob Allen，OU=Total Network Security Division

O=Network Associates, Inc.

C=US

这些信息指出该科目的通用名、组织单位、组织和国家或者证书持有人的姓名、服务处所等信息。其中，包括国家(C，Country)、州/省(S，State)、地域/城市(L，Location)、组织/单位(O，Organization)。

(4) 发行者：以数字签名形式签署此证书的数字证书认证机构。

(5) 发行者的数字签名：这是使用发布者私钥生成的签名，以确保这个证书在发放之后没有被篡改过。

(6) 有效期开始时间：此证书的有效开始时间，在此前该证书并未生效。

(7) 有效期结束时间：此证书的有效结束时间，在此后该证书作废。

(8) 公开密钥用途：指定证书上公钥的用途，如数字签名、服务器验证、客户端验证等。

(9) 公开密钥：公开密钥本身，如图 7.2 所示。

(10) 签名算法：用于签名的算法，目前一般是 SHA-256 RSA 算法。

(11) 主体别名：例如一个网站可能会有多个网域(www.wikipedia.org、zh.wikipedia.org，zh.m.wikipedia.org 都是维基百科)，一个组织可能会有多个网站(*.wikipedia.org、*.wikibooks.org、*.wikidata.org 都是维基媒体基金会旗下的网域)，不同的网域可以一并使用同一张证书，方便实现应用及管理。

图 7.2　数字证书中的公开密钥示例

4. 数字证书的申请与使用

数字证书一般由数字证书认证机构签发，简单的程序如下：用户首先产生自己的密钥对，并将公共密钥及部分个人身份信息传送给认证中心。认证中心在核实身份后，将执行一些必要的步骤，以确信请求确实由用户发送而来；然后，认证中心将发给用户一个数字证书，该证书内包含用户的个人信息和他的公钥信息，同时还附有认证中心的签名信息。此后，用户就可以使用自己的数字证书进行相关的各种活动。数字证书由独立的证书发行机构发布。数字证书各不相同，每种证书可提供不同级别的可信度。用户可以从证书发行机构获得自己的数字证书，具体过程如图 7.3 所示。

以支付宝数字证书为例，为了避免传统数字证书方案中由于使用不当造成的证书丢失等安全隐患，支付宝创造性地推出双证书解决方案：支付宝会员在申请数字证书时，将同时获得两张证书，一张用于验证支付宝账户，另一张用于验证会员当前所使用的计算机。第二张证书不能备份，会员必须为每一台计算机重新申请一张。这样即使会员的数字证书被他人非法窃取，仍可保证其账户不受到损失。付盾是一个类似于 U 盘的实体安全工具，它内置的微型智能卡处理器能阻挡各种风险，让你的账户始终处于安全的环境下。

支付宝数字证书根据用户身份给予相应的网络资源访问权限。申请使用数字证书后，如果用户在其他电脑上登录支付宝账户，没有导入数字证书备份的情况下，只能查询账户，不能进行任何操作，这样就相当于用户拥有了类似“钥匙”一样的数字凭证，增强了账户的使用安全。另外，支付宝数字证书使用方便。第一，即时申请、即时开通、即时使用；第二，量身定制多种途径维护数字证书，如通过短信、安全问题等；第三，不需要使用者掌握任何数字证书相关知识，也能轻松掌握。

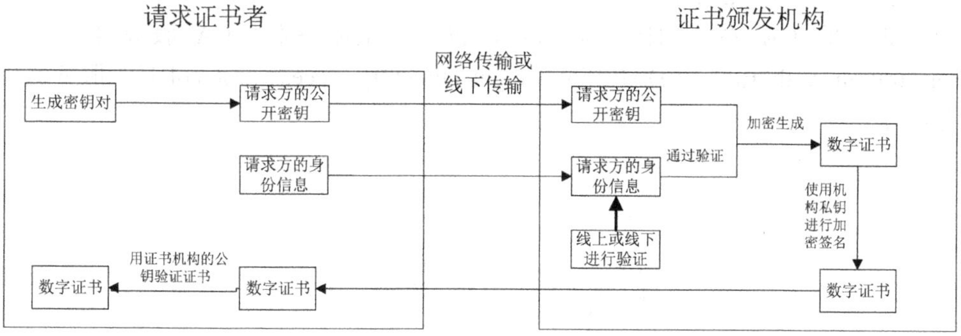

图 7.3　数字证书的颁发过程

5. 数字证书的有效性

严格来说，只有下列条件都为真时，数字证书才有效。

第一，证书没有过期。所有的证书都有一个期限，可以检查证书的期限来决定证书是否有效。

第二，密钥没有被修改。如果密钥被修改，就不应该再继续使用，密钥对应的证书就应被视为无效。

第三，CA 负责回收证书，并发行无效证书清单。证书必须不在 CA 发行的无效证书清单中。

有效的数字证书在使用前都有经过认证的过程，即当颁发的数字证书传送给某人或某站点时，数字证书颁发机构将上面相关内容信息用作自己的私人密钥加密，以使接收者能用证书中的公钥证实颁发机构的身份，判断证书的有效性。

7.2.2　数字证书认证机构 CA

数字证书认证机构CA.mp4

1. 认证机构 CA 概述

在传统商务中，用来认证商户身份的认证证书大多是被认为公正的第三方机构如政府部门颁发的。而作为电子商务平台的 Internet 上是没有“政府”的，因此必须建立网上的第三方公正的“认证中心”机构，来负责颁发前面所述的“数字证书”和检验“网上商户身份”的工作。这就需要建立专门的认证机构。

认证机构 CA(Certification Authority)是一个公正的、有权威性的、独立的(第三方的)、广受信赖的组织，负责电子商务中数字证书的发行和管理。一个完整、安全的电子商务活动必须有认证机构的参与。因此在社会上必须建立具有绝对权威性的认证机构 CA，这样的认证机构能确保所有交易过程的安全性。各电子商务商家和用户上网注册加入已有的认证机构中，从而开展安全的电子商务。

证书认证中心，作为电子商务交易中受信任的第三方，承担公钥体系中公钥的合法性检验的责任。CA 中心为每个使用公开密钥的用户发放一个数字证书，数字证书的作用是证明证书中列出的用户合法拥有证书中列出的公开密钥。CA 机构的数字签名使得攻击者不能伪造和篡改证书。它负责产生、分配并管理所有参与网上交易的个体所需的数字证书，因此是安全电子交易的核心环节。

一个典型的 CA 系统如图 7.4 所示，包括安全服务器、CA 服务器、注册机构 RA(Registration Authority)、LDAP(Lightweight Directory Access Protocol)目录服务器和数据库服务器等。

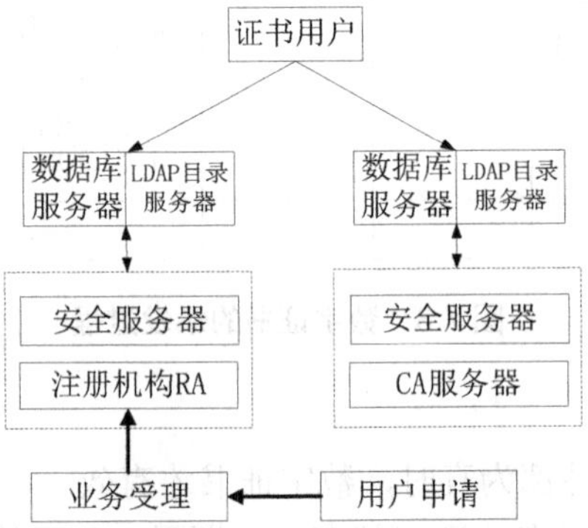

图 7.4　CA 系统的组成

1)　安全服务器

安全服务器面向普通用户，用于提供证书申请、浏览、证书撤销列表以及证书下载等安全服务。安全服务器与用户的通信通常采用 TLS 的方式，不需要对用户进行身份认证。用户首先得到安全服务器的证书，证书由 CA 颁发，然后用户与服务器之间的所有通信，包括用户填写的申请信息以及浏览器生成的公钥均以安全服务器的密钥进行加密传输，只有安全服务器使用自己的私钥解密才能得到明文，从而保证了证书申请和传输过程中信息的安全性。

2)　CA 服务器

CA 服务器是整个证书机构的核心，负责证书的签发。CA 首先产生自身的私钥和公钥，然后生成数字证书，并且将数字证书传输给安全服务器。CA 还负责为操作员、安全服务器以及注册机构服务器生成数字证书。安全服务器的数字证书和私钥也需要传输给安全服务器。CA 服务器是整个系统中最为重要的部分。

3)　注册机构 RA

注册机构 RA 在 CA 体系结构中起承上启下的作用，一方面面向 CA 转发安全服务器传输过来的证书申请请求，另一方面面向 LDAP 服务器和安全服务器转发 CA 颁发的数字证书和证书撤销列表。

4)　LDAP 目录服务器

LDAP 目录服务器提供目录浏览服务，负责将注册机构服务器传输过来的用户信息以及数字证书加入到服务器上。

5) 数据库服务器

数据库服务器是认证机构中的核心部分，用于认证机构中数据(如密钥和用户信息等)、日志和统计信息的存储和管理。实际的数据库系统采用多种措施来维护数据库系统的安全性、稳定性、可伸缩性和高性能性。

由此可见，建设证书授权(CA)中心是开拓和规范电子商务市场必不可少的一步。为保证用户之间在网上传递信息的安全性、真实性、可靠性、完整性和不可抵赖性，不仅需要对用户身份的真实性进行验证，也需要有一个具有权威性、公正性、唯一性的机构，负责向电子商务的各个主体颁发并管理符合国内、国际安全电子交易协议标准的电子商务安全证书。

2. CA 的信任模型

全球有很多认证机构，如何使用户获得多个认证机构的公钥，从而获得大量的密钥持有者的公钥，这就引出了证书链或者认证路径的问题。这就要构造依赖于认证机构 CA 间结构关系的规则或协定，因为借助与 CA 间的结构关系，才能使得一些认证机构能够验证其他认证机构的身份。

各级 CA 认证机构的存在组成了整个电子商务的信任链。如果 CA 机构不安全或发放的数字证书不具有权威性、公正性和可信赖性，电子商务的安全就无从谈起。选择信任模型是构筑和运作 PKI 所必需的一个环节。选择正确的信任模型以及与它相应的安全级别非常重要。目前常用的信任模型主要有以下几种。

1) CA 的层次结构模型

随着证书数量的增加，一个单一的认证机构可能会变成认证过程的瓶颈。采用层次结构是解决问题的办法。

在层次结构中，CA 将它的权利授予一个或多个子 CA。这些 CA 再次依次指派它们的子 CA，这个过程将遍历整个层次结构，直到某个 CA 实际颁发了某一证书。

严格的 CA 的层次结构可以被描绘成一棵倒置的树，如图 7.5 所示。其中，树根代表整个 PKI 系统中信任的起始点，称为根 CA，PKI 系统中的所有实体都信任根 CA。根 CA 下存在多级子 CA，根 CA 为自己和下级子 CA 颁发数字证书，但不为用户颁发数字证书。无下级的 CA 称为叶 CA，叶 CA 为用户颁发证书。除根 CA 外的其他 CA 都由其上级 CA 颁发证书。在层次结构中每个实体都必须拥有根 CA 的公钥，依次可以为后面的所有通信进行证书处理。

2) 分布式信任结构模型

这种模型中没有所有实体都信任的根 CA，终端用户通常选择给自己颁发证书的 CA 为根 CA，各根 CA 之间通过交叉认证的方式互相颁发证书。分布式信任模型比较灵活，它把信任分散在两个或多个 CA 上。但由于存在多条证书验证路径，存在如何有效地选择一条最短验证路径的问题。图 7.6 所示为 CA 的分布式信任结构模型示意图。

3) 基于 Web 的信任模型

基于 Web 的信任模型依赖于流行的浏览器。在流行的浏览器中物理地嵌入多个根 CA 证书，用户在验证证书时开始向上查找，直到找到了一个自签名的根证书，即可完成验证过程。基于 Web 的信任模型虽然简单，方便操作，但因为多个根 CA 证书是预先安装在浏览器中的，因此用户无法判断其所有的CA是否都是可信任的。在这个模型中，浏览器厂商起到信任锚的作用，预装公钥的CA就是它所认证的CA——有隐含根的严格层次结构。图7.7所示为基于Web的信任模型示意图。

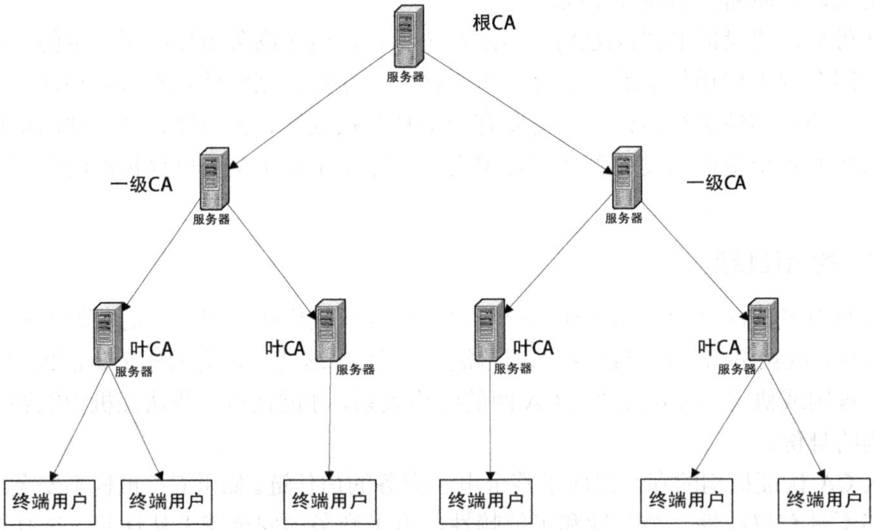

图7.5 CA的层次结构模型

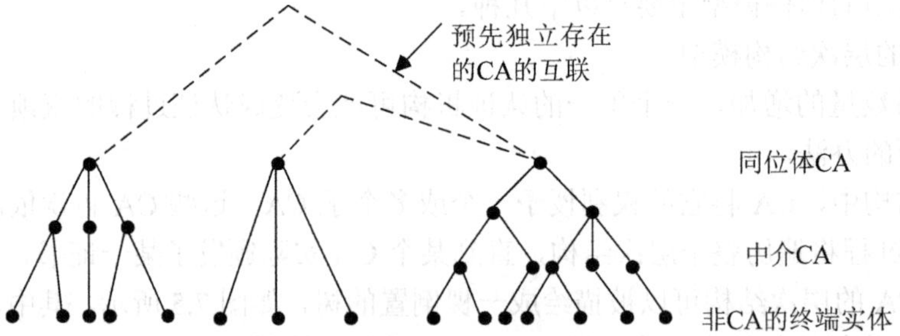

图7.6 CA的分布式信任结构模型

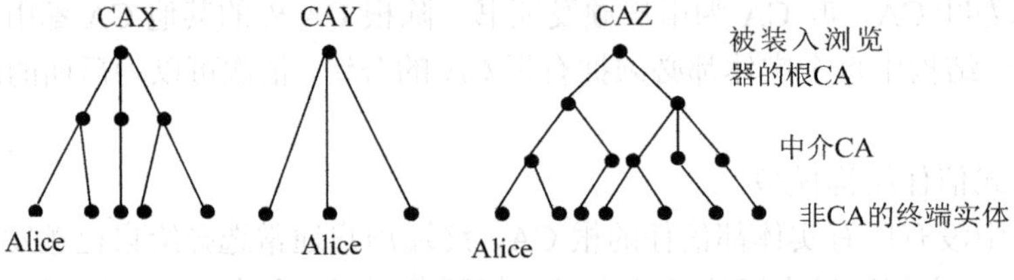

图7.7 CA的基于Web的信任模型

不过，基于Web的信任模型主要有下列问题：第一，预装公钥的CA如果是“坏的”，不能保证服务器公钥的真实性。第二，没有实用机制来自动即时撤销嵌入浏览器中的CA公钥。第三，终端用户与嵌入的根CA之间交互十分有限。

4) 以用户为中心的信任模型

在这种信任模型中，每个用户自己决定信任其他哪些用户，也就是用户直接决定信赖哪个证书和拒绝哪个证书。其中没有可信的第三方作为CA，终端用户就是自己的根CA，如图 7.8 所示。该模型主要反映的是人们的社会交往。

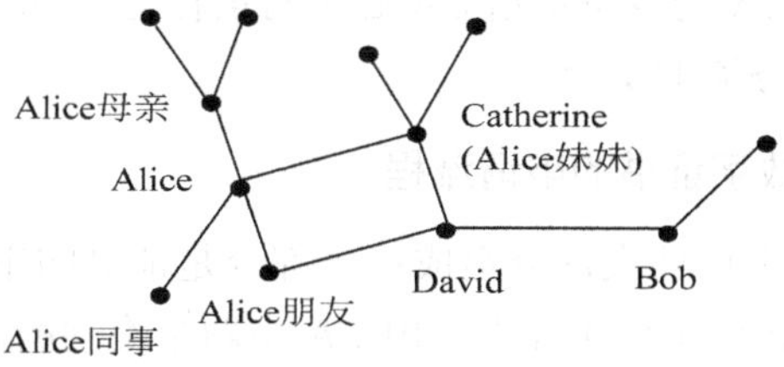

图 7.8 以用户为中心的信任模型示例

5) 交叉认证

交叉认证是在以前无关联的 PKI 域的 CA 之间建立信任关系，双方 CA 先要安全地交换公钥信息。当两者隶属于不同的 CA 时，可以通过信任传递机制来完成两者信任关系的建立。CA 签发交叉认证证书是为了形成非层次的信任路径。一个双边信任关系需要两个证书，它们覆盖每一个方向中的信任关系。这些证书必须由 CA 之间的交叉认证协议来支持。当某证书被证明是假的或者令人误解的时候，该协议将决定合作伙伴的责任。图 7.9 所示为 CA 的交叉认证模型示例。

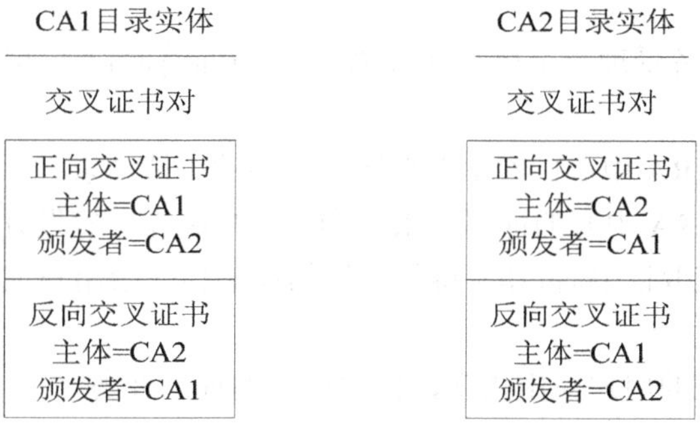

图 7.9 CA 的交叉认证模型

3. CA 的主要功能

(1) 生成密钥对及 CA 证书。CA 要向交易各方颁发证书，必须生成公钥体系中自己的密钥对，并对私钥进行有效的保护，以利于签名的使用。

(2) 验证申请人的身份。网络支付的交易各方，如持卡人、商家、支付网关等在向 CA 申请数字证书时，CA 必须对其真实的身份进行认证，防止数字证书被冒领。

(3) 颁发数字证书。CA 系统必须能在 Internet 上接收交易各方的证书申请，在签名验证申请者的真实身份并且通过资格检查后，有 CA 签名的申请者的数字证书将在线或离线发送给申请者。

(4) 证书以及持有者身份认证查询。借助 CA 服务器，可在线查询证书的生成情况，也可在线认证证书持有者，CA 必须保证 24h×365day 的跨区域服务，且需拥有足够的带宽，保证较快的查询速度。

(5) 证书管理及更新。

(6) 吊销证书。根据持有者的应用情况，可在数字证书有效期内使其无效，并且公之于众。

(7) 制定相关政策。CA 的政策是指 CA 必须对信任它的事务各方负责。

(8) 保护数字证书服务器的安全。

4. CA 的组成框架与数字证书的申请流程

证书的发放过程实际上由两大部分组成：一部分是证书的申请、制作、发放，另一部分是用户身份认证。这两部分工作实际上是由 CA 中两个不同的部门来完成的。这样，就将 CA 分成 CA(证书服务中心)和 RA(审核受理处)两部分，由 CA 完成接收证书请求及发证的工作，而由 RA 完成身份认定工作，CA 与 RA 之间一般通过专线连接。

RA 一般由能够认定用户身份的单位来担任(如持卡人的 RA 由发卡银行担任，商家的 RA 由收单银行担任)。CA 收到用户的证书请求后，向 RA 要求证明用户的合法与真实性；得到证明后，CA 向用户颁发证书。也可以让用户到 RA 当面申请填表，RA 批准后，将信息传送到 CA；CA 在收到用户的证书请求后，就能立即给予答复。具体流程如下。

(1) 用户带相关证明到证书业务受理中心 RS 申请证书。

(2) 用户在线填写证书申请表格和证书申请协议书。

(3) RS 业务人员取得用户申请数据后，与审核受理处 RA 中心联系，要求用户身份认证。

(4) RA 下属的业务受理点审核员通过离线方式(面对面)审核申请者的身份、能力和信誉等。

(5) 审核通过后，RA 中心向 CA 中心转发证书的申请请求。

(6) CA 中心响应 RA 中心的证书请求，为该用户制作、签发证书，并且交给 RS。

(7) 当用户要求获取证书时，RS 将制作好的证书传送给用户或通知其到相关业务受理点领取。

(8) 用户根据收到的用户应用指南，使用相关的证书业务。

5. 国内外主要 CA 机构

在全球范围内，证书颁发机构的业务是分散的，国内或区域提供商主导其本国市场。这是因为许多数字证书的使用，如具有法律约束力的数字签名与证书颁发机构的当地法律、法规和认证计划相关联。

国外值得信赖的 CA 证书的颁发机构主要由少数跨国公司持有。由于技术要求，该市场存在重大的进入壁垒。目前，国外受信任的机构主要有以下几家。

(1) Comodo(科摩多)。

Comodo 是世界上知名的 SSL 证书颁发机构、著名的网络安全软件厂商，是 WebTrust[WebTrust 是由全球两大著名注册会计师协会 AICPA(美国注册会计师协会)和 CICA(加拿大注册会计师协会)共同制定的安全审计标准，主要对互联网服务商的系统及业务运作逻辑安全性、保密性等共计七项内容进行近乎严苛的审查和鉴证。只有通过 WebTrust 国际安全审计认证，根证书才能预装到主流的浏览器而成为一个全球可信的认证机构]认证的 CA 服务商。Comodo 致力于为个人和企业用户提供电子邮件安全、托管 DNS、PKI 管理、SSL 证书、安全通信以及许多其他服务，它是确保互联网具有可靠和安全性的大型证书颁发机构之一。

Comodo 公司成立于 1998 年，是全球优秀的网络安全服务提供商和 SSL 证书服务商之一。Comodo 证书产品类型丰富，可满足各类网站不同的安全需求，极具性价比，深受中小型企业的欢迎。Comodo 拥有超过二十年的数字证书行业经验，证书发行量全球第一，迄今为止已发出超过 1 亿份证书，为所有网站和移动应用提供各个类型的数字证书安全解决方案。

(2) GeoTrust。

GeoTrust 从 2001 年成立到 2006 年占领全球市场 25%的市场分额，VeriSign 于 2006 年 5—9 月以 1.25 亿美元收购 GeoTrust，自此 GeoTrust 成为 VeriSign 的全资子公司。目前，GeoTrust 是世界第二大的数字安全提供者，现已有超过 150 个国家的用户选择 GeoTrust 产品来保护他们的在线交易和各类在线业务。GeoTrust 的 SSL 证书和信任产品使各种规模的企业能够经济、高效、最大限度地提高其数字交易的安全性。

(3) Symantec(赛门铁克)。

Symantec 品牌成立于 1982 年，是全球安全领域的领导者。Symantec SSL 证书是全球公认最可靠的证书颁发机构。Symantec SSL/TLS 的优势不局限于证书，网站可向客户展示被 Symantec 标记为安全站点的 Norton 安全认证签章，具有每日网站病毒扫描功能，可提高抵御恶意感染的防护能力。Symantec 服务于全球超过 35 个国家，拥有众多的企业、政府和个人用户。Symantec 拥有强大的 PKI 基础架构，包括军事级数据中心和灾难恢复站点，可实现无与伦比的客户数据保护，它是目前 SSL 行业中最受认可和值得信赖的品牌之一。

中国也逐渐建立了相应的电子商务认证中心及其网站，开展了一定的业务，但规模、服务水平与国外还存在巨大差距。自 1998 年国内第一家以实体形式运营的上海 CA 中心成立以来，全国各地各行业也建成了几十家不同类型的 CA 认证机构，这些认证机构按照 CA 中心的背景大致可以分为三类。

1) 行业建立的 CA

中国金融认证中心(China Financial Certification Authority，CFCA)和中国电信认证中心(China Telecom Certificate Authority，CTCA)都是行业建立的 CA。CFCA 是经中国人民银行和国家信息安全管理机构批准成立的国家级权威的安全认证机构，是重要的国家金融信息安全基础设施之一，也是《中华人民共和国电子签名法》颁布后，国内首批获得电子认证服务许可的电子认证服务机构。自 2000 年挂牌成立以来，CFCA 一直致力于全方位网络信任体系的构建，历经十多年的发展，已经成为国内最大的电子认证服务机构。自 2009 年启动战略转型以来，它已逐步由单一的电子认证服务机构转变为综合的信息安全服务提供商。目前该中心涵盖五大业务板块，即电子认证服务、互联网安全支付、信息安全产品、信息安全服务、互联网媒体及互联网金融产品。截至目前，全国已开通网上银行服务并使用数字证书的银行中，有 97%的银行使用了 CFCA 提供的电子认证服务。CTCA 数字证书是以中国电信 CA 安全认证体系作为安全保障，由中国电信全国 CA 中心分发并签名的电子商务证书。

2) 政府授权建立的 CA

北京市数字证书认证中心、上海市数字证书认证中心等都是政府授权建立的 CA。上海市数字证书认证中心成立于 1998 年，是中央密码工作领导小组批准的唯一试点，是国内第一家专业的第三方电子认证服务机构，也是上海市信息安全基础保障设施的建设运营主体，承担着全市网络信任体系建设的重任。上海 CA 中心首批获得工信部电子认证服务资质、国家密码管理局电子认证服务使用密码许可证和电子政务电子认证服务资质，是国内第一家通过国际 WebTrust 认证、第一家实现主流浏览器直接信任的机构，为用户提供全球信任的数字证书服务。北京数字证书认证中心成立于 2001 年 2 月。2005 年，北京数字证书认证中心通过了信息产业部电子认证服务许可和国家密码管理局电子认证服务使用密码许可的审查。该中心提供数字证书申请、审核、制作、颁发、存档、查询、废止等服务，并通过以 PKI 技术、数字证书应用技术为核心的信息安全解决方案，为电子政务、电子商务、企业信息化的发展构建安全、可靠的信任环境。

3) 商业性的 CA

商业性的 CA 是指一些专门做安全电子认证的公司提供的 CA 认证。

总之，可以看出三类 CA 中的行业性 CA 不但是数字认证的服务商，也是其他商品交易的服务商，它们不可避免地要在不同程度上参与交易过程，这与 CA 中心本身要求的“第三方”性质又相违背。因此就应用的范围而言，行业性 CA 更倾向于在自己熟悉的领域内开展服务。政府授权建立的第三方认证系统属于地区性 CA，除具有地域优势外，在推广应用和总体协调方面具有明显的优势。而地区性 CA 离不开与银行、邮电等行业的合作。

就目前情况而言，国内的 CA 技术的发展仍然有很大的空间，也存在一些问题。在技术方面，由于受到美国出口限制的影响，国内的 CA 认证技术完全靠自己研发，由于参与部门很多，导致了标准不统一，既有国际上的通行标准，又有自主研发的标准。在应用方面，国内相关的 CA 中心在颁发 CA 证书前虽然也进行真实身份的审核，但由于进行相关审核人员往往是 CA 中心自己的工作人员或其委托的其他人员，从法理上这些审核人员并不具备法律上所要求的审核证明人资格，也无法承担相应的法律责任；另外，为了抢占市场，在没有进行严格的身份确认和验证的情况下随意发放证书，难以确保认证的权威性和公正性。因此，基于国外 CA 的发展经验和国内目前的状况，认证中心 CA 将会朝着国际化、商业化和集中化的趋势发展。

7.3 公钥基础设施 PKI

公钥基础设施 PKI.mp4

PKI 是 Public Key Infrastructure 的首字母缩写，翻译过来就是公钥基础设施，是一种遵循标准的利用公钥加密技术为电子商务的开展提供安全基础平台的技术和规范。在 X.509 标准中，为了区别于权限管理基础设施(Privilege Management Infrastructure，PMI)，将 PKI 定义为支持公开密钥管理并能支持认证、加密、完整性和可追究性服务的基础设施。这个概念与第一个概念相比，不仅叙述 PKI 能提供的安全服务，更强调 PKI 必须支持公开密钥的管理。也就是说，仅仅使用公钥技术还不能叫作 PKI，还应该提供公开密钥的管理。因为 PMI 仅仅使用公钥技术但并不管理公开密钥，所以 PMI 就可以单独进行描述而不至于与公钥证书等概念混淆。在 X.509 标准中从概念上分清 PKI 和 PMI 有利于标准的叙述。然而，由于 PMI 使用了公钥技术，PMI 的使用和建立必须先有 PKI 的密钥管理支持。也就是说，PMI 不得不把自己与 PKI 绑定在一起。当我们把两者合二为一时，PMI+PKI 就完全落在 X.509 标准定义的 PKI 范畴内。根据 X.509 的定义，PMI+PKI 仍旧可以叫作 PKI，PMI 完全可以看成 PKI 的一个部分。

7.3.1　PKI 的组成

PKI 至少具有认证机构 CA、数字证书库、密钥备份及恢复系统、证书作废处理系统、PKI 应用接口系统等几个基本系统，构建 PKI 也将围绕这几大系统来进行。

1. 认证机构 CA

CA 的主要功能是签发证书和管理证书，其主要职责如下。

(1) 验证并标识证书申请者的身份。

(2) 确保 CA 用于签名证书的非对称密钥的质量和安全性。

(3) 确保整个签证过程的安全性，确保签名私人密钥的安全性。

(4) 管理证书信息资料，包括公开密钥证书序列号、CA 标志等的管理。

(5) 确定并检查证书的有效期限。

(6) 确保证书用户标识的唯一性。

(7) 发布并维护作废证书表。

(8) 向申请人发通知。

2. 数字证书库

数字证书库是证书集中存放的地方，是网上的一种公共信息库，用户可以从证书库中获得其他用户的证书和公开密钥。

3. 密钥备份及恢复系统

如果用户丢失了用于解密数据的密钥，则密文数据将无法被解密，从而造成数据丢失。为避免这种情况的出现，PKI 应该提供备份与恢复解密密钥的机制。

4. 证书作废处理系统

同日常生活中的各种证件一样，数字证书在 CA 为其签署的有效期以内也可能需要作废。作废证书一般通过将证书列入作废证书表来完成。证书的作废处理必须在安全及可验证的情况下进行，系统还必须保证 CRL 的完整性。

5. 密钥和证书的更新

为了保证安全，证书和密钥必须有一定的更换频率。因此 PKI 对已发的证书必须有更换措施，这个过程称为密钥更新或证书更新。

6. 证书历史档案

在密钥更新后，每一个用户都会形成多个旧证书和至少一个当前新证书。这一系列旧证书和相应的私人密钥就组成了用户密钥和证书的历史档案。

与私人密钥不同的是，为了防止其他人使用旧的签名密钥，当签名密钥被更新时，必须完全销毁旧的签名密钥。

7. PKI 应用接口系统

良好的应用接口系统使得各种应用能够以安全、一致、可信的方式与 PKI 交互，确保所建立的网络环境的可信性，降低管理和维护的成本。

PKI 认证体系的基本模型如图 7.10 所示。首先终端用户向证书注册机构 RA 请求证书，RA 将其申请发送到认证中心 CA，CA 将证书颁发给用户。CA 还要管理证书及密钥的生命周期，公布证书和证书撤销信息到证书目录中去，以便用户检索相关信息。

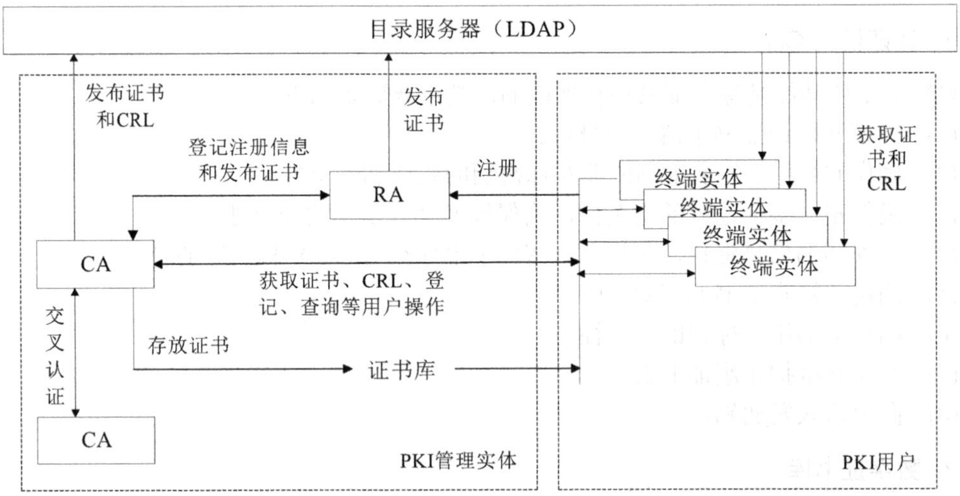

图 7.10　PKI 认证体系的基本模型

7.3.2　PKI 的核心技术

公钥基础设施 PKI 的核心技术，顾名思义，是基于公钥密码技术的，其核心技术最主要的是“加密”和“签名”技术。PKI 中的加密技术使用的是接收方的密钥对，发送方用接收方的公钥进行加密，接收方用自己的私钥进行解密。这是多对一的关系，任何知道接收方公开密钥的各方都可以用其向接收方发送加密信息，只有唯一拥有接收方私有密钥的合法接收方才能对信息进行解密。PKI 中用到的加密技术主要有以下几种。

(1)　消息摘要与消息认证码确保消息的完整性。消息摘要获取消息作为输入并生成位块，该位块表示消息的指纹。消息中很小的改动都将引起指纹(摘要)发送显著的更改。

(2)　对称加密技术确保消息的机密性。

(3)　非对称加密技术实现数字签名和数字信封。常用的非对称加密技术 RSA 算法的典型长度就是 1024 位。

(4)　数字签名保证数据传输的不可否认性。消息认证使接收方能验证消息发送者是谁以及所发的消息是否被篡改，当发送方和接收方之间没有利害冲突时，只需要防止第三方破坏就可以了。但是当收发双方有利害关系时，单是消息认证技术就无法解决他们之间的纠纷，此时就必须采用数字签名了。

(5)　数字信封的功能类似于普通信封。普通信封在法律的约束下保证只有收信人才可以获得信息的内容。数字信封采用密码技术保证只有规定的接收人才能获得信息的内容。数字信封采用了对称密码体制和非对称密码体制。在传递信息时，消息的接收方要解密信息时，必须先用自己的私钥解密数字信封，得到对称密码，才能利用对称密码解密所得到的信息。

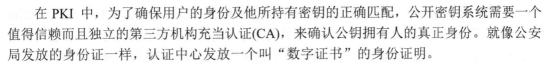

在 PKI 中，为了确保用户的身份及他所持有密钥的正确匹配，公开密钥系统需要一个值得信赖而且独立的第三方机构充当认证(CA)，来确认公钥拥有人的真正身份。就像公安局发放的身份证一样，认证中心发放一个叫“数字证书”的身份证明。

这个数字证书包含了用户身份的部分信息及用户所持有的公钥。像公安局对身份证盖章一样，认证中心利用本身的私钥为数字证书加上数字签名。任何想发放自己公钥的用户，可以去认证中心申请自己的证书。认证中心在鉴定该人的真实身份后，颁发包含用户公钥的数字证书。其他用户只要能验证证书是真实的，并且信任颁发证书的认证中心，就可以确认用户的公钥。认证中心是公钥基础设施的核心，有了大家信任的认证中心，用户才能放心方便地使用公钥技术带来的安全服务。

7.3.3 PKI 的功能

PKI 的功能主要有证书管理、签发证书和撤销证书、密钥管理等。

1. 证书管理

证书管理包括证书存取、证书链校验以及交叉认证等。

(1) 证书存取：数字证书签发后，需要通过一定的渠道才能发布出来。目前主要使用轻量目录访问协议(LDAP)，它被认为是访问证书存储库的最佳方式。

(2) 证书链校验：证书链校验的最高层是根认证中心根 CA，下一级有一个或多个二级 CA，底端是最终用户。

(3) 交叉认证：利用交叉认证可以扩展 CA 的信任范围，它允许不同信任体系中的认证中心建立起可信任的相互信赖关系，从而使各自签发的证书可以相互认证和校验。交叉认证包括两个方面：第一，两个 CA 要建立起信任关系，这要求双方安全地交换用于校验签名的公开密钥，并利用自己的私钥为对方签发数字证书，从而使双方都拥有交叉证书。第二，利用 CA 的交叉证书校验最终用户的证书。对用户来说，是利用本方 CA 的公钥来校验对方 CA 的交叉证书，从而决定对方 CA 是否可信；再利用对方 CA 的公钥来校验对方用户的证书，从而确定对方用户是否可信。

2. 签发证书和撤销证书

此功能为合法的申请者签发数字证书，可以说是 CA 甚至整个 PKI 的核心功能。如果没有 CA 签发证书，PKI 的整个信任体系也就无从建立。在证书中，CA 要对其进行签名，任何对证书内容的改动都会被发现，从而保证了证书信息的完整性。另外，用户也可以利用 CA 的公钥很方便地校验其签名。因此，证书的安全有了坚实的保障，可以公开发布。当然，在证书的有效期内由于一些原因而提前停止数字证书使用时，需要撤销数字证书，经过 CA 撤销的证书将不再值得信赖。

3. 密钥管理

密钥管理包括密钥生成、密钥备份和恢复、密钥更新、密钥销毁和归档等处理。

(1) 密钥生成：用于加密/解密目的的密钥对，可以在客户端产生，也可以在一个可信的第三方机构中产生。

(2) 密钥备份和恢复：PKI 要求应用系统提供密钥备份与恢复功能。当用户忘记密钥访问口令或存储用户密码的设备损坏时，可以利用此功能恢复原来的密钥对，从而使原来加密的信息能够得到正确的解密。但并不是用户的所有密钥都需要备份，也并不是任何机构都可以备份密钥。可以备份的密钥是用于加密/解密的密钥对，而用于签名/检验的密钥对则不能备份，否则将无法保证用户签名信息的不可否认性。

(3) 密钥更新：密钥是有有效期的，当密钥到期时，PKI 应用系统应该能自动为用户进行密钥更新；当密钥作废时，PKI 也需要为用户更新密钥。

(4) 密钥销毁和归档：当用于加密/解密的密钥对成功更新后，原来使用的密钥对必须进行归档处理，以保证原来的加密信息可以正确地解密。但用于签名或校验的密钥对成功更新后，原来密钥对中用于签名的私钥必须安全地销毁；而原来密钥对中用于校验签名的公开密钥则可以进行归档处理。

7.3.4 PKI 的优势

PKI 作为一种安全技术，已经深入网络的各个层面。这从一个侧面反映了 PKI 强大的生命力和无与伦比的技术优势。PKI 的灵魂源于公钥密码技术，这种技术使得“知其然不知其所以然”成为一种可以证明的状态，使得网络上的数字签名有了理论上的安全保障。围绕如何用好这种非对称密码技术，数字证书破壳而出，并成为 PKI 中最为核心的元素。

PKI 的优势主要表现在以下几个方面。

(1) 采用公开密钥密码技术，能够支持可公开验证并无法仿冒的数字签名，从而在支持可追究的服务上具有不可替代的优势。这种可追究的服务也为原发数据的完整性提供了更高级别的担保。支持可以公开地进行验证，或者说任意的第三方可验证，能更好地保护弱势个体，完善平等的网络系统间的信息和操作的可追究性。

(2) 由于密码技术的采用，保护机密性是 PKI 最得天独厚的优点。PKI 不仅能够为相互认识的实体之间提供机密性服务，也可以为陌生用户之间的通信提供保密支持。

(3) 由于数字证书可以由用户独立验证，不需要在线查询，原理上能够保证服务范围无限制地扩张，这使得 PKI 能够成为一种服务巨大用户群的基础设施。PKI 采用数字证书方式进行服务，即通过第三方颁发的数字证书证明末端实体的密钥，而不是在线查询或在线分发。这种密钥管理方式突破了过去安全验证服务必须在线的限制。

(4) PKI 提供了证书的撤销机制，从而使得其应用领域不受具体应用的限制。撤销机制提供了在意外情况下的补救措施，在各种安全环境下都可以让用户更加放心。另外，因为有撤销技术，不论是永远不变的身份，还是经常变换的角色，都可以得到 PKI 的服务，而不用担心被窃后身份或角色被永远作废或被他人恶意盗用。为用户提供“改正错误”或“后悔”的途径是良好工程设计中必需的一环。

(5) PKI 具有极强的互联能力。不论是上下级的领导关系，还是平等的第三方信任关系，PKI 都能够按照人类世界的信任方式进行多种形式的互联互通，从而使 PKI 能够很好地服务于符合人类习惯的大型网络信息系统。PKI 中各种互联技术的结合使建设一个复杂的网络信任体系成为可能。PKI 的互联技术为消除网络世界的信任孤岛提供了充足的技术保障。

本章小结

本章首先介绍了身份证明与认证技术，然后介绍了数字证书和认证机构，最后简要介绍了公钥基础设施PKI。身份认证是信息认证技术中一个十分重要的内容，它一般仅涉及两个方面的内容： 一是识别，二是验证。所谓识别，就是指要明确用户是谁。这就要求对每个合法的用户都要有识别能力。为了保证识别的有效性，就需要保证任意两个不同的用户都具有相同的识别符。所谓验证，就是指在用户声称自己的身份后，认证方还要对它所声称的身份进行验证，以防假冒。数字证书(Digital ID)又称为数字凭证，即用电子手段来证实一个用户的身份和对网络资源的访问权限。数字证书是一种数字标识，也可以说是网络上的安全护照，它提供的是网络上的身份证明。认证机构CA即 Certification Authority，是一个公正的、有权威性的、独立的(第三方的)、广受信赖的组织，负责电子商务中数字证书的发行和管理。一个完整安全的电子商务活动必须有认证机构的参与。

思考题

1. 基于TLS安全协议机制的信用卡网络支付中，是如何应用本章所述的系列安全技术的？
2. 调研最新出现的一些可应用于网络支付服务的安全技术。
3. SET协议和TLS协议的主要不同是什么？
4. 中国工商银行在网络支付服务中是如何应用数字证书工具的？由哪个CA认证中心提供服务？这样运作有没有问题？
5. 什么是公钥基础设施？
6. 简述PKI的应用原理。
7. 简述PKI的功能和优势。

第 8 章　网络支付安全协议

【学习目标】

- 了解安全协议的概念。
- 理解 SSL(TLS)协议的基本过程。
- 理解 SET 协议的基本过程。
- 了解 SSL(TLS)协议和 SET 协议的区别。

【引导案例】

支付卡行业，SSL/ TLS 1.0 的最后一天

根据支付卡行业数据安全标准(PCI DSS)的要求，2018 年 6 月 30 日是所有合规企业放弃使用 SSL/TLS 1.0 的最后期限，此举主要是为了解决安全套接字层(SSL)和传输层安全(TLS)加密协议内的高风险漏洞，应对最新的客户支付信息面临的威胁。

虽然早在三年前 PCI 安全标准委员会(Security Standards Council，SSC)就要求，到 2016 年 6 月，SSL/早期版本 TLS 必须终止使用，但对于销售终端(POS)系统和交互点(POI)终端(由 SSC 定义为磁卡读卡器或芯片读卡器，如 NFC 接触点)，PCI 也提供了“宽限期”：如果使用 SSL 和早期版本 TLS 的设备“被验证为不容易受到所有 SSL/早期版本 TLS 已知漏洞的影响”，或者已知的漏洞更难用于攻击 POS 系统，那么商家可以在 2016 年 6 月 30 日之后继续使用这些设备。到 2018 年 5 月，支付卡行业数据安全标准(PCI DSS)再次升级为 PCI DSS v3.2.1，禁用 SSL/TLS 1.0 或将强制执行。

为了符合支付卡行业数据安全标准并符合行业最佳实践，国内外第三方支付的众多企业开始提前规划，纷纷禁用 TLS 1.0 甚至 TLS 1.1(以及 SSLv2 和 SSLv3)，最新的浏览器版本将开始支持 TLS 1.2 或更高版本。

(资料来源：中国软件网)

8.1　安全协议概述

前面章节主要介绍了为保证安全的网络支付而研发应用的各种安全技术，这些技术分别叙述了保证网络支付某个方面安全的应用手段。如何将电子商务网络支付的各方与这些先进的信息网络安全技术充分地结合起来，以保证安全、有序、快捷地完成网络支付，需要一个协议来规范各方的行为与各种技术的运用，这种协议就是安全的网上交易协议。

网络支付协议是指在电子交易过程中实现交易各方支付信息正确、安全、保密地进行网络通信的规范和约定。这些协议可以分为不同的类型。一方面，对应于不同的支付工具，有不同的协议，如基于卡的支付协议、基于支票的支付协议以及基于电子货币的支付协议；另一方面，对应 TCP/IP 协议的各层也有不同的安全协议。

目前在电子支付中常用的安全协议有：安全套接层协议(Secure Sockets Layer，SSL)及其继任者传输层安全协议(Transport Layer Security，TLS)和安全电子交易协议(Secure Electronic Transaction，SET)。本章结合网络支付来具体叙述 SSL/SET 的应用。

8.2 传输层安全协议 TLS

TLS 协议.mp4

SSL 及其继任者传输层安全协议是为网络通信提供安全及数据完整性的一种安全协议。TLS 或 SSL 都是在传输层对网络连接进行加密。SSL 是 Netscape 公司开发的专门用于保护 Web 通信的，目前版本为 3.0。TLS 1.0 是 IETE(工程任务组)指定的一种新的协议，它建立在 SSL 3.0 协议规范之上，是 SSL 3.0 的后续版本。两者差别极小，可以理解为是 SSL 3.1。TLS 1.1 于 2006 年 4 月发表，它是 TLS 1.0 的更新。TLS 1.2 于 2008 年 8 月发表。TLS 1.3 于 2018 年 8 月发表。目前大多数浏览器和网站使用 TLS 1.2 版本。为了统一和简便表达，后面的表述中将统一使用 TLS 协议这一名称。

8.2.1 TLS 协议概述

传输层安全性协议(TLS)及其前身安全套接层协议(SSL)是一种安全协议，目的是为互联网通信提供安全及数据完整性保障。SSL 为 Netscape 所研发，用以保障在 Internet 上数据传输之安全，利用数据加密技术，可确保数据在网络上传输的过程中不会被截取或窃听。只要 3.0 版本以上的 IE 或 Netscape 浏览器即可支持 SSL，最高版本为 3.0。随着对安全性的要求越来越高，SSL 协议也在不断改进，随后 SSL 协议更改为 TLS 协议。从 2006 年的 TLS 1.1 到 2018 年公布的 TLS 1.3 版本，协议本身不断弥补自身的一些漏洞。目前(2019 年 11 月)TLS 1.2 版本已被广泛地用于 Web 浏览器与服务器之间的身份认证和加密数据传输，部分应用使用了 TLS 1.3 版本，但因为兼容性问题，应用并不广泛。

TLS 协议尽管经历了多次改进，但其基本的协议构成没有变化，协议位于 TCP/IP 协议与各种应用层协议之间，为数据通信提供安全支持。TLS 提供了一种可靠的端到端的安全服务，它使客户和服务器应用之间的通信不被攻击窃听，并且始终对服务器进行认证，还可以选择对客户进行认证。TLS 协议在应用层通信之前就已经完成加密算法、通信密钥的协商以及服务器认证工作，在此之后，应用层协议所传送的数据都被加密。

TLS 将对称密码技术和公开密码技术相结合，提供了以下三种基本的安全服务。

(1) 秘密性：TLS 客户机和服务器之间通过密码算法和密钥的协商，建立起一个安全通道。

(2) 完整性：TLS 利用密码算法和 Hash 函数，确保要传输的信息全部到达目的地，可以避免服务器和客户机之间的信息内容受到破坏。

(3) 认证性：TLS 要求数字证书持有者在握手时双方通过相互交换数字证书来验证和保证对方身份的合法性。

8.2.2 TLS 协议的构成

TLS 协议可分为两层，一层是 TLS 记录协议(TLS Record Protocol)，它建立在可靠的传输协议(如 TCP)之上，为高层协议提供数据封装、压缩、加密等基本功能的支持。另一层分别为TLS握手协议(TLS Handshake Protocol)、TLS修改密码规范协议(TLS Change Cipher Spec Protocol)和警告协议(TLS Alert Protocol)。TLS握手协议是建立在TLS记录协议之上，用于在实际的数据传输开始前，通信双方进行身份认证、协商加密算法、交换加密密钥等。TLS修改密码规范协议用于互相通告将启用新的密码规范以及协调客户端和服务器的状态，使得双方实现同步。警告协议一方面用于报告差错，分为警告(warning)级和致命(fatal)级；另一方面用于应用数据传输完后，通知对方断开链接。TLS协议的体系结构如图8.1所示。

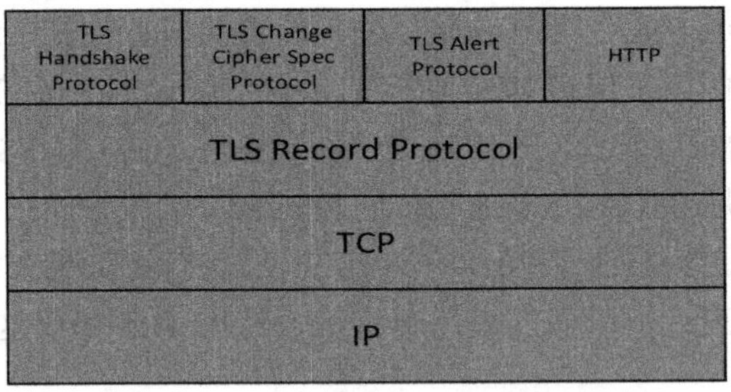

图8.1　TLS协议的体系结构

TLS协议中有两个重要的会话状态：TLS连接(Connection)和TLS会话(Session)，在规范中定义如下。

(1) TLS连接：用于提供某种类型的服务数据的传输，是一种点对点的关系。一般来说，连接的维持时间比较短，并且每个连接一定与某一个会话相关联。

(2) TLS会话：是指客户和服务器之间的一种关联关系。会话通过握手协议来创建，它定义了一组安全参数。

一旦创建了会话，则进入针对接收和发送的当前操作状态。每个会话与多种状态相关，会话状态取决于客户端和服务器握手协调的结果。

8.2.3　TLS记录协议

在TLS协议中，所有的传输数据都被封装在记录中。TLS记录协议层的作用是为高层协议提供基本的安全服务。TLS记录协议针对HTTP协议进行了特别的设计，使得超文本的传输协议HTTP能够在TLS运行。记录封装各种高层协议，具体实施压缩解压缩、加密解密、计算和校验MAC等与安全有关的操作。TLS记录协议为TLS连接提供了两种服务：一是机密性，二是消息完整性。具体操作过程如图8.2所示。操作步骤如下。

(1) 记录层接收到应用层的长数据流，首先对数据进行分段，每段称为一个记录，每个记录的最大长度为16 KB。

(2) 对上一步骤中每个记录块进行压缩，不过压缩是可选的，压缩算法会在当前会话状态中定义。

(3) 使用建立的共享密码对第一个明文记录计算MAC值。MAC数据用于数据完整性检查，计算MAC所用的散列函数由握手协议确定。

(4) 使用会话密钥对上面添加MAC后的数据进行加密。这里的会话密钥也在握手协议中确定。

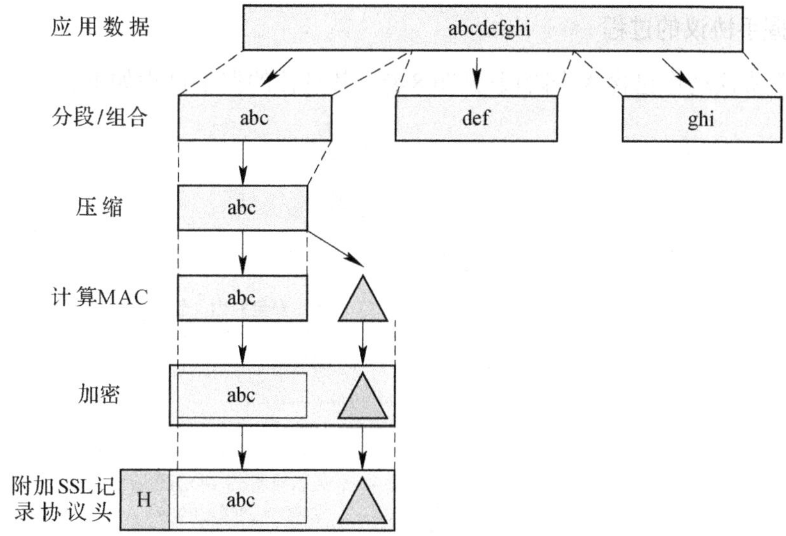

图 8.2 TLS 记录协议的操作过程

(5) 对加密后的每个记录添加 TLS 记录头。记录头的内容包括内容类型、主版本号、次版本号和压缩长度。图 8.3 是 TLS 记录格式的组成。

图 8.3 TLS 协议记录格式的组成

8.2.4 TLS 握手协议

TLS 握手协议完成对服务器和客户端的认证并确立用于保护数据传输的加密密钥。必须在传输应用数据之前完成握手。一旦握手完成，数据就被分成一系列经过保护的记录进行传输。在握手过程中，主要完成下列三个任务：第一，客户端与服务器协商使用哪种加密算法；第二，确立一组由哪些算法所使用的加密密钥；第三，选择对客户端进行认证。

TLS 握手的过程是 TLS 最复杂的部分，负责建立当前会话状态的参数，使得服务器和客户能够协商一个协议版本，选择密码算法和 Hash 算法、压缩方法、会话 ID 等，同时使用公钥加密技术通过一系列交换信息在客户和服务器之间生成共享的密钥。在使用会话传输任何数据之前，必须先用握手建立链接，实现相互验证，协商加密算法和生成密钥等内容。握手协议由一些客户与服务器交换的消息所构成，每一个消息都含有以下三个字段，第一，类型(type)：1 字节，表示消息的类型；第二，长度(length)：3 字节，表示消息的位组长度；第三，内容(content)：大于或等于 1 字节，与此消息有关的参数。

1. TLS 握手协议的过程

TLS 握手协议动作包含 4 个阶段(见图 8.4)，其具体的握手过程如下。

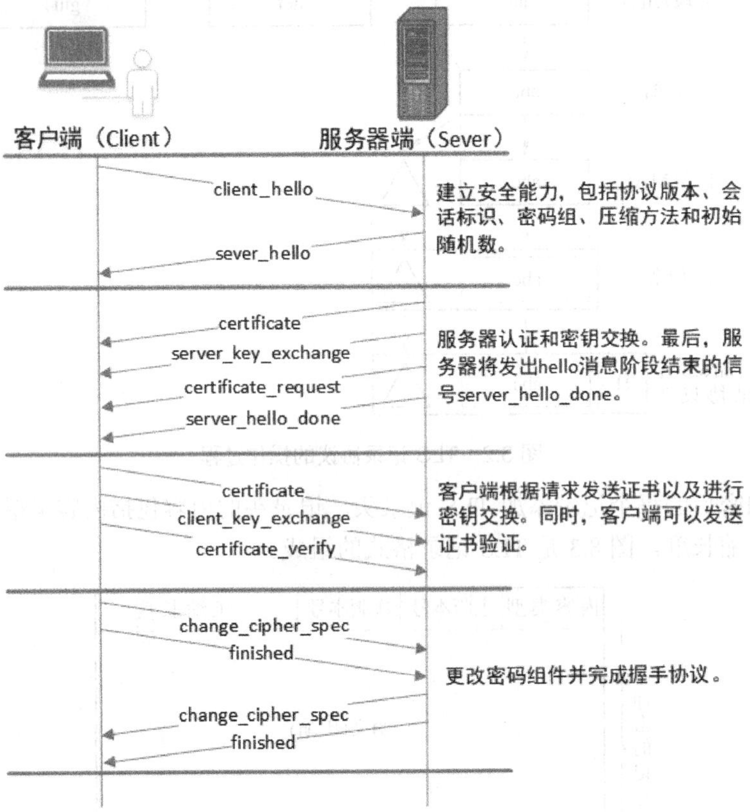

图 8.4　TLS 握手协议的过程

1)　第一阶段：建立安全能力

客户端发送一个 client_hello 消息后，对应的服务器回应一个 server_hello 消息，否则会产生一个致命错误，导致连接失败。client_hello 和 server_hello 用于在客户端和服务器之间建立协商，包括协议版本、会话标识、密码组和压缩方法，另外还产生和交换两组随机值 ClientHello.random 和 ServerHello.random。

2)　第二阶段：服务器认证和密钥交换

hello 消息之后，如果需要被客户端认证，服务器端将发送证书信息 certificate。另外如果需要，可发送一个 server_key_exchange 消息(这种情况一般为服务器不被认证，或认证仅仅为了签名)。服务器还可能会发送 certificate_request 消息请求客户机的数字证书。然后服务器将发送 server_hello_done 消息，标志握手阶段的 hello 消息部分已经完成，服务器将等待客户端响应。

3)　第三阶段：客户端认证和密钥交换

如果在前一阶段服务器已发送了一个证书请求(certificate_request)消息，那么客户端回应证书消息或无证书报警(no_certificate alert)。然后客户端可发送 client_key_exchange 消息，消息的内容将取决于在 client_hello 和 server_hello 之间选定的公开密钥算法。如果客户端发送一个带有签名能力的证书，则还需发送一个数字签名的 certificate_verify 消息用于明确地验证这个证书。

4)　第四阶段：握手结束

客户端发送一个 change_cipher_spec 消息，将待决密码参数(Pending Cipher Spec)复制到当前密码参数(Current_Cipher_Spec)，然后客户端立即在新的算法、密钥和密码下发送结束消息(finished)。此时，握手结束，客户端和服务器可以开始交换其应用层数据。

2. TLS 握手协议的作用

TLS 握手协议将公钥加密技术与对称密钥加密技术有机地结合在一起，组成了互联网上信息安全传输的通道。TLS 握手协议可以非常有效地让客户与服务器之间完成身份认证。其具体作用表现在以下过程中。

(1)　客户端的浏览器向服务器发送客户端的 TLS 版本号、密码设置、随机生成的数据和服务器使用 TLS 协议与客户机通信需要的其他信息。

(2)　服务器向客户端发送服务器的 TLS 版本号、密码设置、随机生成的数据和客户端使用 TLS 协议与服务器通信需要的其他信息。服务器也发送它自己的证书，可选(若客户请求的服务器资源需要进行客户身份认证，则要求客户发送证书)。

(3)　客户端使用服务器发送的信息认证服务器。服务器的合法性包括：证书是否过期，发行服务器证书的 CA 是否可靠，发行者证书的公钥能否正确解开服务器证书的“发行者的数字签名”，服务器证书上的域名是否和服务器的实际域名相匹配。若服务器不能被认证，用户被警告发生了问题，并被通知不能建立加密的和认证的连接。若服务器能被成功地认证，客户机继续下一步操作。

(4)　客户端随机生成一个用于后面通信的“对称密码”，然后用服务器的公钥(从服务器的证书中获得)对其进行加密，再将加密后的“预主密码”传给服务器。

(5)　如果服务器要求客户的身份认证(在握手过程中可选)，客户则可以建立一个随机数，然后对其进行数字签名，将这个含有签名的随机数和客户自己的证书，以及加密过的“预主密码”一起发送给服务器。

(6)　若服务器要求客户认证，服务器就会试图去认证客户，这时服务器则必须检查客户证书和签名随机数的合法性。若客户不能被认证，会话终止。如果验证通过，则服务器将用自己的私钥解开加密的“预主密码”，然后执行一系列步骤来产生主通信密码。客户端也将通过同样的方法产生相同的主通信密码。

(7)　服务器和客户端用相同的主通信密码，即“通话密码”，这是一个对称密钥，用于 TLS 协议的安全数据通信的加/解密通信。同时，在 TLS 通信过程中还要完成通信的完整性，以防止数据通信中的任何变化。

(8)　客户端向服务器发出信息，指明后面的数据通信将使用主密码作为对称密钥，同时通知服务器客户端的握手过程结束。

(9)　服务器向客户端发出信息，指明后面的数据通信将使用主密码作为对称密钥，同时通知客户端服务器的握手过程结束。

(10) TLS 的握手部分结束，TLS 安全通道的数据通信开始，客户和服务器开始使用相同的对称密钥进行数据通信，同时进行通信完整性检验。

3. 主密码(随机对称密钥)的产生

由 TLS 握手过程分析可知，当客户端收到服务器的 server_hello 消息以后，如果服务器要求对客户端进行身份认证，客户端将自己的证书发送给服务器，然后发送 client_key_exchange 消息；如果不需要对客户端进行身份认证，则直接发送该消息。客户端产生一个随机数作为预加密主密钥 pre_master_secret，并用对方的公开密钥加密后作为 client_key_exchange 消息的内容发送给服务器。服务器收到该消息后用自己的私钥对加密数据进行解密，从而客户端与服务器具有相同的预加密主密钥 pre_master_secret，然后双方以此 pre_master_secret 为基数，使用一定的算法计算出主密钥 master_secret，该主密钥被用来生成各类加密算法密钥。主密钥首先通过一系列散列算法生成一个足够长的密钥块(key_block)，该密钥块的长度大于或等于 TLS 所需要的各类加密密钥的长度，随后 TLS 将该密钥块中的数据切分成各个加密密钥。

因此，加密算法、消息摘要算法、初始化向量算法的安全与否除了受自身安全性能的影响外，还受主密钥的安全性影响。而主密钥的安全性又由客户端和服务器端的随机数以及预主密钥的安全性共同决定。预加密主密钥是由通信双方在进行 TLS 握手时通过公钥密码技术进行交换，从而实现预加密主密钥的共享。

8.2.5 修改密文规范协议

修改密文规范协议是一个简单的特定协议，位于 TLS 记录协议之上，所以它用到了 TLS 记录协议的处理过程，由记录层按照密码规范中所指定的方式进行加密和压缩。在握手完成之前，双方都要发送这个消息，用于通知对方其后的记录将用刚刚协商的密码规范以及相关联的密钥来保护。所有意外的更改密码规范消息都将生成一个“意外消息”警告。

更改密码规范协议的功能主要有互相通告将启用新的密码规范和协调客户端和服务器的状态，使得双方实现同步。

8.2.6 警告协议

警告协议将警告消息以及它们的严重程度传递给 TLS 会话中的主体。就像由记录层处理的应用层数据一样，警告消息也用当前连接状态所指定的方式来压缩和加密。

当任何一方检测到一个错误时，检测的一方就向另一方发送消息。如果警告消息为致命级错误，则通信双方立即关闭链接。双方都需要忘记任何与该失败的链接相关联的会话标识符、密钥等。对于所有的非致命错误，双方可以缓存信息以恢复该链接。

8.3 SET 协议

SET 协议.mp4

虽然 TLS 协议已经广泛应用在电子商务活动中来保证数据传输的安全性，但是 TLS 还存在一些不足，比如无法对交易的信息进行安全的不可抵赖保护，也无法保证消费者的个人信息、信用卡信息对商家的保密性，也即无法解决电子商务交易中的多边支付问题。

1996 年 2 月 1 日，VISA、MasterCard 等国际信用卡组织会同一些计算机供应商，开发了安全电子交易协议，简称 SET 协议，并于 1997 年 5 月 31 日正式推出协议的 1.0 版。SET(Secure Electronic Transaction)协议意为安全电子交易协议。它为使银行卡在 Internet 上安全地进行交易提出了一整套完整的方案，特别是采用数字证书的方法，用数字证书来证实在网上购物的人确实是持卡人本人，以及向持卡人销售商品并收钱的各方，包括持卡人、商户、银行等的安全，即涉及整个支付过程的安全。SET 协议文本(SET Secure Electronic Transaction Specification)1.0 版共包括三本书：*Business Description*、*Programmer's Guide*、*Formal Protocol Definition*。由于 SET 协议是 VISA 与 MasterCard 两大国际信用卡组织发起研发的，所以其解决的主要目标是银行卡的安全支付问题，但其解决思路也可为其他网络支付方式所采用。

8.3.1　SET 协议的目标

SET 协议要达到的主要目标有以下几个。

(1) 机密性。保护有关支付等敏感信息在 Internet 上的安全传输，保证网上传输的数据不被网上黑客等窃听。

(2) 保护隐私。涉及多方之间的信息保护。

(3) 完整性。应用密钥加密算法和产生数字摘要的 Hash 算法，借助数字信封技术，保证传输信息的完整性。

(4) 多方认证性。通过客户与商家的相互认证，以确认通信双方的身份。

(5) 标准性。SET 协议机制的参与各方在交易流程中均有严格的标准可循，主要体现在要求软件遵循相同的协议和消息格式、加密算法的应用协商、数字证书信息和对象格式、订货信息和对象格式、认可信息和对象格式、资金划账信息和对象格式、对话实体之间消息的传输协议等。

8.3.2　SET 交易参与方及应用系统框架

SET 协议是一个应用层协议，在相关应用中比 TLS 协议具有更多的优点，也是更复杂的密码应用协议。该协议是一种基于信用卡网上电子商务交易的安全标准，主要为了解决用户、商家和银行之间通过信用卡支付的交易安全而设计的，用以保证支付信息的机密、支付过程的完整、商户及持卡人的合法身份以及互操作性。其交易参与方有如下几个。

(1) 持卡人(Cardholder)。在 SET 协议中将购物者称为持卡人。持卡人要参加 SET 交易，必须拥有上网的计算机，还必须到发卡银行申请，并取得一套 SET 交易专用的持卡人软件，这套软件一般都称为电子钱包软件。软件安装好后的第一件事，就是上网去向数字证书认证中心(CA)申请一张数字证书。有了数字证书，持卡人就可以安全地进行网上支付了。

(2) 商户(Merchant)。商户要参与 SET 交易，首先必须开设网上商店(电子商务网站)，在网上提供商品或服务，让顾客来购买或得到服务。商户的网上商店必须集成 SET 交易商户软件，顾客在网上购物时，由网上商店提供服务，购物结束进行支付时，由 SET 交易商户软件进行服务。与持卡人一样，商户也必须先到银行进行申请，但不是到发卡银行，而是到接收网上支付业务的收单银行申请，而且必须在该银行设立账户。在开始交易之前，商户也必须先申请一张数字证书。

(3) 支付网关(Payment Gateway)。为了能接收从 Internet 上传来的支付信息，在银行与 Internet 之间必须有一个专用系统，接收处理从商户传来的扣款信息，并通过专线传送给银行；银行对支付信息的处理结果再通过这个专用系统反馈回商户。这个专用系统就称为支付网关。与持卡人和商户一样，支付网关也必须去指定的 CA 机构申请一张数字证书，才能参与 SET 交易活动。银行可以委托第三方担任网上交易的支付网关。

(4) 收单银行(Acquirer)。商户要参加 SET 交易，必须在参加 SET 交易的收单银行建立账户。收单银行虽然不属于 SET 交易的直接组成部分，却是完成交易的必要的参与方。网关接收了商户送来的 SET 支付请求后，要将支付请求转交给收单银行，进行银行系统内部的联网支付处理工作，这部分工作与 Internet 无关，属于传统的信用卡受理工作。

(5) 发卡银行(Issuer)。扣款请求最后必须通过银行专用网络(对 VISA 国际卡则通过 VISANET)经收单银行传送到持卡人的发卡银行，进行授权和扣款。同收单银行一样，发卡银行也不属于 SET 交易的直接组成部分，且同样是完成交易的必要的参与方。持卡人要参加 SET 交易，发卡银行必须参加 SET 交易。SET 系统的持卡人软件(如电子钱包软件)一般是从发卡银行获得的，持卡人要申请数字证书，也必须先由发卡银行批准，才能从 CA 得到。

(6) 数字证书认证中心 CA。参与 SET 交易的各方，包括网关、商户、持卡人，在参加交易前必须到数字证书认证中心 CA 申请数字证书，在证书到期时，还必须去 CA 进行证书更新，领一张新的证书。

基于 SET 协议的信用卡网络支付的系统框架如图 8.5 所示。

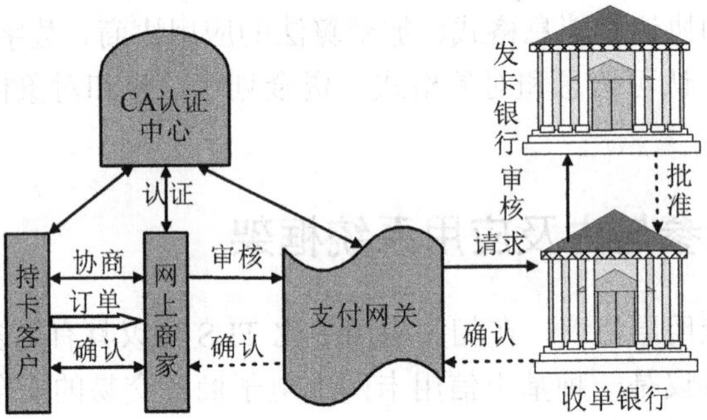

图 8.5 SET 协议的系统框架

8.3.3 SET 交易过程

SET 协议是一个非常庞大的协议系统，共由 17 个子协议组成，其中主要包括持卡人注册、商家注册、购买请求、支付认证、支付截获等。SET 协议还有很多可选的辅助子协议，包括证书状态查询、支付查询、授权撤销、付款撤销、信用卡撤销和出错信息等。SET 协议的基本交易过程如下。

(1) 持卡人用浏览器上网，在网上商店选购商品。网上商店里列出了商店能提供的所有商品的目录，供顾客选购。选好商品后，持卡人向商户提出订货要求。

(2) 持卡人要求网上支付，商户方计算机系统将从网上商店系统进入 SET 交易商户系统，并激发持卡人的 SET 交易持卡人软件，开始进行支付。

(3) 首先，持卡人与商户互相验证对方的数字证书，持卡人还要验证由商户转交的网关证书。然后，持卡人将购物请求信息传送给商户，其中一部分发给商户的信息用商户的公开密钥加密，商户能够看到；另一部分信息(持卡人账号等信息)则用网关的公开密钥加密，商户无法看到，通过商户转交给网关，商户生成授权请求，并将授权请求连同持卡人要求商户转发的信息一起发送给网关。

(4) 网关收到授权请求信息后将其发送给收单银行。收单银行再将信息传送到持卡人的发卡银行。

(5) 发卡银行将检查该信用卡的有效性及信用额度，决定是否授权，并生成授权应答，发送给收单银行。收单银行将应答传送给网关。

(6) 网关将授权应答消息传送给商户，商户再将消息发给持卡人，从而完成一次交易。如果授权批准，商户要安排送货，银行会将交易款从持卡人账户中扣除，划入商户的账户。

8.3.4　SET 的证书管理

在用户身份认证方面，SET 引入了证书和证书管理机制。在 SET 协议中，证书的种类很多，包括持卡人证书、商家证书、支付网关证书、银行证书、发卡机构证书等。其中最主要的是持卡人证书、商家证书和支付网关证书。

(1) 持卡人证书：适用于持卡人使用发卡机构颁发的银行卡(借记卡、储蓄卡、信用卡)进行网上购物和结算。

(2) 商家证书：适用于商户通过互联网向消费者出售商品或服务，并与支付网关相连，实现资金划转。

(3) 支付网关证书：适用于支付网关提供的服务(Internet 上各种安全协议与银行现有网络数据格式的转换)。

在 SET 机制中，证书的验证非常频繁。持卡人请求 CA 对商家认证，目的是对商家进行调查、验证和鉴别后，将包含商家公钥的证书传给持卡人。同样，商家也可对持卡人进行验证。证书采用树形验证。在双方通信时，通过出示由某个 CA 签发的证书来证明自己的身份，如果对签发证书的 CA 本身不信任，则可验证 CA 的身份，以此类推，一直确认到公认的权威机构，就可确信证书的有效性。SET 证书正是通过信任层次来逐级验证的。每个证书与数字化签发证书的实体的签名证书关联，沿着信任树一直到一个公认的信任组织，就可确认该证书是有效的。

8.3.5　SET 的交易特点

在 SET 协议中，使用 DES 对称密钥算法、RSA 非对称密钥算法等提供数据加密、数字签名、数字信封等功能，保证了数据的一致性和完整性，并可实现交易以预防抵赖；通过数字信封、双重签名，确保用户信息的隐私性和关联性。在完成一个 SET 协议交易过程中，需验证电子证书 9 次，验证数字签名 6 次，传递数字证书 7 次，进行 5 次数字签名，进行 4 次对称加密和 4 次非对称加密。完成一个 SET 协议交易过程需花费 1.5～2 分钟甚至更长时间。由此可知，SET 协议有些复杂，使用较麻烦，成本高，且只适用于客户具有电子钱包的场合。SET 的证书格式比较特殊，虽然也遵循 X.509 标准，但它主要是由 VISA 和 MasterCard 开发并按信用卡支付方式定义的。实际上银行的支付业务不仅仅是卡支付业务，而 SET 支付方式和认证结构只适合于卡支付，所以受支付方式的限制。但另一方面，SET 的协议保密性好，具有不可否认性，SET 协议的 CA 认证体系是一套严密的认证体系，可保证 B2C 式的电子商务安全顺利地进行。

SET 采用的加密技术主要包括如下几个。

(1) 数字信封。SET 依靠密码系统保证消息的可靠传输，在 SET 中，使用 DES 算法产生的对称密钥来加密数据，然后将此对称密钥用接收者的公钥加密，称为消息的“数字信封”，并将其和数据一起发送给接收者，接收者先用他的私钥解密数字信封，得到对称密钥，然后使用对称密钥解开数据。

(2) 数字签名。由于公开密钥和私有密钥之间存在数学关系，使用其中一个密钥加密的数据只能用另一个密钥解开，SET 中使用 RSA 算法来实现。发送者用自己的私有密钥加密数据并传给接收者，接收者用发送者的公钥解开数据后，就可确定消息来自谁。这就保证了发送者对所发信息不能抵赖。

(3) 消息摘要。在 SET 协议中，原文通过 SHA-1 算法生成消息的文摘。

(4) 双重签名。为了保证消费者的账号等重要信息对商家隐蔽，SET 中采用了双重签名技术，它是 SET 推出的数字签名的新应用。首先生成两条消息的摘要，将两个摘要连接起来，生成一个新的摘要(称为双重签名)，然后用签发者的私有密钥加密，为了让接收者验证双重签名，还必须将另外一条消息的摘要一起传过去。这样，任何一个消息的接收者都可以通过以下方法验证消息的真实性：生成消息摘要，将它和另外一个消息摘要连接起来，生成新的摘要，如果它与解密后的双重签名相等，就可以确定消息是真实的。

SET 协议也有其自身的缺陷，主要有以下几个。

(1) SET 的复杂性和认证机制决定了完全采用 SET 实施的应用系统寥寥无几，其困难不在于技术实施，而在于建立一个为商家、银行、发卡机构和消费者普遍认可的证书权威认证机构 CA 及其认证体系，这是一个敏感的商业问题，牵涉多方利益，很难协调。

(2) SET 的另一个弱点是作为一种卡支付协议，对别的安全协议如 TLS、IP sec/VPN、S/MIME 等不兼容，所以，SET 协议不但不支持除卡支付以外的其他支付方式，更不能支持电子商务中另一种增长较快、交易额较大的网上交易方式——B2B 的电子商务。

(3) 效率低。为了完成一个 SET 协议交易过程，需要验证数字证书 9 次，验证数字签名 6 次，传递数字证书 7 次，进行 5 次数字签名，进行 4 次对称加密和 4 次非对称加密。一次完整的 SET 交易通常要耗费 1.5～2 分钟的时间。

8.4 SET 与 TLS 的比较

TLS 协议和 SET 协议是当前在电子商务中应用比较广泛的安全协议，两者的差别主要体现在以下几个方面。

1. 用户接口

TLS 协议已被浏览器和 Web 服务器内置，无须安装专门软件；而 SET 协议中客户端需安装专门的电子钱包软件，在商家服务器和银行网络上也需要安装相应的软件。

2. 处理速度

SET 协议非常复杂、庞大，处理速度慢。一个典型的 SET 交易过程需验证电子证书 9 次，验证数字签名 6 次，传递数字证书 7 次，进行 5 次数字签名，进行 4 次对称加密和 4 次非对称加密，整个交易过程可能需花费 1.5～2 分钟；而 TLS 协议则简单得多，处理速度比 SET 协议快。

3. 认证要求

早期的 TLS 协议并没有提供身份认证机制，虽然在 TLS 3.0 中可以通过数字签名和数字证书实现浏览器和 Web 服务器之间的身份验证，但仍不能实现多方认证，而且 TLS 中只有商家服务器的认证是必需的，客户端的认证则是可选的。相比之下，SET 协议的认证要求较高，所有参与 SET 交易的成员都必须申请数字证书，并且解决了客户与银行、客户与商家、商家与银行之间的多方认证问题。

4. 安全性

安全性是网上交易中最关键的问题。SET 协议由于采用了公钥加密、信息摘要和数字签名，可以确保信息的保密性、可鉴别性、完整性和不可否认性，且 SET 协议采用了双重签名来保证参与交易活动的各方信息的相互隔离，使商家只能看到持卡人的订购数据，而银行只能取得持卡人的信用卡信息。TLS 协议虽也采用了公钥加密、信息摘要和 MAC 检测，可以提供保密性、完整性和一定程度的身份鉴别功能，但缺乏一套完整的认证体系，不能提供完备的防抵赖功能。因此，SET 的安全性远比 TLS 高。

5. 协议层次和功能

TLS 属于传输层的安全技术规范，它不具备电子商务的商务性、协调性和集成性功能。而 SET 协议位于应用层，它不仅规范了整个商务活动的流程，而且制定了严格的加密和认证标准，具备商务性、协调性和集成性功能。

由于 TLS 协议的成本低、速度快、使用简单，对现有网络系统不需进行大的修改，因而目前在电子商务中取得了广泛的应用。但随着电子商务规模的扩大，网络欺诈的风险性也在提高，需要对参与交易的多方进行认证，在未来的电子商务中 SET 协议可能会逐步扩大其应用范围。

8.5　其他电子支付协议简介

除了安全套接层 TLS 协议和安全电子交易 SET 协议这两种主要的安全支付协议之外，还存在着一些其他电子支付协议。

8.5.1　安全 HTTP(S-HTTP)协议

通常我们在用“http://”方式访问网站的时候，其内容是通过明文传输的，传输内容可能被别人截获，所以在传递一些隐私以及与密码相关的信息时，就显得非常不安全。在一些比较正式的网站以及一些银行相关的网站中，一些需要提交隐私或者重要级别比较高的密码时，须采用“https://”的方式将传输内容加密，从而保证用户安全和避免隐私的泄露。

1. HTTPS 概述

HTTPS 是一个安全通信通道，它基于 HTTP 开发，用于在客户计算机和服务器之间交换信息。它使用安全套接字层(TLS)进行信息交换，简单来说它是 HTTP 的安全版。

HTTPS 由 Netscape 开发并内置于其浏览器中，用于对数据进行压缩和解压操作，并返回网络上传送回的结果。HTTPS 实际上应用了 Netscape 的安全套接字层(TLS)作为 HTTP 应用层的子层。TLS 使用 40 位关键字作为 RC4 流加密算法，这对于商业信息的加密是合适的。HTTPS 和 TLS 支持使用 X.509 数字认证，如果需要的话用户可以确认发送者是谁。

2. HTTPS 和 HTTP 的区别

(1) HTTPS 协议需要到 CA 申请证书，一般免费的证书很少，需要交费。

HTTP 是超文本传输协议，信息是明文传输，HTTPS 则是具有安全性的 SSL 加密传输协议。

(2) HTTP 和 HTTPS 使用的是完全不同的连接方式，用的端口也不一样，前者是 80，后者是 443。

(3) HTTP 的连接很简单，是无状态的。

(4) HTTPS 协议是由 SSL+HTTP 协议构建的可进行加密传输、身份认证的网络协议，要比 HTTP 协议安全。

3. HTTPS 解决的问题

1) 信任主机的问题

采用 HTTPS 的服务器必须从 CA 申请一个用于证明服务器用途类型的证书，该证书只有用于对应的服务器的时候，客户端才信任该主机。所以目前所有的银行系统网站，关键部分应用的都是 HTTPS。客户通过信任该证书，从而信任了该主机。其实这样做效率很低，但是银行更侧重安全。

2) 通信过程中数据的泄密和被篡改

一般意义上的 HTTPS，就是服务器有一个 SSL/TLS 证书，其主要目的是保证服务器就是它声称的服务器，这个跟第一点一样。

服务器和客户端之间的所有通信都是加密的，具体讲，是客户端产生一个对称的密钥，通过服务器的证书来交换密钥，这是一般意义上的握手过程。接下来所有的信息往来都是加密的，第三方即使截获也没有任何意义，因为他没有密钥，当然篡改也就没有什么意义了。

少许对客户端有要求的情况下，会要求客户端也必须有一个证书。这里的客户端证书，其实就类似表示个人信息的时候，除了用户名/密码，还有一个 CA 认证过的身份。因为个人证书一般来说是别人无法模拟的，所以这样能够更准确地确认自己的身份。

目前，少数个人银行的专业版是这种做法，具体证书可能是拿 U 盘作为一个备份的载体。

8.5.2　安全电子邮件协议

安全电子邮件协议(Secure/Multi-purpose Internet Mail Extensions，S/MIME)是保证我们经常使用的电子邮件正确无误地发送到对方邮箱里面的安全协议和规范。

安全电子邮件协议由 RSA 公司提出，是电子邮件的安全传输标准，目前大多数电子邮件产品都包含对 S/MIME 的内部支持。协议在 TCP/IP 协议栈中处于应用层，它用 PKI 数字签名技术支持消息和附件的加密。在加密机制上，安全电子邮件协议 S/MIME 采用单向散列算法，如 SHA-1、MD5 等，也采用公钥机制的加密体系。S/MIME 的证书格式采用 X.509 标准。S/MIME 的认证机制依赖于层次结构的证书认证机构，所有下一级组织和个人的证书均由上一级组织认证，而最上一级的组织(根证书)间相互认证，整个信任关系是树状结构。另外，S/MIME 将信件内容加密签名后作为特殊附件传送。协议应用于各种安全电子邮件发送的领域。安全电子邮件协议与其他传统协议不同，其内部采用 MIME 的消息格式，不仅能发送文本，还可携带各种附加文档，如包含国际字符集、HTML、音频、语音邮件、图像等不同类型的数据内容。

8.5.3　虚拟专用网

虚拟专用网(VPN)是一种通过公用网络(如 Internet)连接专用网络(如用户的办公室网络)的方法。它将到拨号服务器的拨号连接的优点与 Internet 连接的方便与灵活性相结合。通过使用 Internet 连接，用户可以“周游世界”，而同时在大多数地方仍可以通过当地最近的 Internet 访问电话号码连接到用户的办公室。如果用户的计算机(在办公室)有高速 Internet 连接(如电缆或 DSL)，就可以以最快的速度与办公室通信，比使用模拟调制解调器的任何拨号连接速度快得多。

VPN 使用经过身份验证的连接来确保只有授权用户才能连接到用户的网络，而且这些用户使用加密来确保他们通过 Internet 传送的数据不会被其他人截获和利用。Windows 使用点对点隧道协议(PPTP)或第二层隧道协议(L2TP)实现此安全性。

VPN 技术使得公司可以通过公用网络(如 Internet)连接到其分支办事处或其他公司，同时又可以保证通信安全。通过 Internet 的 VPN 连接从逻辑上讲相当于一个专用的广域网(WAN)连接。

本 章 小 结

本章首先介绍了传输层安全协议 TLS，接着介绍了安全电子交易 SET 协议，然后对两者常用的支付协议进行比较，最后简要介绍了其他一些电子支付协议。

网络支付协议是指在电子交易过程中实现交易的各方支付信息正确、安全、保密地进行网络通信的规范和约定。这些协议可以分为不同的类型。一方面，对应于不同的支付工具，有不同的协议，例如，基于卡的支付协议、基于支票的支付协议以及基于电子货币的支付协议；另一方面，对应 TCP/IP 协议的各层也有不同的安全协议。

目前在电子支付中常用的安全协议有安全套接层协议(SSL)及其继任者传输层安全协议(TLS)和安全电子交易协议(SET)。本章具体结合网络支付叙述了 SET 与 TLS 的应用。

思 考 题

1. 基于 TLS 安全协议机制的信用卡网络支付中，是如何应用本章所述的系列安全技术的？

2. 调研最新出现的一些可应用于网络支付服务的安全技术。

3. SET 协议和 TLS 协议的主要区别是什么？

4. 中国工商银行在网络支付服务中是如何应用数字证书工具的？由哪个 CA 认证中心提供服务？这样运作有没有问题？

第9章　企业级电子支付系统

【学习目标】

- 了解电子汇兑系统的基本概念。
- 理解电子支票网络支付模式的基本过程。
- 了解两大国际电子支付系统 SWIFT 和 CHIPS 系统。
- 了解电子数据交换 EDI 的基本原理。
- 了解企业网络银行的运作过程。

【引导案例】

一线 | 黄奇帆怒怼 SWIFT 清算系统：过时、低效、成本高

2019 年 10 月 28 日，中国国际经济交流中心副理事长黄奇帆在首届外滩金融峰会上，对 SWIFT(环球同业银行金融电讯协会)系统密集开炮。他认为在数字化时代，企业间、国家间的支付结算方式也需要重塑，而作为世界最大的清算系统 SWIFT，以及全球最大的私营支付清算系统 CHIPS，都是没有前途的。

SWIFT 成立于 1973 年，为金融机构提供安全报文交换服务与接口软件，覆盖 200 余个国家，拥有近万家直接与间接会员，目前 SWIFT 系统每日结算额为 5 万亿至 6 万亿美元，全年结算额约 2000 万亿美元。CHIPS 是全球最大的私营支付清算系统，于 1970 年建立，由纽约清算所协会经营，主要进行跨国美元交易的清算，处理全球九成以上的国际美元交易。SWIFT 和 CHIPS 汇集了全球大部分银行，以其高效、可靠、低廉和完善的服务，在促进世界贸易的发展、加速全球范围内的货币流通和国际金融结算、促进国际金融业务的现代化和规范化方面发挥了积极的作用。

“但是高度依赖 SWIFT 和 CHIPS 系统存在一定风险。”黄奇帆话锋一转，“首先，SWIFT 和 CHIPS 正逐渐沦为美国行使全球霸权，进行长臂管辖的金融工具。”他举例称，从历史上看，美国借助 SWIFT 和 CHIPS 系统发动了数次金融战争。2006 年，美国财政部通过对 SWIFT 和 CHIPS 的数据库进行分析，发现欧洲商业银行与伊朗存在资金往来，美国随即以资助恐怖主义为借口，要求欧洲 100 多家银行冻结伊朗客户的资金，并威胁将为伊朗提供金融服务的银行列入黑名单。随后全球绝大部分银行断绝了和伊朗金融机构的所有业务往来，伊朗的对外金融渠道几乎被彻底切断。2014 年乌克兰危机中，美国除了联合沙特将石油价格腰斩外，更威胁将俄罗斯排除在 SWIFT 系统之外，随后俄罗斯卢布大幅贬值，经济受到严重影响。

此外，SWIFT 是过时的、效率低下、成本极高的支付系统。SWIFT 成立 46 年以来，技术更新缓慢，效率已经比较低下，国际电汇通常需要 3～5 个工作日才能到账，大额汇款通常需要纸质单据，难以有效处理大规模交易。同时 SWIFT 通常按结算量的万分之一收取费用，凭借垄断平台获得了巨额利润。

黄奇帆总结，在大数据平台、区块链技术的驱动之下，构建形成一个新的清/结算网络已经成为当前许多国家的共识。区块链技术具有去中心化、信息不可篡改、集体维护、可靠数据库、公开透明五大特征，在清/结算方面有着透明、安全、可信的天然优势。目前全球已有 24 个国家的政府投入并建设分布式记账系统，超过 90 个跨国企业加入到不同的区块链联盟中。欧盟、日本、俄罗斯等国正在研究建设类似 SWIFT 的国际加密货币支付网络来取代 SWIFT，越来越多的金融机构和区块链平台正在通过区块链试水跨境支付，用实际行动绕开 SWIFT 和 CHIPS 全球支付体系。

(资料来源：https://finance.qq.com/a/20191028/004032.htm)

9.1 电子汇兑系统

9.1.1 电子汇兑系统简介

1. 电子汇兑系统的产生

目前世界各地运行中的电子汇兑系统主要基于金融专用网络，并没有运行在 Internet 平台上。但一方面，借助专用网上的电子汇兑系统，仍然可以间接地为电子商务的发展服务，比传统的纸面票据支付结算效率上提高不少；另一方面，从第 3 章介绍的网络支付结算的支持平台组成部分可以了解到，其实银行内部、银行之间的金融专用网络能够通过与公众的 Internet 相连共同完成一项支付结算业务(特别是跨行、异地的资金支付结算)，所以金融专用网本身已成为网络支付平台涉及银行这一方的重要组成部分。

随着金融信息化的进一步发展和 Internet 的应用，银行逐渐转移自己的业务至 Internet 平台上，网络银行服务快速拓展，支持电子汇兑的网络平台也趋向 Internet 网络，为 B to B 电子商务下的网络支付提供了一种快捷安全方式。网络银行业务与电子汇兑业务将趋向融合。

银行与公司、企业单位、政府部门及其他金融机构的资金支付与结算不同于面向大众的银行卡业务(可称为零售业务)，它是一种批量业务或批发业务。之所以称之为批量业务，是因为它们之间的交易金额比较大。

在银行实现电子化以前，与零售业务支付机制类似，批发业务支付机制也主要基于支票等纸质凭证。这种基于纸票的手工支付机制，效率低、风险大、在途资金多，不能适应经济的快速发展要求和经济全球化的趋势，迫使企业和银行研制和发展用于批发业务的基于网络处理的电子资金转账系统，即银行批量业务电子处理系统。

银行批量业务电子处理系统主要包括面向单位客户的银行电子化服务系统(如电子银行及 EFT、网络银行、电子支票等)和面向银行同业的资金往来转账业务，还必须通过电子汇兑系统才能完成。

2. 电子汇兑系统的含义

电子汇兑，英文为 Electronic Agiotage 或 Electronic Exchange，即利用电子手段处理资金的汇兑业务，以提高汇兑效率，降低汇兑成本。

任何一笔电子汇兑交易，均由汇出行(Issuer Bank)发出，到汇入行(Acquirer Bank)收到为止，其间的数据通信转接过程的烦琐，视汇出行与汇入行(也称解汇行)两者之间的关系而定。

根据汇出行与汇入行间的不同关系，电子汇兑业务可分为如下两类。

(1) 联行往来汇兑业务。汇出行与汇入行隶属于同一个银行的汇兑，属于银行内部账务调拨，必须遵守联行往来约定，办理各项汇入和汇出事宜。

(2) 通汇业务。资金调拨作业需要经过同业多重转手(多个银行参与)处理才能顺利完成，称为通汇业务。通汇业务是一种行际间的资金调拨业务，如本国通汇和国际通汇。跨行或跨国通汇，因涉及不同银行间的资金调拨，参与汇通的成员必须签署通汇协定，才能保证作业系统的正常运行。

9.1.2　电子汇兑系统的特点和类型

1. 电子汇兑系统的特点

电子汇兑系统的主要客户是企业单位，其次是政府机构，社会大众用得少。

这种系统同自助银行系统相比，前者额大量小，主要面对企业单位和政府部门；后者额小量大，主要面对社会公众。国外把前者划归批发银行系统，把后者划归零售银行系统；我国则把前者划归大额支付系统，把后者划归小额支付系统。

电子汇兑系统具有如下显著特点。

1) 交易额大，风险性大

电子汇兑系统处理的交易金额较大，因而风险性也高。在银行系统的案例中，犯罪分子在电子汇兑系统里的作案比例大，作案金额是各类案例之首。

2) 对系统的安全性要求高于时效性要求

通过电子汇兑系统的汇兑金额大，客户汇款时最关心的是安全，其次才是及时送到。因此，要特别重视系统的安全性，而对系统在响应时间方面的要求则不必像零售银行系统那样严格。为了电子汇兑系统的安全，信息传输应采用先存后送的方式，确保信息在传输过程中所通过的每个站点都有确切的记录，以便万一汇兑业务出现问题时，也能迅速找出出事点。

3) 跨行和跨国交易所占比例较大

汇兑的业务处理有巨额的国际支付，有行际间的资金调拨，有企业间的贸易往来，有个人的小额汇兑，还有各种托收和代付。这些业务中，随着国际贸易的发展、跨国公司的壮大和全球经济一体化进程的加速，跨行和跨国交易所占的比重在增大。因此，设计电子汇兑系统时，应适应国际上通行的各种标准、规格和要求。

2. 电子汇兑系统的类型

为适应国际与国内贸易快速发展的需要，国际上许多国家以及一些国际组织建立了许多著名的电子汇兑系统。这些系统所提供的功能不尽相同，按照其作业性质的不同，可把电子汇兑系统分成三大类，即通信系统、资金调拨系统和清算系统。

(1) 通信系统(Communication System)。该系统主要提供通信服务，专为其成员金融机构传送与汇兑有关的各种信息，成员行收到这种信息后，若同意处理，则将其转送到相应的资金调拨系统或清算系统内，再由后者进行各种必要的资金转账处理。这种系统的典型代表是 SWIFT 系统，它把原本互不往来的金融机构全部串联起来。中国国家金融通信网 CNFN 也属于这种类型。

(2) 资金调拨系统(Payment System)。该系统是典型的汇兑作业系统，具体负责资金的支付。这类系统有的只提供资金调拨处理，有的还具有清算功能。这类系统的代表性系统有美国的 CHIPS 和 FEDWIRE、日本的全银系统、中国各商业银行的电子汇兑系统、中国人民银行的全国电子联行系统等。

(3) 清算系统(Clearing System)。该系统主要提供银行间的资金清算处理。如果汇入行与汇出行之间无直接清算能力，则需委托另一个合适的清算系统进行处理。以美国为例，CHIPS 除可做资金调拨外，还可兼做清算，但对象仅限于纽约地区的银行。纽约以外的银行清算则要交由具有清算能力的 FEDWIRE 进行处理。中国的异地跨行转汇，必须经过中国人民银行的全国电子联行系统，才能最终得以清算。

9.2 电子支票概述

电子支票支付方式.mp4

9.2.1 电子支票系统简介

在支付结算发展的历程中，传统支票在企业间的商务支付结算中是主要手段，但是因为是纸质支票，存在费时费力、安全性较差、使用区域局限等不足。如果能借助当时快速发展与广泛应用的信息网络技术，发展一种客户在使用方法上与传统支票比较类似，其应用流程模拟传统支票支付结算流程，可以大大提高支付的效率，这就是电子支票的发展需求。信息网络与安全技术的应用为纸质支票转化为电子支票创造了条件。早在 1995 年，由美国一些大银行和计算机公司组成的金融服务技术联合会就开发并公开演示了使用 Internet 进行的电子支票交易系统，并且预言“这个系统可能会引起银行交易发生革命”。

1. 电子支票的定义

电子支票的英文为 E-Check，也称数字支票，是将传统支票的全部内容电子化和数字化，然后借助计算机网络(Internet 与金融专网)完成支票在客户之间、银行客户与客户之间以及银行与银行之间的传递，实现银行客户间的资金支付结算。或者简单地说，电子支票就是纸质支票的电子版。它包含和纸质支票一样的信息，如支票号、收款人姓名、签发人账号、支票金额、签发日期、开户银行名称等，具有和纸质支票一样的支付结算功能。图 9.1 为电子支票的样例。

电子支票是纸质支票的电子替代物，它与纸质支票一样是用于支付的一种合法方式，使用数字签名和自动验证技术来确定其合法性。监视器的屏幕上显示出来的电子支票样子十分像纸质支票，填写方式也相同，支票上除了必需的收款人姓名、账号、金额和日期外，还隐含了加密信息。电子支票通过电子函件直接发送给收款方，收款人从电子邮箱中取出电子支票，并用电子签名签署收到的证实信息，再通过电子函件将电子支票送到银行，把款项存入自己的账户。

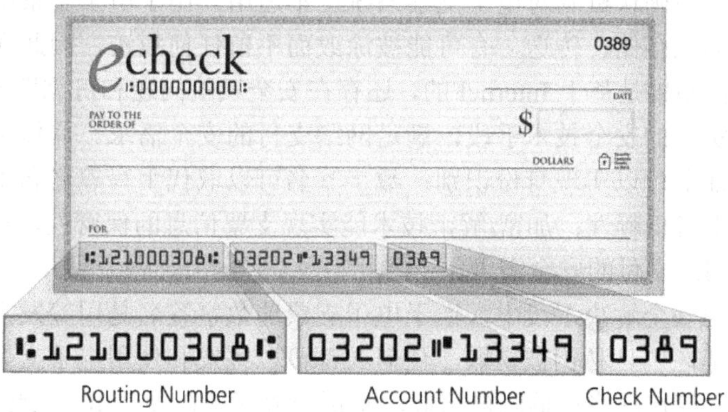

图 9.1　电子支票的样例

2. 电子支票的属性

电子支票从产生到投入应用，一般具备下列属性。

(1) 货币价值：必须有银行的认证、信用与资金支持，才有公信的价值。

(2) 价值可控性：可使用若干种货币单位，如美元、人民币等。

(3) 可交换性：可以与纸币、电子现金、商品与服务等进行交换。

(4) 不可重复性：同一客户在使用某张票号的电子支票后，就不能再用第二次，也不能随意复制使用。

(5) 可存储性：能够在许可期限内存储在客户的计算机硬盘、智能卡或电子钱包等设备中。

(6) 应用安全与方便：在整个应用过程中应当保证其安全、可靠、方便，不可随意否认、更改与伪造，易于使用。

3. 电子支票的优缺点

电子支票有以下优点。

(1) 与传统支票类似，用户比较熟悉，易被接受，可广泛应用于 B2B 结算。

(2) 电子支票具有可追踪性，所以当使用者的支票遗失或被冒用时可以停止付款并取消交易，风险较低。

(3) 通过应用数字证书、数字签名及各种加密/解密技术，提供比传统纸质支票中使用印章和手写签名更加安全可靠的防欺诈手段。加密的电子支票也使它们比电子现金更易于流通，买卖双方的银行只要用公开密钥确认电子支票即可，数字签名也可以被自动验证。

电子支票有以下缺点。

(1) 需要申请认证，安装证书和专用软件，使用较为复杂。

(2) 不适合小额支付及微支付。

(3) 电子支票通常需要使用网络进行传输。

9.2.2　电子支票的安全解决手段

电子支票的应用系统可以建立在传统纸质支票系统基础上，但纸质支票系统中的签字、盖章、笔迹等安全与确认机制对电子支票系统已不适用。由于电子支票中的所有信息都以电子数据文件的形式存储、传送，有可能被涂改而不留任何痕迹，因此在电子商务中，电子支票的传输平台如果是基于Internet的，还存在安全风险问题和可靠性问题。所有电子支票必须采取先进实用的安全技术手段，满足网络支付的安全需求。具体来讲，在电子支票系统中使用数字证书可以实现身份识别；数字签名可以取代手写签名和签章，而且实现了信息的完整性和不可抵赖性；加密/解密技术能实现支票信息的保密性，这些技术手段的综合使用能够保证网络支付的安全需求。

在电子支票的安全解决手段中，由于电子支票的数字签名是用签发人的私钥生成的，私钥保存最为关键，一旦私钥被窃取，任何人都可以签发和使用电子支票。为了防止客户私钥在客户计算机或在网络传输时被窃取，私钥一般存放在硬件IC卡或PC卡上，由用户随身携带。这个硬件IC卡就称为电子支票簿装置。不同客户通过输入个人身份识别码(PIN)来激活电子支票簿，这样可以确保私钥的授权使用。

电子支票簿其实是一种硬件与软件装置，可以实现电子支票的签名、背书等最基本功能，具体来说就是保护电子支票中签名私钥的安全系统。它具有防篡改的特点，并且不容易遭到来自网络的攻击。常见的电子支票簿有智能卡、PC卡、PDA卡等。智能卡是目前最常见的电子支票簿装置。以智能卡为例，用作电子支票簿的智能卡借用其包含的芯片存储用户的私人密钥；应用芯片编程，执行电子支票的数字签名、背书并存储签名日志等功能。智能卡是非常安全的，从而保证签名私钥与电子支票的安全。

不同的电子支票簿的生成过程不一样，以智能卡式电子支票簿为例，其产生过程一般可描述如下。

(1) 执行智能卡式电子支票簿的初始化程序，激活卡内芯片，调用密钥生成程序，生成加密和签名的密钥对。私钥保存于卡内，公钥可从卡内导出。

(2) 发行电子支票和智能卡的银行对支票账号、智能卡信息及持卡人登记。

(3) 用户的公钥以安全方式从卡内导出发送给银行CA，银行CA把公钥、一定的支票账号和持卡人进行映射。

(4) 银行CA验证完所有账户信息和公钥后，给作为电子支票簿的智能卡发放一张用银行私钥签名的带银行公钥的数字证书。

(5) 系统确认银行颁发的数字证书的完整性，把证书及一些账户信息(如支票账号、支票限制信息)存入智能卡。

(6) 借助软硬件系统生成智能卡式的电子支票簿，并在卡面上打印银行标识、持卡人姓名、识别码等。

(7) 随机生成PIN，安装到智能卡芯片内。

(8) 把智能卡式的电子支票簿和被覆盖的PIN发给电子支票用户。用户收到后安装对应的软硬件，便可正式使用智能卡式的电子支票簿了。

同样以智能卡式电子支票簿为例，介绍电子支票簿的主要功能。

(1) 密钥生成：系统执行标准的加密算法，在智能卡内生成所需的密钥对。

(2) 签名与背书：用户通过智能卡内ROM芯片中的加密程序与私钥实现对电子支票信息的加密和签名。

(3) 存取控制：用户通过输入PIN激活电子支票簿，确保私钥的授权使用。

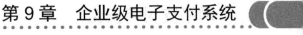

另外，使用电子支票簿的优点主要表现在以下几个方面。

(1) 保证用户签名私钥的安全性。

(2) 标准化和简化密钥的生成、分发和使用机制。

(3) 能够理解电子支票的语法，对电子支票的关键数据建立日志并且保存。

(4) 帮助随机自动生成递增的、唯一的“电子支票号”，杜绝由于网络传递出现问题或人为原因造成的电子支票副本，防止对同一张支票的多次使用与兑现。

9.2.3 电子支票的网络支付模式

电子支票一般由客户计算机内的专用软件生成(也可以由银行专门软件生成特殊电子支票文件，交由客户进行数字签名)，一般应包括支付数据(包括支付人、支付金额、支付起因等)、支票数据(包括出票人、收款人、付款人、到期日等)、客户的数字签名、CA 证书、开户行证明文件等内容。

电子支票网络支付模式一般包含三个实体，即客户(购买方)、商家(销售方)和金融机构(客户的开户银行、商家的开户银行、票据交易所或清算所)。如果是同一家银行，金融机构只有一家银行就行了；如果是不同的开户行，则借助票据交易所，可由一独立的机构或现有的一个银行系统承担，其功能是在不同的银行之间处理票据和清算。

因此电子支票的网络支付模式可分为同行电子支票网络支付模式和异行电子支票网络支付模式两种。

1. 同行电子支票网络支付模式

像传统纸质支票的应用一样，同行电子支票由于只涉及同一家银行的资金结算问题，比较简单、方便与可靠，所以流程比较简单。

(1) 预备工作。客户(如企业、学校或政府部门等组织)与开户银行、商家与开户银行之间密切协作，通过严格的认证阶段，如相关材料的认定、数字证书的申请与电子支票相关软件的安装应用、电子支票应用的授权等。

(2) 客户和商家达成网上购销协议，并选择使用电子支票支付。

(3) 客户通过网络向商家发出电子支票。

(4) 商家收到电子支票后，通过认证中心 CA 对客户提供的电子支票进行验证，验证无误后将电子支票送交银行索付。

(5) 银行在商家索付时通过认证中心 CA 对客户提供的电子支票进行验证，如果有效(如款够不够)即可向商家兑付或转账。

(6) 成功转账后，在网上向客户发出付款成功通知消息，方便客户查询。

2. 异行电子支票网络支付模式

异行电子支票由于涉及两家或多家银行，以及中间的用于银行间资金清算的票据交易所(资金清算系统)，所以流程较为复杂。因此，一个完整的异行电子支票网络支付业务的支付流程也是比较复杂的，分为三个阶段，具体如下。

1) 第一阶段：客户的购买阶段

(1) 客户访问商家的服务器，商家的服务器向客户介绍其货物。

(2) 客户挑选货物并向商家发送电子支票。

(3) 商家通过认证中心和其开户银行对支付进行认证，并验证客户电子支票的有效性。

(4) 如果支票是有效的，商家则接收客户的这宗业务。

2) 第二阶段：商家索付阶段

商家把电子支票发送给它的开户行。何时发送由商家根据自己的需要自行决定。

3) 第三阶段：行间清算兑付阶段

(1) 商家的开户行把电子支票发送给票据交易所，以兑换现金。

(2) 票据交易所向客户的开户行兑换支票，并把现金发送给商家的开户银行。

(3) 客户的开户行为客户下账。

9.3 国际电子支付系统

国际电子支付系统
SWFIT 和 CHIPS.mp4

在国际上进行电子支付的系统主要包括用于国际金融信息通信的金融专用网络和用于金融信息处理的众多支付结算系统。下面以 SWIFT 和 CHIPS 为例进行介绍。

9.3.1 SWIFT 系统

SWIFT，英文为 Society for Worldwide Interbank Financial Telecommunication S.C.，中文一般为“环球同业银行金融电讯协会”或“环球银行间金融通信协会”，是国际银行同业间的国际合作组织。这个组织运营着世界级的金融报文网络，银行和其他金融机构通过该组织提供的安全的、标准化的和可信的通道与同业交换报文，从而完成金融交易。除此之外，SWIFT 还向金融机构销售软件和服务，其中大部分用户都在使用 SWIFT 网络。截至 2015 年，SWIFT 的服务已经遍及全球 200 多个国家和地区的 11 000 多家银行和证券机构、市场基础设施和公司客户，每日处理的报文次数达到 1500 万次。

1. SWIFT 的基本情况

SWIFT 总部位于比利时首都布鲁塞尔的郊区 La Hulpe，遵守 ISO 中有关创建和维护金融报文的标准。其目标是为全体成员的共同利益服务，为了确保安全准确地完成对私有的、保密的、专利的金融报文的通信、传输以及路由等行为，研究、创造一切必要的方法，并且将其付诸使用和操作。

在 20 世纪 70 年代，金融交易(主要是指国库和几家相应的银行)所依赖的技术十分简陋：支付与确认信息是通过 Telex 网络来实现的，既慢又不安全。Telex 的速度只有 50 波特/秒，大致相当于 8 字节/秒，格式松散，大大增加了自动接收报文的难度。为了寻求新的解决方案，在 1974 年，7 家主要的国际性银行举行了会谈，最终促使 SWIFT 的成立。不久之后，即三年后的 1977 年，成员便拓展到了 230 家银行，遍及 5 个国家。

在过去的几十年里，报文的类型爆炸性地增长，覆盖了金融交易的方方面面；每年都有新型的报文出现，它们在 9—11 月被添加进来。为了匹配日益增长的报文交易量，网络基础设施不断更新，老式的网络被 X.25 取代。一旦 SWIFT 接收了报文，就会对它全权负责，这使得 SWIFT 网络具备了内在的安全性和健壮性(每年持续运营的时间比例超过 99.99%)。因此，SWIFT 在市场上的地位不可动摇。

2. SWIFT 的参与用户

在构建之时，整个网络仅仅是为国库与其相关银行之间的操作而设计的；时至今日，很多其他机构也被允许访问各项服务了，尽管某些情况下访问是有限制的。当前，SWIFT 的参与用户可被分为以下几类：银行(Banks)、贸易机构(Trading Institutions)、短期信贷经纪人(Money Brokers)、债券经纪人(Security Broker Dealers)、投资管理机构(Investment Management Institutions)、清算系统与中央储备局(Clearing Systems and Central Depositories)、认可交易所(Recognised Exchanges)、信托服务公司(Trust and Fiduciary Service Companies)、金库对等者(Treasury Counterparties)。

SWIFT 协会为其会员共有，成为会员的先决条件是必须持有银行许可证(Banking Licence)。作为回报，会员拥有协会的股份，并且具备选举权。除此之外，还有两类用户：子用户和参与者。超过 90%的用户属于前一类型，他们能够全权访问整个系统，但是不具备股份和选举权；后者通常是其他类型的金融机构，他们能够受限访问系统，没有任何所有权。所有的成员都必须交纳初始入会费和年费，具体的数目根据其类别而定。此外，用户收发报文需要交纳费用，收费标准的依据为报文的单位长度，由其具体的类型可分为 325 个字符或 1950 个字符等。还有，收发报文的数目与所经过的路线也是费用的衡量因素。

3. SWIFT 的目标、任务和服务

1) SWIFT 的目标

SWIFT 的目标是在所有金融市场为其成员提供低成本、高效率的通信服务，以满足成员金融机构及其终端客户的需求。包括我国在内的全球的外汇交易电文，基本上都是通过 SWIFT 传输的。需要指出的是，SWIFT 仅为全球的金融机构提供通信服务，不直接参与资金的转移处理服务。也就是说，SWIFT 在网络支付机制中起传递支付结算电文的作用，并不涉及支付电文收到后的处理细节。

SWIFT 向用户群提供报文传送服务平台和通信标准，以“方便访问，促进集成化，验证、分析和监管合规”为宗旨提供产品和服务。

SWIFT 的报文传送服务平台、产品和服务将 200 多个国家和地区的 11 000 多家银行机构、证券机构、市场基础设施和企业客户联结在一起。虽然 SWIFT 并不代表客户持有资金或管理账户，但是它让全世界的用户社区能够安全地进行通信、可靠地交换标准化金融报文，因此，SWIFT 得以促进全球和地区金融流动，推动世界范围内的贸易和商业发展。SWIFT 还在全球、地区和地方各个层面将金融业界集合到一起，共同协作来制定市场惯例、定义标准，并讨论彼此共同关注的问题。SWIFT 总部位于比利时，其跨国治理和监督模式加强了其协作机制的中立性和国际性。SWIFT 遍布全球的分支机构网络确保其在所有主要的金融中心都能有一席之地。

2) SWIFT 的任务

SWIFT 的任务包括以下几个方面。

(1) 提供安全、可靠、高质量、低成本的金融数据传输和处理服务。

(2) 通过用户与用户之间金融数据的自动化与网络化处理，保证用户的业务活动。

(3) 提出世界性金融网络数据传输的标准。

(4) 带领世界金融业进行金融数据处理的专业化工作，保证有效性及安全性。

3) SWIFT 的服务

SWIFT 的产品和服务不断升级，以满足客户群不断增长的访问、集成、商业情报、参考数据以及金融犯罪合规等需求。SWIFT 的产品和服务帮助用户访问、生成、管理、处理和理解其报文传送流量。SWIFT 的产品和服务帮助用户从 SWIFT 的报文传送中获取最大利益。

与金融行业本身一样，SWIFT 的产品和服务非常多元化。SWIFT 提供众多访问选项，提供报文传送管理软件程序包，进行宏观经济分析，实现后台自动化。我们也支持金融犯罪合规和标准实施，提供专业培训，帮助用户提高其安全性和可复原性。

SWIFT 的解决方案寻求解决 SWIFT 社区所面临的难题，以在向往来银行或交易银行提供支持的过程中降低风险、减少成本、实现高效。社区方法使得 SWIFT 能够采取最佳方式满足用户的需求，开发共享的解决方案，实现行业范围内解决方案的协调统一。

(1) 链接与访问。

为了使用 SWIFT 的报文传送服务，客户需要接入 SWIFT 环境。为了满足不同的用户需求，SWIFT 提供如下几种连接到 SWIFT 环境的方法：直接通过永久租赁线路、因特网或者 SWIFT 的云服务(Lite2)，或者间接通过其指定合作伙伴连接。

除了提供不同的连接选择和广泛的平台产品外，SWIFT 还提供各种接口，以实现用户内部系统和 SWIFT 环境的无缝连接。SWIFT 的各种接口都遵循接入 SWIFT 环境所需的所有 SWIFT 协议，同时，根据客户需求为客户量身打造不同的可选项，以支持不同的服务，提供不同的功能。

(2) 软件。

SWIFT 提供各种集成与报文传送管理解决方案，以支持各类需求(从世界级大型机构的复杂、高容量的报文传送需求，到小型银行和企业的低容量、成本敏感需求)。

制定解决方案是为了全面解决用户的金融报文传送需求，并提供(包括但不限于)存储、格式化、翻译与转换、协调、存档、修复等功能。

(3) 共享服务。

SWIFT 的服务组合能够解决金融机构所面临的某些最重大的运营难题。这些解决方案通常专注于对人工和耗时的流程进行自动化、降低与金融通信和一般后台处理有关的监管复杂性和技术复杂性。

例如，SWIFT 的金融犯罪合规服务可以帮助我们的社区降低遵守制裁和满足“了解你的客户”(KYC)要求所涉及的成本和复杂性，解决金融业最紧迫的需求之一。通常，中小型机构使用 SWIFT 的管理式服务监测金融交易，而大型机构则要求获取第三方保证，确保其交易的制裁筛查环境运行正常。SWIFT 的 KYC Registry 使得银行能交换一套标准化的尽职调查信息，以减少数据收集的成本，提高决策效率。另外，SWIFT 的深入数据分析功能帮助银行精准定位、调查并消除与金融交易和往来银行业务相关的潜在合规风险。

4. SWIFT 的信息安全

SWIFT 认为信息安全是其客户的关键价值驱动因素和其服务的主要优势。SWIFT 的信息安全措施全面周到。这些措施旨在应对极端情形，以及防止未经授权进行任何物理和逻辑访问，此等访问可能会导致保密性、完整性或可用性损失。SWIFT 的措施包括保护工作场所的物理控制及防止未经授权访问数据和系统的逻辑访问，还包括 SWIFT 的侦测、应对及复原能力。

为确保 IT 资产和数据的物理安全，SWIFT 在设计和建造特定用途的数据中心时编入最高级别的保护机制，基于严格的业务需求审查机制严密控制对此等站点的访问，并在整个运转周期对计算机硬件和媒体操作强制执行严格的控制。

在 SWIFT 的服务和软件的架构、设计、开发、维护及运行中，我们也采用类似的方式。通过使用结构化开发理论，我们确保在支持我们客户业务的 SWIFT 服务、软件和技术中植入最高的逻辑安全级别。由安全专业人员组成专设团队与业内领导者一道合作审查所有设计和安全做法，提供指导、支持和测试服务，并保证我们的产品和服务在推向客户群之前进行了适当的设计、实施和运行操作。SWIFT 主要从以下几个方面进行了信息安全控制。

1)　风险框架

SWIFT 的运行操作中深度植入了风险管理，且其风险管理基于 SWIFT 的风险文化，这种文化就体现在他们提出的座右铭“永无故障”(FNAO) 中。 三道坚固的防线支持和监督 SWIFT 的风险管理方法。第一道是管理层，此道防线负责开发和实施牢固的可靠性和安全性框架；第二道是风险与合规部门，负责总体风险框架；第三道是审计部门。所有这些防线都受到强大的第三方保障体系的支持，并由外部安全审计机构根据适用的《国际鉴证业务准则》(*International Standards on Assurance Engagements*)的要求提交审计报告。

SWIFT 的总体企业风险管理框架为整个 SWIFT 组织内的风险管理提供了统一、整体的视角，且基于并管控 SWIFT 的其他风险管理操作，如信息安全风险管理。 信息安全风险管理框架规定了如何识别、降低、跟踪安全风险并逐级向 SWIFT 董事会报告此等风险。该框架旨在体现不断演变的风险管理做法，因为风险管理做法为应对新出现的威胁和网络会进行调整。

SWIFT 的内部审计和外部安全审计持续地就 SWIFT 的风险和控制功能进行独立和客观的审查、评估和报告，共同构建完善的信息安全风险管理系统。内部审计团队本身定期接受外部审查，这能向董事会和 SWIFT 管理层保证团队的运行符合国际审计标准和做法。

2)　网络线路安全

在网络线路上，SWIFT 积极主动地从各种公共、专有或机密渠道了解外部网络事件、恶意手法和网络威胁，推动其在预防、探测和/或复原能力方面的持续投入。

同时，SWIFT 与广受认可的标准(如 ISO 或 NIST 网络框架)保持一致，长期大量投资于网络战略和基础设施。SWIFT 不断投资并专注于安全性方面，以在不断变化的威胁格局中保持领先地位。鉴于网络威胁不断增加，SWIFT 以三年为周期制定并实施网络安全路线图，该路线图界定我们在安全方面的专注领域。SWIFT 的网络投入可分为以下四个主要方面。

(1)　了解——了解敌手并明白自身风险。

(2)　预防——加大敌手活动的内在难度，防止网络攻击。

(3)　计划——永不低估敌手，寻求探测可能攻破防线的攻击。

(4) 管理——设想出问题的情形。为最坏的情况做好准备，随时应对和牵制攻击并从中恢复。

3) 报文传送服务安全

SWIFT 报文传送服务在其内部环境中提供，此环境包括 SWIFT 及其全体人员所拥有和直接运营(及控制)的所有工作场所、基础设施、软件、产品和服务。SWIFT 环境对客户的报文实施严格的安全性、保密性及完整性保护。SWIFT 实施控制和采用一些程序来防止报文数据未经授权而被披露，保证消息来源，防止未经授权对报文进行篡改，并探测报文毁坏；而且内容验证功能可确保仅允许对有效报文进行处理并以相关序列传送给指定接收人。

SWIFT 保证报文传送服务的可用性，同时保证报文及相关客户数据的保密性和完整性，以及保护 SWIFT 环境中的隐私权。

客户发送的报文数据都经过先进的安全与识别技术的验证。报文在离开客户环境进入 SWIFT 环境前都要进行加密。由于 SWIFT 的保密性和完整性承诺，这些报文在整个传输过程一直留在受保护的 SWIFT 环境中，直至其安全传送给接收人。

(1) 可用性。

SWIFT 的报文传送服务旨在全年全天候提供，但某些有限的计划停机时段例外。SWIFT 运行多个运营中心 (OPC)，提供全站冗余。在每个运营中心，中央系统旨在通过多个当地机房消除单点故障。2014 年，SWIFT 设在瑞典的运营中心全面投入运行。这一新的 IT 设施拥有支持全球报文传送流的能力。SWIFT 拥有在所有其他复原措施和备份都不足的情况下恢复报文传送的极限能力。

(2) 保密性。

SWIFT 防止客户数据未经授权而被披露，因此，其安全措施对所有的物理和逻辑访问实施强大的控制，包括保护工作场所的物理措施和基于业务需求实施访问限制的逻辑控制。所有的客户报文在存储于 SWIFT 系统或离开 SWIFT 数据中心时都进行了高级的加密操作。此外，客户报文都进行了处理，并存储在最符合客户在数据隐私法规方面的要求的地理区域中的运营中心。

(3) 完整性。

SWIFT 专有公共钥匙、数字证书和数字签名以各种方式验证发送者及其所发送报文的完整性。SWIFT 通过验证签名来证实报文完整性，并通过验证证书来验证发送者。SWIFT 确保报文以适当的序列传送给指定接收人并提供端对端安全，让发送者能为接收者规定采用怎样的签名，并让接收者能对报文完整性及发送者进行验证。因此，报文中的数据完全由发送和接收机构签发并控制，且报文发送者能向接收者提供验证方式保证该报文在传输过程中没有被篡改。

(4) 复原能力。

SWIFT 的报文传送服务对全世界各金融市场的无缝运营极为重要，因此，SWIFT 特别重视报文传送服务的复原能力。SWIFT 基础设施的设计、建造和测试都旨在使其在遇到压力、干扰、故障或恶意行为的情况下仍然可用，并满足指定的复原时间目标。

首先，SWIFT 保持多个运营中心以提供全站冗余，而且运营中心广泛分布在多个地理位置，这些位置都是在慎重考虑潜在人为和自然灾害后精心选择的。在每个运营中心，系统架构的设计旨在消除单点故障。每个运营中心的系统和网络的设计和配置旨在满足 SWIFT 在相关地区的用户群的处理和存储要求。

运营中心高度安全，对运营中心的访问都受到严格的控制。每一运营中心都针对极为重要的设备(从服务器到冷却装置和电源)留出了当地冗余。报文数据在传送前始终存储在两个地理位置上相互独立的运营中心。

为了应对多个运营中心同时出现故障的极端情况，SWIFT 可以激活完全独立的灾难恢复基础设施来保持报文传送服务继续运行。服务连续性测试计划基于预先定义的情形和预期结果，按照经发布且经审计的计划执行。SWIFT 至少每年一次测试其是否能在规定时间内接收其灾难站点。SWIFT 就其服务的复原能力定期接受内部和外部审计，并将复原能力包含在外部审计报告的范围内。

(5) 通过外部审计实现第三方鉴证。

SWIFT 的外部安全审计机构每年对其报文传送服务进行独立的外部审计。该审计按照适用的《国际鉴证业务准则》的要求进行。由此生成的报告就 SWIFT 在特定范围内的服务的安全性和可靠性提供第三方鉴证。SWIFT 已按照 ISAE 3402 标准起草 2015 年及往年的报告，此等报告包含独立安全审计机构的意见，表明此等机构合理确信 SWIFT 实施了足够的有效控制来达成其在治理、保密性、完整性、可用性和变革管理方面所设定的控制目标。自 2016 年起，SWIFT 根据 ISAE 3000 标准起草报告，报告符合 CPMI-IOSCO 的《关键服务提供商准则》(*Expectations for Critical Service Providers*)的要求，涵盖风险管理、安全性管理、技术管理、复原能力及用户通信等领域。ISAE 3402 和 ISAE 3000 都属于国际标准，让 SWIFT 这样的服务提供商能就其流程和控制向客户和其审计机构提供独立的鉴证。每年，该报告应请求提供给客户，并根据适当的保密性安排向潜在客户提供。

5. SWIFT 报文传送与标准

SWIFT 的报文传送服务被世界上 200 多个国家和地区的 11 000 多家金融机构信赖并使用。SWIFT 向用户群所提供的报文传送服务可靠、安全、高效，因此而成为世界金融通信行业的中流砥柱。

如果美国的一家成员银行(源行，即业务发生行)，欲通过 SWIFT 向伦敦的一家成员行(目标行，即业务结束行)发送一份汇款电文，源行的计算机系统将电文发往美国的区域处理中心 R.P.，然后，经由 USA O.C.和欧洲 O.C.发往 London R.P.，再由后者将电文发送到目标行的计算机系统中去。这份汇款电文要经过两个 O.C.转接才能到达目标行，其过程如图 9.2 所示。

自其创立时起，SWIFT 即在加强标准化(这是全球金融报文传送和自动化的基础)方面起了主要作用。使用标准化的报文和参考数据可以确保机构间交换的信息准确无误且便于机器识别，有助于进行自动化，并且能够减少成本、降低风险。通过使用 SWIFT，银行、托管公司、投资机构、中央银行、市场基础设施及企业客户能够彼此联结在一起，通过交换结构化的电子报文完成相同的商业流程，如进行支付或贸易结算。

SWIFT 致力于维护其报文传送服务的保密性、一致性和可用性。其制定并实施了诸多控制和流程，以防止报文数据未经授权而被披露；帮助确保报文的准确性、完整性和有效性及送达；确保达到我们的服务可用性要求。

标准化对于促进跨语言、跨系统传送的数据的理解，以及实现用户间无缝、自动的通信传输、接受和处理均至关重要。使用标准化的信息和参考数据可以确保机构间交换的信息准确无误且便于机器识别；反过来，这又能实现高效的自动化，进而减少成本、降低风险。

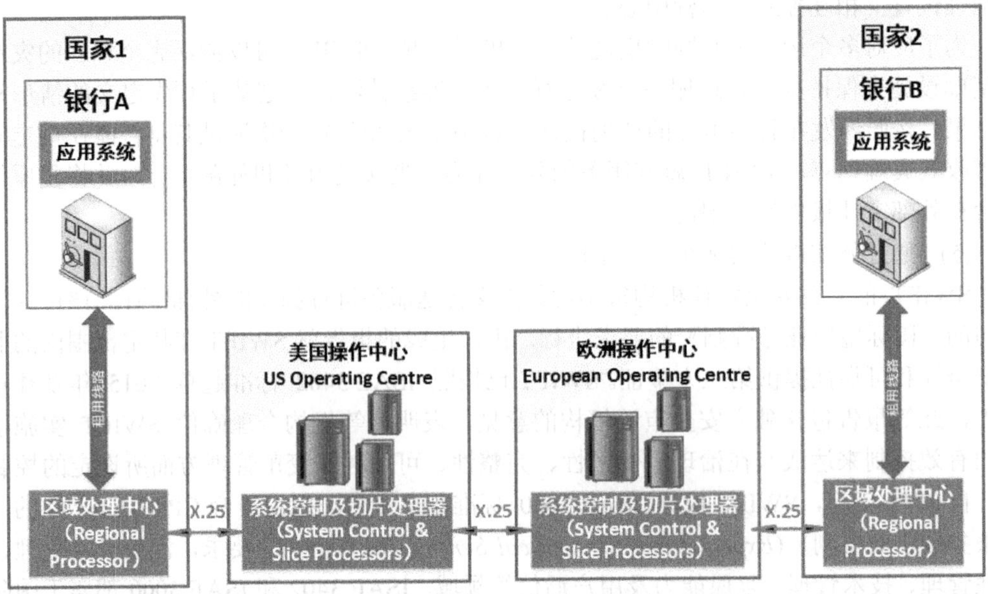

图 9.2　SWIFT 电文信息传输图

金融业者相互发送结构化的电子报文以完成相同的商业流程(如支付或确认交易)已成为惯例。作为金融报文传送标准化的持续推动者，SWIFT 标准小组与金融界共同协作，以确定这些报文的标准。这些标准将明确报文中可包含的数据元素，记录这些数据元素的含义和格式，并区分哪些元素是必不可少的，哪些是可选的，哪些是特定商业情境所特别要求的。报文传送标准也描述报文接受者预期会采取的行动，并且因为某些商业流程需要交换多条报文，标准也会明确报文收发的顺序。

6. SWIFT 在中国的应用

1980 年 SWIFT 连接到中国香港。我国的中国银行于 1983 年加入 SWIFT，是该组织的第 1034 家成员行，并于 1985 年 5 月正式开通使用 SWIFT，这个事件成为我国与国际金融接轨的里程碑。我国其他国有商业银行、上海和深圳的证券交易所，也先后加入 SWIFT。进入 20 世纪 90 年代后，除国有商业银行外，中国所有可以办理国际业务的外资和侨资银行、地方性银行纷纷加入 SWIFT。

2013 年 12 月 3 日，环球同业银行金融电讯协会发布的报告显示，人民币已取代欧元，成为第二大常用的国际贸易融资货币，仅次于美元。2019 年 1 月，环球同业银行金融电讯协会(SWIFT)表示，将在北京设立外商独资企业，为中国用户提供本地化的服务。该公司成立后，将加入中国支付清算协会并由中国人民银行依法进行监督管理。人民银行副行长范一飞表示，在华成立全资子公司并落户北京有利于 SWIFT 在中国业务迈上新台阶，也是人民银行统筹管理金融基础设施的重要一步。

9.3.2　CHIPS 系统

1. CHIPS 简介

SWIFT 只完成了国际支付结算指令信息的传递，而真正进行资金调拨还需另外的电子业务系统，这就是 CHIPS 的由来。20 世纪 60 年代末，纽约地区资金调拨交易量迅速增加。纽约清算所于 1966 年研究建立 CHIPS 系统，1970 年正式创立。

CHIPS，英文为 Clearing House Interbank Payment System，中文为“纽约清算所银行同业支付系统”，主要以美国纽约为资金结算地，由纽约清算所协会(NYCHA)经营。CHIPS 是全球最大的私营支付清算系统之一，主要进行跨国美元交易的清算，具体完成资金调拨即支付结算过程。因为纽约是世界上最大的金融中心，国际贸易的支付活动多在此地完成，因此，CHIPS 虽然运行在纽约，也就成为世界性的资金调拨系统。现在，世界上 95%以上的国际美元外汇交易是通过 CHIPS 来完成的，每天平均交易量超过 34 万笔，金额约 1.9 万亿美元。可以说，CHIPS 是国际贸易资金清算的桥梁，也是欧洲美元供应者进行交易的通道。

20 世纪 90 年代初，CHIPS 发展为由 12 家核心货币银行组成、有 140 家金融机构加入的资金调拨系统。CHIPS 的参加银行，除了利用该系统本身调拨资金外，还可接受往来银行的付款指示，通过 CHIPS 将资金拨付给指定银行。这种层层代理的支付清算体制，构成了庞大复杂的国际资金调拨清算网。因此，它的交易量非常巨大，而且在逐年增加。

2. CHIPS 系统的成员

CHIPS 系统可以有两类用户，一是清算用户：在联邦储备银行设有储备账户，能直接使用该系统实现资金转移。目前共有 19 个。二是非清算用户：不能直接利用该系统进行清算，必须通过某个清算用户作为代理行，在该行建立账户实现资金预算。参加 CHIPS 的单位可以是纽约的商业银行、投资公司以及外国银行在纽约的分支机构。

CHIPS 对其成员有一定的要求，具体如下。

(1) 在每天交易开始前储蓄一定数量的资金。

(2) 在系统运行时间内，只有参与者当前的资金头寸足以完成借记 CHIPS 才释放支付指令，而且任何参与者当前的资金头寸都不得小于零。

(3) 需要接受 CHIPS 的信用评估。CHIPS 参与者需要向董事会提交财务情况方面的文件，接受董事会定期问讯。

3. CHIPS 系统的优势与特点

CHIPS 系统具有以下优势。

(1) CHIPS 是实时的、多边网络系统。

(2) CHIPS 拥有全球处理时间。

(3) 94%的支付可直接进行处理。

(4) CHIPS 可排除日间透支费用。

(5) CHIPS 拥有最大的流动性。

(6) CHIPS 是联机的资金管理工具。

(7) 汇兑信息提交方便。

CHIPS 系统具有以下特点。

(1) CHIPS 允许事先存入付款指示。

(2) CHIPS 拥有完善的查询服务功能。

(3) CHIPS 的自动化程度高。

(4) CHIPS 的安全性好。

4. CHIPS 系统的运作构架

CHIPS 系统的资金调拨处理过程并不复杂。例如，纽约的 A 行经国际线路，如 SWIFT 网(CHIPS 交易数量的 80%是靠 SWIFT 进入和发出)，接收到某个国家甲银行的电子付款指示，要求 A 行于某日(Value Date，即生效日)扣其往来账，并将此款拨付给在纽约 B 行设有往来账户的他国乙银行。若 A 行和 B 行均为 CHIPS 的成员行，则这笔资金调拨可通过如图 9.3 所示的方法完成。

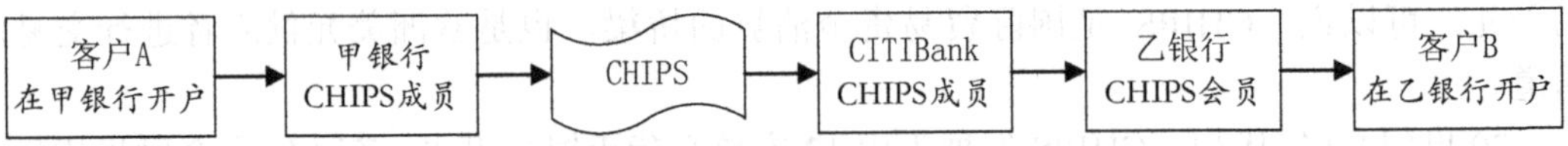

图 9.3 资金调拨过程

从上述处理过程可以看出，利用 CHIPS 进行国际资金转账是很方便的。因此，各国银行在纽约设有分行者，都想加入 CHIPS 系统，借助层层代理，构成了庞大复杂的国际清算网。

9.4 国内电子支付系统 CNFN 和 CNAPS

21 世纪全球经济一体化进程加快，中国经济必然会以更快的速度融入国际经济中去。上两节叙述了电子汇兑系统以及国际电子支付系统，我国也正在建设基于全国网络架构的中国国家现代化支付系统(CNAPS)，它将使我国的支付体系基于网络化与电子化，从而跨入先进行列，并为我国电子商务发展中资金流的解决提供支撑。

国内电子支付系统 CNFN 和 CNAPS.mp4

中国国家现代化支付系统是在中国国家金融通信网(CNFN)上运行的我国国家级现代化的支付系统，是集金融支付服务、支付资金清算、金融经营管理和货币政策职能为一体的综合性金融服务系统，可以说是目前我国所运行的所有电子与网络支付系统的综合集成，如服务于企业间中大资金支付结算的全国电子联行系统和各商业银行的电子汇兑系统等。

本节主要介绍中国国家现代化支付系统及其运行网络平台中国国家金融通信网。

9.4.1 中国国家金融通信网

1. CNFN 简介

中国国家金融通信网(China National Financial Network，CNFN)，是使中央银行、各商业银行和其他金融机构有机连接在一起的全国性的计算机网络系统。它是集金融管理、金融服务和宏观货币政策职能为一体，以计算机处理系统、通信网络为支撑环境，将人民银行与各商行和金融机构及其分支机构有机地结合在一起的综合性大型集成系统。CNFN 采用 X.25 和帧中继(FR)规程在全国范围内提供金融信息通信服务。

CNFN 的目标是向金融系统用户提供专用的公用数据通信网络，通过文件和报文传输向应用系统如汇兑系统提供服务。我国的金融机构通过该网络可连接全国各领域成千上万企事业信息系统，为广大的客户提供全面的支付服务和金融信息服务，最终成为中国国家现代化支付系统的可靠网络支撑(物理结构上有点类似 SWIFT 网络)。

CNFN 具有普通公用网的高可靠性和强稳定性，还具备专用网的封闭性和高效率；采用开放的系统结构和选用符合开放系统标准的设备为基础，使大量用户的各类计算机处理系统能方便地接入 CNFN。

CNFN 在运行期间，始终保持与应用系统相互独立，通过文件和报文传输服务，使人民银行、各商业银行及金融机构的内部和彼此之间可以进行电子访问。

CNFN 支持下列金融应用系统的运行。

(1) 小额支付系统(BEPS)。

(2) 大额支付系统(HVPS)。

(3) 清算账户处理系统(SAPS)。

(4) 簿记证券系统。

(5) 银行卡电子授权系统。

(6) 通用信息服务系统。

2. CNFN 的模块式结构设计

CNFN 是以我国各类金融信息的传输为基点，提供公用数据通信服务而设计的网络。CNFN 网络结构和独立、完善的网络管理系统，使其不仅具有普通公用网的可靠性高、稳定性强的特点，而且也具备专网的封闭性和效率高的特点。

CNFN 以提供网络基础设施为目标，以开放的系统结构使用户的各类计算机处理系统，通过网络的连接运行公共的应用程序。在提供数据通信服务的基础上，CNFN 能够开展金融专用的 E-mail、存储转发传真、EDI 等增值业务，为我国金融领域办公自动化提供方便、快捷的服务。

CNFN 以两级管理层次覆盖人民银行的分行、支行。CNFN 的网管中心设在承担通信和支付应用处理两项任务的国家处理中心(NPC)。基于可靠性要求，在国内两地设置两个有能力承担 CNFN 的全部工作负荷的互为灾难备份的 NPC，构成 CNFN 的两个网络汇接节点。CNFN 的网络节点设在人民银行的 400 个城市分行处理中心(CCPC)内，每个 CCPC 不仅为本区域各商业银行分行的处理中心提供跨行、跨区域支付业务的交易处理服务，而且提供本区域金融分支机构的分组交换数据通信服务。人民银行约有 2000 个县级支行处理中心(CLB)，为本县商业银行运行提供支付业务交易处理服务，并且提供本区域金融分支机构的分组交换数据通信服务。

CNFN 采用五种网络接口的模块式设计，以及 NPC、CCPC 和 CLB 三种模块式处理体系结构，使 CNFN 能够随着中国通信基础设施的快速发展而获益于设施的更新，并能够迅速吸取当今世界最先进的通信技术。CNFN 网络设计灵活，具备能够在混合式通信媒体线路运行的能力。

3. CNFN 的网络结构

CNFN 网络是一个基于开放系统结构的、支持国家级金融应用系统的我国金融界公用数据通信网络。CNFN 的网络层以 X.25 分组交换技术为基础，并引入帧中继技术，使 CNFN 网络减少传输迟延时间，并通过动态带宽分配技术，充分利用物理网络资源，提高传输效率，降低租用物理线路的费用。

CNFN 分设两个国家处理中心(National Processing Center，NPC)，即北京主站和无锡主站，二者互为备份，有同样的结构和处理能力。在正常工作情况下，由主用 NPC (北京主站)控制、管理全网。一旦发生灾难，备用 NPC(无锡主站)就接管瘫痪了的主用 NPC 的所有业务。CNFN 整个网络分为二级三层：网络的三层节点中，一级节点是国家处理中心 NPC，二级节点是城市处理中心(City Processing Center，CPC)，三级节点是中国人民银行县支行处理节点 CLB(Country Level Bank)。CPC 也称小站。三层节点组成了二级网络。由 NPC 与 600 个 CPC 构成国家级主干网络；CPC 与 CLB 构成区域网络。

CNFN 网络的实施将分为模拟试验、试点和实际运行三个阶段进行。CNFN 试点网络具有两个汇接节点、20 个节点和 80 个 CLB 接入端。

鉴于 CNFN 传送具有货币值的金融业务信息，CNFN 骨干网络的所有部件均采用冗余措施，使其可靠性超过 99.9%。其网络结构如图 9.4 所示。

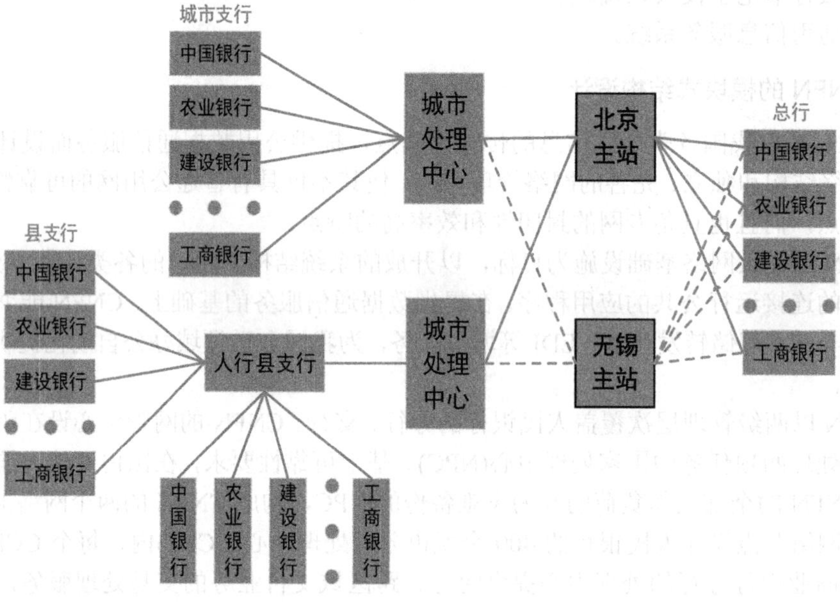

图 9.4 CNFN 网络结构

1) CNFN 物理层网络

CNFN 网络汇接点(国家处理中心，NPC)与普通节点(如 CCPC)之间的物理线路，目前采用以卫星网络为主干线路，以 China DDN 地面网络为备份线路。主干线路的拓扑结构，是利用两个星状卫星网络，把 20 个 CCPC 分别连接到两个 NPC 上。卫星网络将利用卫星 KU 波段的空间资源运行，并采用美国休斯公司的 UMOK 设备，大大节约了网络的投资和运行费用，也为 CNFN 开展帧中继技术提供了基础。

试点阶段，CNFN 网络分为两层，即主干网络和区域子网。区域子网通过 X.25 分组交换机，向国家主干网提交业务。该方法使 CNFN 在 NPC 失效期间，将支付业务安全地推进区域子网，使失效影响尽可能小。区域子网是以 CCPC 为中心点的星状网络，它将 CCPC 与本区域的 CLB 处理中心和商业银行及金融分支机构处理中心进行连接。区域子网的物理线路将由 China DDN、PSPDN 和 PSTN 等构成。

将来，随着宽带地面数字线路的利用，物理网络的拓扑将朝着准网格状网络发展。准网格状网络拓扑考虑把 400 个 CCPC 的一小部分定为特殊网络节点(简称 2a 级 CCPC)，CNFN 将在 2a 级节点间形成网格状网络，其余的节点仍为原网络节点(改称为 2b 级 CCPC)。

网格状网络的优点：通过迂回技术使重大的节点与通信线路的失效限制在最小范围；网络机能灵敏，能避免集中式网络的瓶颈效应；应用系统可以安装在独立的网络节点，便于用户的访问。

2) CNFN 传输网络(网络层网络)

CNFN 传输网络是以 X.25 协议为基础的公共载体。它由美国 Global One 公司的 TP4900 系列产品组成，其中 NPC 节点采用 TP4977 分组交换机，CCPC 节点采用 TP4944 分组交换机。当 CCPC/CLB 与 NPC 之间的 X.25 虚拟线路建立时，支付应用系统采用开放系统标准的应用层协议 TPC/IP 的 FTP 交换信息。国际标准网络服务运行在国际标准载体上，是建设 CNFN 网络的核心问题。

CNFN 传输网络为我国金融系统广大用户提供闭合用户主用户搜索群(Hunt Group)等功能，用户可以利用 CNFN 建立虚拟专用子网络，独立运行和管理子网络。CNFN 提供多个端口，同时与某端口建立多条 VC 为用户服务。CNFN 传输网络具备完善的计费系统，为用户提供服务。该网络能够与 ATM 通信设备集成，成为提供多媒体传输的大型综合网络。

9.4.2 中国国家现代化支付系统

1. CNAPS 简介

支付系统是金融业赖以生存、发展和参与竞争的基础，因此，支付系统的建设向来受到各国的特别关注。为适应我国市场经济的发展，特别是电子商务的发展，迫切要求建立高效、安全可靠的跨行通信网络，实现支付系统的现代化、电子化、网络化。

中国国家现代化支付系统(China National Advanced Payment System，CNAPS)，是在吸取世界各国电子支付系统建设经验基础上，结合我国经济、技术和金融业发展的国情，以中国人民银行的全国电子联行系统为基础，集金融支付服务、支付资金清算、金融经营管理和货币政策职能为一体的综合性金融服务系统。

CNAPS 是在中国国家级金融通信网 CNFN 上运行的应用系统。CNAPS 报文信息格式，基本上采用 SWIFT 报文格式标准，这样 CNAPS 的用户也可以方便地借助 SWIFT 进行国际金融服务，如支付结算服务。

2. CNAPS 的参与者

CNAPS 的参与者分为直接参与者和间接参与者两类。

(1) 直接参与者：中国人民银行各级机构、在中国人民银行开设有资金清算账户的商业银行与非银行金融机构的各级分支机构。直接参与者与城市处理中心 CCPC 直接连接。

(2) 间接参与者：是指没有在人民银行开设资金清算账户，而委托直接参与者代理其进行支付清算业务的单位和个人。间接参与者可以是银行、非银行金融机构、在商业银行或非银行金融机构开设有账户的广大银行客户，包括工商企业、政府机关、公共事业部门和个人。间接参与者不与城市处理中心直接连接，其支付业务提交给其清算资金的直接参与者，由该直接参与者提交支付系统处理。

汇款客户委托的商业银行(或其他金融机构)的基层单位，是支付系统中的业务发起行；收到划汇业务(接收汇款)的商业银行(或其他金融机构)的基层单位(受益人的开户行)称为接收行，接收行是支付系统中的业务结束行。发起行和接收行必须是 CNAPS 的直接参与者。发起行所在的 CNFN 处理中心称为发报行，接收行所在的 CNFN 处理中心称为收报行。国家处理中心 NPC 是 CNAPS 的全国处理中心，它控制 CNAPS 的运行，是管理 CNFN 通信、接收、结算、清算支付业务的国家处理中心。

3. CNAPS 的作用

1) 加快资金周转，提高社会资金的使用效益

中国现代化支付系统，特别是其中的大额支付系统，采取从发起行到接收行的全过程的自动化处理，实行逐笔发送、实时清算，是一个高效、快捷的系统。通过支付系统处理的每笔支付业务不到 60 秒即可到账，实现全国支付清算资金的每日零在途，为促进市场经济的快速发展发挥着重要作用。

2) 支撑多样化支付工具的使用，满足各种社会经济活动的需要

中国现代化支付系统，尤其是其中的小额批量处理系统能够支撑各种贷记、借记支付业务的快速处理，并能为其提供大业务量、低成本的服务，可以满足社会各种经济活动的需要。

3) 培育公平竞争的环境，促进银行业整体服务水平的提高

随着中国金融体制改革的不断深化，逐步形成了政策性银行、国有独资商业银行、股份制银行、城市商业银行、农村合作银行、城乡信用合作社以及外资银行的组织体系，各银行相互之间既有合作也有竞争。建设运行的中国现代化支付系统，是中国人民银行为金融机构提供的一个公共的支付清算服务平台，所有符合条件的银行及其分支机构都可以参与到这个系统中，从而为各金融机构创造一个公平竞争的经营环境，推动各银行的有序竞争，促进银行业整体服务水平的提高。

4) 增强商业银行的流动性，提高商业银行的经营管理水平

流动性、营利性、安全性是商业银行经营的基本原则。商业银行是经营货币的特殊企业，讲求流动性是现代商业银行经营的核心。中国现代化支付系统可以为银行提供日间透支、自动质押回购、预期头寸查询，可以帮助商业银行进一步提高其资金的使用效率，使其资金的使用尽可能最大化，可以有效支持商业银行对其流动性的管理。商业银行法人、管理行以及开户行可以随时查询、监控其头寸的变动情况，根据需要及时地调度资金；支付系统是一个高效运转的系统，有利于商业银行头寸的快速调度和从货币市场寻找资金的及时到账，提高头寸的运用水平。

5) 适应国库单一账户改革，提高财政资金的使用效益

近年来，财政国库管理制度改革正在逐步深入地进行，其目标主要是建立以国库单一

账户体系为基础、集中收付为主要形式的国库核算体系，以加强财政资金的管理，提高财政资金的使用效益。要保证这一改革的有效实施，必须有一个高效的支付系统给予支持。中国现代化支付系统适应了这一改革的需要，加快了国库资金的汇划。

6)　支持货币政策的实施，增强金融宏观调控能力

实施货币政策、加强金融调控，是中央银行的重要职能。公开市场操作是当今各国中央银行运用的一种主要货币政策工具；实行存款准备金制度，也是一国中央银行实施货币政策和加强宏观调控的重要手段。上述货币政策工具、宏观调控手段需要中国现代化支付系统的有效支持，才能得到更好的实施。

7)　支持货币市场资金清算，促进货币市场发展

近年来，随着中国的金融改革，中国的债券市场、外汇市场、同业拆借市场发展相当迅速，且交易量不断扩大，其资金清算要求的时效性较强。中国现代化支付系统与这些市场主体相连接，可以实现贷券交易资金的即时转账(即钱券对付)和外汇交易的人民币资金、同业拆借资金的高效汇划，促进货币市场的发展。

8)　防范支付风险，维护金融稳定

商业银行经营的风险往往会从清算环节发生，甚至会导致系统性风险，如一家银行的清算问题可能导致支付瓶颈，引发多米诺效应，蔓延到整个系统。这是一些发达国家中央银行乃至商业银行在建设支付系统时关注和改革的重点。现阶段中国的商业银行，特别是一些中小金融机构的风险控制能力还比较薄弱，表现在支付清算方面的风险系数可能会进一步加大。为此，中国人民银行在建设中国现代化支付系统时，将防范支付系统风险作为一个重要目标，采取大额支付实时清算，小额支付净额清算，不足支付排队处理；设置清算窗口时间，用于头寸不足的银行及时筹措资金；设置清算账户控制功能，对有风险的账户进行事前控制等措施。这些措施的采用能有效地防范支付风险的发生，维护金融稳定。

4. CNAPS 的支付业务系统

CNAPS 主要包含大额支付系统(HVPS)、小额支付系统(BEPS)、银行卡授权系统、政府证券簿记支付系统、金融管理信息系统、国际支付系统 IPS 等业务系统。其中 HVPS 和 BEPS 可以用来支持企业或组织间的资金调拨与支付结算。

1)　大额支付系统

大额支付系统(High Value Payment System，HVPS)是逐笔实时处理的全额清算系统，用于处理同城和异地的跨行与行内的大额贷记支付，以及处理时间紧急的其他贷记业务，主要用于行际和行内的清算资金余额转账、企业之间的资金调拨、投资支付和其他大额资金支付。在中央银行开设有备用金或清算账户的金融机构，可通过该系统及时划拨大额资金，如证券市场和货币市场的资金调拨与结算、银行内部和银行之间的资金头寸调拨等。这种支付活动金额大、风险大，要求实时、逐笔、全额最终完成。

2)　小额支付系统

小额支付系统(Bulk Electronic Payment System，BEPS)在一定时间内对多笔支付业务进行轧差处理，净额清算资金。建设小额批量支付系统的目的，是为社会提供低成本、大业务量的支付清算服务，支撑各种支付业务的使用，满足社会各种经济活动的需要。该系统处理同城和异地纸凭证截留的商业银行跨行之间的定期借记和定期贷记支付业务、中央银

行会计和国库部门办理的借记支付业务，以及每笔金额在规定起点以下的小额贷记支付业务。小额批量支付系统采取批量发送支付指令，轧差净额清算资金。小额支付系统更加接近人民群众的日常生活。它是为社会提供低成本、大业务量的支付清算服务，支撑各种支付工具的使用，满足社会各种支付活动的需要。小额支付系统与大额支付系统的业务模式和服务对象有较大不同，其特点在于它的便利性和公益性。

小额支付系统的特点如下。

(1) 全时无缝运行。小额支付系统采取“连续运行、逐笔发起、批量发送、实时传输、双边轧差、定时清算”的处理流程，实行 24h×7day 连续运行，为客户通过“网上银行”“电话银行”纳税等服务提供支持，同时满足法定节假日的支付活动需要，实行的是“全时”服务。

(2) 交易成本低。与大额支付系统相比，小额支付系统批量组包发送支付指令，每包最多可达 2000 笔，根据业务品种、发送业务时间段的不同，每笔收费为 0.1～0.5 元(各银行还要向客户收取一定金额的手续费)。

(3) 能够支撑各种支付工具的应用。小额支付系统除传统的款项汇划业务外，还能办理财税库横向联网业务、跨行通存通兑业务、支票圈存和截留业务、银行本票，以及公用事业收费、工资、养老金和保险金的发放等业务。

(4) 小额贷记业务金额有限制。目前小额贷记业务金额上限为 5 万元，借记业务不设金额上限。

(5) 借贷记业务都能处理。大额支付系统只处理贷记支付业务，主要是汇款业务，而小额支付系统主要面向消费性支付(借贷记)业务，既支持汇款等贷记业务，又支持收款等借记业务。

9.5 电子数据交换系统

电子数据交换系统.mp4

9.5.1 EDI 概述

1. EDI 简介

电子数据交换 (Electronic Data Interchange，EDI)是指按照统一规定的一套通用标准格式，将标准的经济信息，通过通信网络传输，在贸易伙伴的电子计算机系统之间进行数据交换和自动处理。由于使用 EDI 能有效地减少直到最终消除贸易过程中的纸面单证，因而 EDI 也被称为“无纸交易”。在基于互联网的电子商务普及应用之前，它曾是一种主要的电子商务模式。

EDI 的定义至今没有一个统一的标准，但是有三个方面是相同的：第一，资料用统一的标准；第二，利用电信号传递信息；第三，计算机系统之间的连接。EDI 是将贸易、运输、保险、银行和海关等行业的信息，用一种国际公认的标准格式，通过计算机通信网络，使各有关部门、公司与企业之间进行数据交换与处理，并完成以贸易为中心的全部业务过程。也可以说，EDI 不是用户之间简单的数据交换，EDI 用户需要按照国际通用的消息格式发送信息，接收方也需要按国际统一规定的语法规则，对消息进行处理，并引起其他相关系统的

EDI 综合处理。整个过程都是自动完成，无须人工干预，减少了差错，提高了效率。EDI 系统由通信模块、格式转换模块、联系模块、消息生成和处理模块四个基本功能模块组成。

联合国标准化组织将其描述成“将商业或行政事务处理按照一个公认的标准，形成结构化的事务处理或报文数据格式，从计算机到计算机的电子传输方法”。

2. EDI 产生的背景

全球贸易额的上升带来了各种贸易单证、文件数量的激增。在各类商业贸易单证中有相当大的一部分数据是重复出现的，需要反复输入，而重复录入浪费人力、浪费时间、降低效率，因此，纸面贸易文件成了阻碍贸易发展的一个比较突出的因素。在处理商业事务中，大约有 25%的成本与基本数据输入及其相关任务有关。另外，市场竞争也出现了新的特征。价格因素在竞争中所占的比重逐渐减小，而服务性因素所占比重增大。因此，销售商为了减少风险，要求小批量、多品种、供货快，以适应瞬息万变的市场行情。而在整个贸易链中，绝大多数企业既是供货商又是销售商，因此提高商业文件传递速度和处理速度成了所有贸易链中成员的共同需求。同样，现代计算机的大量普及和应用以及功能的不断提高，已使计算机应用从单机应用走向系统应用；同时通信条件和技术的完善、网络的普及又为电子数据交换的应用提供了坚实的基础。

正是在这样的背景下，以计算机应用、通信网络和数据标准化为基础的 EDI 应运而生。EDI 一经出现便显示出了强大的生命力，迅速地在世界各主要工业发达国家和地区得到广泛的应用。由于 EDI 具有高速、精确、远程和巨量的技术性能，因此 EDI 的兴起标志着一场全新的、全球性的商业革命的开始。国外专家深刻地指出：“能否开发和推动 EDI 计划，将决定对外贸易方面的兴衰和存亡。如果跟随世界贸易潮流，积极推行 EDI 就会成为巨龙而腾飞，否则就会成为恐龙而绝种。”

20 世纪 60 年代末，欧洲和美国几乎同时提出了 EDI 的概念。早期的 EDI 只是在两个商业伙伴之间，依靠计算机与计算机直接通信完成。

20 世纪 70 年代，数字通信技术的发展大大加快了 EDI 技术的成熟和应用范围的扩大，也带动了跨行业 EDI 系统的出现。80 年代 EDI 标准的国际化又使 EDI 的应用进入了一个新的里程。

时至今日，EDI 历经萌芽期、发展期，现已步入成熟期。英国的 EDI 专家明确指出：“以现有的信息技术水平，实现 EDI 已不是技术问题，而仅仅是一个商业问题。”

9.5.2　EDI 的特点

1. EDI 是使用电子方法传递信息和处理数据的

EDI 一方面用电子传输的方式取代了以往纸单证的邮寄和递送，从而提高了传输效率；另一方面通过计算机处理数据取代了人工处理数据，从而减少了差错和延误。

2. EDI 是采用统一标准编制数据信息的

这是 EDI 与电传、传真等其他传递方式的重要区别，电传、传真等并没有统一的格式标准，而 EDI 必须有统一的标准方能运作。

3. EDI 是计算机应用程序之间的连接

一般的电子通信手段是人与人之间的信息传递，传输的内容即使不完整、格式即使不规范，也能被人所理解。这些通信手段仅仅是人与人之间的信息传递工具，不能处理和返回信息。EDI 实现的是计算机应用程序与计算机应用程序之间的信息传递与交换。由于计算机只能按照给定的程序识别和接受信息，所以电子单证必须符合标准格式并且内容完整准确。在电子单证符合标准且内容完整的情况下，EDI 系统不但能识别、接受、存储信息，还能对单证数据信息进行处理，自动制作新的电子单据并传输到有关部门。在有关部门就自己发出的电子单证进行查询时，计算机还可以反馈有关信息的处理结果和进展状况。在收到一些重要电子邮件时，计算机还可以按程序自动产生电子收据并传回对方。

4. EDI 系统采用加密防伪手段

EDI 系统有相应的保密措施，EDI 传输信息的保密通常是采用密码系统，各用户掌握自己的密码，可打开自己的“邮箱”取出信息，外人却不能打开这个“邮箱”，有关部门和企业发给自己的电子信息均自动进入自己的“邮箱”。一些重要信息在传递时还要加密，即把信息转换成他人无法识别的代码，接收方的计算机按特定程序译码后还原成可识别信息。为防止有些信息在传递过程中被篡改，或防止有人传递假信息，还可以使用证实手段，即将普通信息与转变成代码的信息同时传递给接收方，接收方把代码翻译成普通信息进行比较，如二者完全一致，可知信息未被篡改，也不是伪造的信息。

9.5.3 EDI 的应用

1. EDI 用于金融、保险和商检

可以实现对外经贸的快速循环和可靠支付，减少银行间转账所需的时间，增加可用资金的比例，加快资金的流动，简化手续，降低作业成本。

2. EDI 用于外贸、通关和报关

EDI 用于外贸业，可提高用户的竞争能力。EDI 用于通关和报关，可加速货物通关，提高对外服务能力，减轻海关业务的压力，防止人为弊端，实现货物通关自动化和国际贸易的无纸化。

3. EDI 用于税务

税务部门可利用 EDI 开发电子报税系统，实现纳税申报的自动化，既方便快捷，又节省人力物力。

4. EDI 用于制造业、运输业和仓储业

制造业利用 EDI 能充分理解并满足客户的需要，制订出供应计划，达到降低库存、加快资金流动的目的。运输业采用 EDI 能实现货运单证的电子数据传输，充分利用运输设备、仓位，为客户提供高层次和快捷的服务。对仓储业，可加速货物的提取及周转，减缓仓储空间紧张的矛盾，从而提高利用率。

9.5.4 EDI 的作用

1. 电子数据交换迅速准确

在贸易活动中使用 EDI 业务，双方使用统一的国际标准格式编制文件资料，利用电子方式将资料准确迅速地传递到另一方，是发达国家普遍采用的“无纸贸易手段”，也是世贸组织成员国将来必须使用和推广的标准贸易方式。

2. 电子数据交换方便高效

EDI 具有高速精确、广域巨量的系统优势，EDI 的广泛使用正在引领一场全新的商业经营模式的革命。采用 EDI 可以将各种生产活动与销售、金融、保险、物流等业务有机结合起来，极大地提高工作效率；EDI 使贸易双方能够以更迅速、有效的方式进行贸易，大大简化订货或存货的过程，使双方能及时地充分利用各自的人力和物力资源。

3. 电子数据交换安全可靠

在 EDI 系统中每个环节都建立了责任的概念，每个环节上信息的出入都有明确的签收、证实的要求，以便于为责任的审计、跟踪、检测提供可靠的保证；在 EDI 的安全保密系统中广泛应用了密码加密技术，以提供防止流量分析、防假冒、防否认等安全服务。

4. 减少了纸张文件的消费，降低成本

EDI 业务中，无纸化办公的运用使纸张的消费减少，降低了成本支出。

5. 改善贸易双方的关系

厂商可以准确地估计日后商品的需求量，货运代理商可以简化大量的出口文书工作，商业用户可以提高存货的效率，提高他们的竞争能力。

9.5.5 EDI 的工作步骤

(1) 买方标明要购买的货物的名称、规格、数量、价格、时间等，这些数据被输入采购应用系统，该系统的翻译软件制作出相应的 EDI 电子订单，这份订单被传递到卖方。

(2) 卖方的计算机接到订单后，EDI 软件把订单翻译成卖方的格式，同时自动生成一份表明订单已经收到的功能性回执，这份回执被传递到买方。

(3) 卖方也许还会产生并传递一份接收订单通知给买方，表示供货的可能性。

(4) 买方的计算机收到卖方的功能性回执及接收订单通知后，翻译软件将它们翻译成买方的格式，这时订单被更新了一次。

(5) 买方根据订单的数据，产生一份电子的“了解情况”文件，并传递到卖方。

(6) 卖方的计算机收到了买方的“了解情况”文件，把它翻译成卖方的格式，并核查进展情况。

EDI 的工作过程如图 9.5 所示。

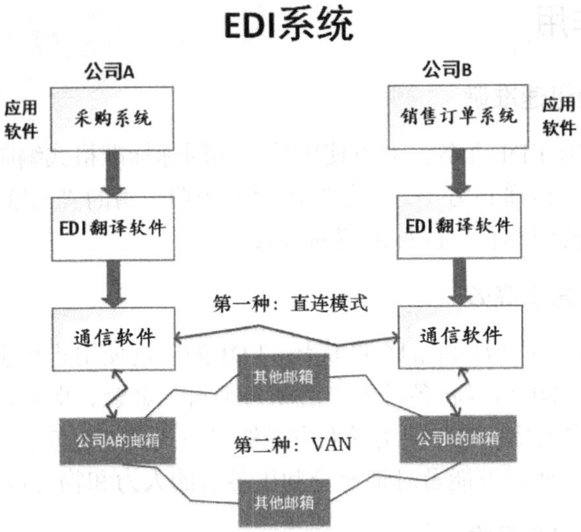

图 9.5　EDI 的工作过程

9.5.6　EDI 标准体系

EDI 标准体系是在 EDI 应用领域范围内的、由具有内在联系的标准组成的科学有机整体，它由若干分体系构成，各分体系之间又存在着相互制约、相互作用、相互依赖和相互补充的内在联系。我国根据国际标准体系和我国 EDI 应用的实际以及未来一段时期的发展情况，制定了 EDI 标准体系，以《EDI 系统标准化总体规范》作为总体技术文件。该规范作为我国“八五”重点科技攻关项目，是这一段时间内我国 EDI 标准化工作的技术指南，处于主导和支配地位。

根据该规范，EDI 标准体系分为基础、单证、报文、代码、通信、安全、管理、应用八个部分，大致情况如下。

1. EDI 基础标准体系

EDI基础标准体系主要由UN/EDIFACT的基础标准和开放式EDI基础标准两部分组成，是 EDI 的核心标准体系。其中，EDIFACT 有八项基础标准，包括 EDI 术语、EDIFACT 应用级语法规则、语法规则实施指南、报文设计指南和规则、贸易数据元目录、复合数据元目录、段目录、代码表，我国也采用这八项标准；开放式 EDI 基础标准是实现开放式 EDI 最重要、最基本的条件，包括业务、法律、通信、安全标准及信息技术方面的通用标准等，ISO/IEC JTC1 SC30 推出《开放式 EDI 概念模型》和《开放式 EDI 参考模型》，规定了用于协调和制定现有的和未来的开放式 EDI 标准的总体框架，成为未来开放式 EDI 标准化工作的指南。随之推出的一大批功能服务标准和业务操作标准等将成为指导各个领域 EDI 应用的国际标准。

2. EDI 单证标准体系

EDI 报文标准源于相关业务，而业务的过程则以单证体现。单证标准化的主要目标是统一单证中的数据元和纸面格式，内容相当广泛。其标准体系包括管理、贸易、运输、海关、银行、保险、税务、邮政等方面的单证标准。

3. EDI 报文标准体系

EDI 报文标准是每一个具体应用数据的结构化体现，所有的数据都以报文的形式传输出去或接收进来。EDI 报文标准主要体现于联合国标准报文(United Nations Standard Message，UNSM)，其 1987 年正式形成时只有十几个报文，而到 1999 年 2 月止，UN/EDIFACT D.99A 版已包括 247 个报文，其中有 178 个联合国标准报文(UNSM)、50 个草案报文(Message in Development，MiD)及 19 个作废报文，涉及海关、银行、保险、运输、法律、税务、统计、旅游、零售、医疗、制造业等诸多领域。

4. EDI 代码标准体系

在 EDI 传输的数据中，除了公司名称、地址、人名和一些自由文本内容外，几乎大多数数据都以代码形式发出，为使交换各方便于理解收到信息的内容，便以代码形式把传输数据固定下来。代码标准是 EDI 实现过程中不可缺少的一个组成部分。EDI 代码标准体系包括管理、贸易、运输、海关、银行、保险、检验等方面的代码标准。

5. EDI 通信标准体系

计算机网络通信是 EDI 得以实现的必备条件，EDI 通信标准则是顺利传输以 EDI 方式发送或接收的数据的基本保证。EDI 通信标准体系包括 ITU 的 X.25、X.200/ISO 7498、X.400 系列/ISO 10021、X.500 系列等，其中 X.400 系列/ISO 10021 标准是一套关于电子邮政的国际标准。虽然在这套标准里 ISO 叫作 MOTIS、ITU 称为 MHS，但其技术内容是兼容的，它们和 EDI 有着更为密切的关系。

6. EDI 安全标准体系

由于经 EDI 传输的数据会涉及商业秘密、金额、订货数量等内容，为防止数据的篡改、遗失，必须通过一系列安全保密的规范给以保证。EDI 安全标准体系包括 EDI 安全规范、电子签名规范、电文认证规范、密钥管理规范、X.435 安全服务、X.509 鉴别框架体系等。为制定 EDIFACT 安全标准，联合国于 1991 年成立了 UN/EDIFACT 安全联合工作组，进行有关标准的制定。

7. EDI 管理标准体系

EDI 管理标准体系主要涉及 EDI 标准维护的有关评审指南和规则，包括标准技术评审导则、标准报文与目录文件编制规则、目录维护规则、报文维护规则、技术评审单格式、目录及代码编制原则、EDIFACT 标准版本号与发布号编制原则等。

8. EDI 应用标准体系

EDI 应用标准体系主要指在应用过程中用到的字符集标准及其他相关标准，包括信息交换用七位编码字符集及其扩充方法；信息交换用汉字编码字符集；通用多八位编码字符集；信息交换用汉字编码字符集辅 2 集、4 集等。

EDI 标准体系的框架结构并非一成不变，它将随着 EDI 技术的发展和 EDI 国际标准的不断完善而不断更新和充实。

9.6 企业网络银行

9.6.1 网上银行概述

1. 网上银行的定义

网上银行又称网络银行、在线银行，是指银行利用 Internet 技术，通过 Internet 向客户提供开户、销户、查询、对账、行内转账、跨行转账、信贷、网上证券、投资理财等传统服务项目，使客户可以足不出户就能够安全便捷地管理活期和定期存款、支票、信用卡及个人投资等。可以说，网上银行是在 Internet 上的虚拟银行柜台。网上银行不受时间、空间限制，能够在任何时间(Anytime)、任何地点(Anywhere)，以任何方式(Anyway)为客户提供金融服务，所以也被称为“3A 银行”。

2. 网上银行的分类

按照不同的标准，网上银行可以分为不同的类型。

1) 按服务对象，网上银行可以分为企业网上银行和个人网上银行

企业网上银行：主要针对企业与政府部门等企事业组织客户。企事业组织可以通过企业网上银行服务实时了解企业财务运作情况，及时在组织内部调配资金，轻松处理大批量的网上支付和工资发放业务，并可处理信用证相关业务。

个人网上银行：主要适用于个人与家庭消费支付与转账。客户可以通过个人网上银行服务，完成实时查询、转账、网络支付和汇款功能。

2) 按经营组织形式，网上银行可以分为分支型网上银行和纯网上银行

分支型网上银行：是指现有的传统银行将互联网作为新的服务手段，建立银行站点，提供在线服务而设立的网上银行。

纯网上银行：又称为虚拟银行，起源于美国 1985 年开业的安全第一网上银行。纯网上银行是专门提供在线银行服务而成立的独立银行，因此也被称为“只有一个站点的银行”。

3. 网上银行的特点

1) 全面实现无纸化交易

以前使用的票据和单据大部分被电子支票、电子汇票和电子收据代替；原有的纸币被电子货币，即电子现金、电子钱包、电子信用卡代替；原有纸质文件的邮寄变为通过数据通信网络进行传送。

2) 服务方便、快捷、高效、可靠

通过网络银行，用户可以享受到方便、快捷、高效和可靠的全方位服务。简单易用，人们可以在任何需要的时候使用网络银行的服务，不受时间、地域的限制，即实现 3A 服务。

3) 经营成本低廉

网络银行采用了虚拟现实信息处理技术，网络银行可以在保证原有的业务量不降低的

前提下，减少营业点的数量。

9.6.2　企业网上银行的定义和功能

企业网上银行适用于需要实时掌握账户及财务信息、不涉及资金转入和转出的广大中小型企业客户。客户在工行网点开通企业电话银行或办理企业普通卡证书后，就可在柜面或在线自助注册企业网上银行普及版。客户凭普通卡证书卡号和密码即可登录企业网上银行普及版，获得基本的网上银行服务。

例如，“工行财 e 通”企业网上银行是指中国工商银行以因特网为媒介，为企业或同业机构提供的自助金融服务。下面以工商银行的企业网上银行为例介绍其功能。

1. 企业网上银行普及版

工商银行企业网上银行普及版为客户提供账户查询、修改密码、首页定制等功能，客户还可以使用网上挂失功能在线自助办理普通卡证书挂失。如果用户不满足于获得最基本的账务查询等服务，还需使用更丰富、更强大的网上银行功能，可以使用专业的 ICBC 企业网上银行。

2. ICBC 企业网上银行

目前 ICBC 企业网上银行能为中小型企业、集团企业、金融机构、社会团体和行政事业单位提供以下服务。

1)　账户管理

账户管理是指客户通过网上银行进行账户信息查询、下载、维护等一系列账户服务。无论用户是集团企业还是中小企业，都可以随时查看总(母)公司及分(子)公司的各类账户的余额及明细，实时掌握和监控企业内部资金情况；用户还可以通过电子回单功能在线自助查询或打印往来客户的电子补充回单。账户管理为用户实现集约化、现代化管理提供了有力保障。

2)　收款业务

收款业务是收费企业客户通过工行网上银行以批量方式主动收取签约个人或者其他已授权企业用户各类应缴费用的一项精品业务。其申办手续简便，收费方式灵活，可进行异地收款，为收费客户提供了一条及时、快捷、高效的收费通道，解决了一直困扰收费客户的收费难问题，缩短了资金周转周期，加快了资金的迅速回笼。收款业务由批量扣企业和批量扣个人两部分组成，收费企业要对缴费企业(个人)进行扣款，必须先由银行、收费企业、缴费企业(个人)共同签订一个三方协议并建立扣款对应关系。建立对应关系的方法一般是由收费企业向银行提供，并且由银行通过内部管理系统手工建立。对于个人客户，还可以通过登录工商银行个人网上银行，由个人客户自助签订协议。

3)　付款业务

付款业务包括网上汇款、证券登记公司资金清算、电子商务和外汇汇款四大精品及领先业务，是传统商务模式与现代电子商务模式相结合的产物，是工行为满足各类企业客户的付款需求而精心设计的全套付款解决方案。

(1) 网上汇款。

集团企业总(母)公司可通过电子付款指令从其账户中把资金转出，实现与其他单位(在国内任何一家银行开户均可)之间的同城或异地资金结算，达到足不出户即可轻松完成企业日常结算业务的目的。 网上汇款为用户提供多种支付模式，用户可根据集团内部的管理需要，统一设计对外转出或定向汇款的支付模式，通过用户设计的安全授权和控制方案，实现财务管理上的各种要求。采用网上汇款方便的批量指令处理方式和中国领先的结算网络将使用户的业务如虎添翼。

(2) 证券登记公司资金清算。

证券公司类客户可通过证券登记公司资金清算功能向证券登记公司指定的清算账户进行转账并进行相关信息的查询，包括提交指令、查询指令、证券登记公司清算账户信息查询、指令授权四项功能。

(3) 电子商务。

B2B 在线支付是工行专门为电子商务活动中的卖方和买方提供的安全、快捷、方便的在线支付中介服务，工行 B2B 网上支付平台将电子商务活动的卖方和买方联结起来，为 B2B 特约商户和网上采购企业提供了先进、快捷的资金流通道，打破了时空限制，提高了交易效率，降低了交易成本。采购企业在工行任何一家 B2B 特约商户进行订货或购物时，工行为用户提供两种支付方式，一种是直接在特约网站为已产生的订单完成支付，另一种是用户登录工行企业网银后通过电子商务功能将已取得的订单信息手工输入进行支付。支付结束后，B2B 特约商户和采购企业均可通过交易指令查询等功能获得详细的交易信息，从而掌握和监控整个交易进程。

(4) 外汇汇款。

外汇汇款是向企业客户提供的通过企业网上银行对外币账户进行同城/异地资金划拨和结算的一项业务。在国内工行率先实现了网上的外汇汇款功能，并根据不同的客户进行了有针对性的功能划分，用户可根据需要通过特定功能实现外汇资金的划拨和结算。

① 集团资金调拨。集团客户可通过集团资金调拨功能对其集团内的外币资金进行上、下级间的双向调拨，达到监控各分公司外币资金运作情况、整个集团外币资金统一调度管理的目的。

② B 股资金清算。证券类客户可通过 B 股资金清算功能实现证券公司总部与分支机构之间的 B 股资金的清算划转。

③ 国内外汇汇款。银行或非银行金融机构(保险公司除外)的客户可以通过国内外汇汇款功能方便、快捷地实现与工行系统内其他企业单位外币资金实时结算的目的，从而拓宽自身的业务处理范围，推动自身业务的发展。

本章小结

本章首先介绍了电子汇兑系统的基本情况，为适应国际与国内贸易快速发展的需要，国际上许多国家以及一些国际组织建立了许多著名的电子汇兑系统。这些系统所提供的功能不尽相同，按照其作业性质的不同，可把电子汇兑系统分成三大类，即通信系统、资金调拨系统和清算系统。然后分别介绍了电子支票网络支付模式、国际电子支付系统(SWIFT

系统和 CHIPS 系统)、国内电子支付系统(CNFN 和 CNAPS)、电子数据交换(EDI)系统和企业网络银行。

思 考 题

1. 电子支票还没有大规模地应用于 Internet 平台，你认为原因是什么？
2. 调研并简介中国主要商业银行正在应用中的电子汇兑系统。
3. 以图文的方式叙述应用 SWIFT 与 CHIPS 的一次国际支付的运作流程。
4. 为什么 CHIPS 作为美国纽约市的银行同业清算支付系统，却成为一个世界性的资金调拨系统？
5. 在 Internet 平台上实现电子汇兑系统的应用还需要完善哪些方面？
6. 调研目前 SWIFT 系统与中国金融机构的业务活动。

第 10 章　消费者级网络支付方式

【学习目标】

- 了解银行卡的网上支付模式。
- 了解电子现金及加密货币支付方式。
- 了解电子钱包支付方式。
- 了解智能卡支付方式。
- 了解第三方支付方式。

【引导案例】

加密货币岗位四年暴增 14 倍！德勤、IBM、埃森哲人才需求最旺盛

随着中央明确提出，要把区块链作为核心技术自主创新的重要突破口，加大投入力度，区块链板块也随之大热起来，与此同时，区块链人才也受到关注。

求职平台智联招聘发布了《2019 年区块链人才供需与发展报告》，2019 年第三季度，互联网、电子商务和计算机软件行业对区块链人才的招聘需求比例分别为 37.14%和 14.45%，占主流。区块链领域平均招聘薪酬每日达 16 317 元。

而国外就业网站 Indeed.com 的一项研究显示，加密货币热创造了很多工作机会，2015—2018 年，每百万加密货币需工作的时间增加了 1457%。

就业网站 Indeed.com 分析了其上数百万个岗位发布，以分析、加密货币和区块链趋势如何影响了就业市场，总结以下几点。

1. 加密工作增加了，但职位搜索者却减少了

区块链和加密货币岗位的搜索量正在下降，但雇主的需求猛增。根据 Indeed 网站的说法，在 2015 年 9 月至 2019 年 9 月的四年中，这些职位的比例每百万增加了 1457%。在同一时期，每百万的搜索份额增加了 469%。

2018 年，Indeed.com 上每百万加密货币职位发布的比例增加了 26%，而每百万职位搜索量的比例下降了 53%。

2. 加密技术职位门槛较高

雇主对区块链和加密货币相关的技术人才需求很大，但是这些工作具体有什么呢？从编写智能合约到设计用于加密货币应用程序的用户界面，再到构建与区块链通信的去中心化应用程序(dApps)，其领域中有很多工作要做。为了获得这些工作，你得是一名程序员，要熟悉基本的加密技术、P2P 网络以及 C++、Java、Python 或 JavaScript 之类的语言(以及某些软加密技术)。要想脱颖而出，你还应该学习新的区块链开发语言，如 Hyperledger，以太坊的 Solidity、Ripple 协议，甚至是当前正在开发的语言，如 Rholang。

3. 招聘人数最多的公司分布集中

聘用人数最多的公司是：德勤、IBM、埃森哲、思科、Collins Aerospace、安永、Coinbase、Overstock、Ripple、Verizon、Circle、Kraken、ConsenSys、JP Morgan Chase 和 Signature Bank。

软件岗位在加密货币工作中所占比例最高。由于区块链技术已经远远超出了金融领域，你会看到大量的加密初创公司，而且还有规模更大、更成熟的公司，这些公司与加密货币(甚至根本不是金融行业)没有直接关系。四大会计师事务所中有两家与科技巨头 IBM 一起进入前十名。2019 年年初，安永为投资者推出了一种新的加密货币税收会计工具，咨询公司正在招聘区块链人才来为客户提供有关如何应用这些新技术的建议。IBM 还与 IBM Blockchain World Wire 进行交流，IBM Blockchain World Wire 是一个区块链网络，可以近乎实时地清算和结算国际支付。毫不奇怪，与加密货币相关的五家公司(Coinbase、Ripple、Circle、Kraken 和 ConsenSys)进入了榜单。

4. 银行引领潮流

金融公司正在招聘大量的区块链和加密货币人才，并正在设计自己的以美元为基础的数字货币。例如，Signature Bank(第 15 名)建立了自己的区块链平台 Signet，以允许客户将美元转换为基于以太坊的代币 Signets，让客户可以在 24 小时内不停地转账。鉴于区块链的潜力，传统金融生态系统之外的公司已开始将其用于供应链管理、电子商务、电信及其他领域。例如，柯林斯航空航天公司(排名第 5)是一家总部位于爱荷华州的公司，为航空航天和国防工业提供解决方案。它使用区块链技术来提高复杂的全球供应链的效率，并保护防御和太空相关数据免受网络攻击。

(资料来源：前瞻网，http://baijiahao.baidu.com/s?id=1649603998457992369&wfr=spider&for=pc)

10.1　银　行　卡

信用卡支付方式.mp4

10.1.1　银行卡的分类

银行卡是按照一定的技术标准制成、载有发卡单位和持卡人信息、由银行或银行卡公司向信用良好的个人和机构签发的一种信用凭证。卡片持有人可在指定的特约商户购物或获得服务，是常用的电子货币形式。目前，银行卡可应用在 ATM、POS 机、网上银行系统中。

1. 按银行卡的性质分类

1)　信用卡

信用卡是一种重要的、广泛应用的电子支付工具，是银行等金融机构发给持卡人为其提供自我借款权的一种银行信用方式。持卡人无须在银行存款或办理借款手续，凭卡就可以在银行规定的信用额度内，到指定机构接受服务或购买商品，或者到银行支取现金。如果持卡人在期限内(通常为结账日后一个月左右)结清余额，则无须支付任何费用。信用卡从根本上改变了银行的支付方式、结算方式，改变了人们的消费方式和消费观念。银行卡其实也就是广义上的信用卡。

例如，中国建设银行(以下简称“发卡银行”)发行的龙卡双币种信用卡(以下简称“双币种信用卡”)，是向社会公开发行的、持卡人可在发卡银行核定的信用额度内先用款后还款，并可在中国境内(不含港澳台地区，下同)和境外(含港澳台地区，下同)使用，以人民币和指定外汇分别结算的信用支付工具。双币种信用卡按加入的国际组织不同分为 VISA 卡和万事达卡，按发卡对象不同分为单位卡和个人卡，按持卡人信用状况不同分为白金卡、金卡和普通卡。

2) 借记卡

借记卡又叫记账卡，是我国目前使用最普遍的银行卡。借记卡不允许持卡人透支，持卡人先存款后消费，是一种具有转账结算、存取现金、购物消费等功能的信用工具，可以在网络或 POS 机消费或者通过 ATM 转账和提款。另外，它还附加了转账、买基金、炒股等众多理财等功能和大量增值服务。

注：借记卡与信用卡的最大区别是持卡人必须在发卡行本人的账户上保留足够的存款余额，一般不允许透支。也有少数记账卡允许短期透支，但必须在当月月底之前还清全部贷用金额。如果要预支现金，还必须支付一定数量的手续费。这种只起支付作用的信用卡，又叫支付卡。

3) 复合卡

复合卡介于信用卡和借记卡之间，又称准贷记卡，是持卡人需按发卡银行要求交存一定金额的备用金，当备用金账户金额不足支付时，可在发卡银行规定的信用额度内透支的信用卡。

2. 按银行卡的其他标准分类

按银行卡的使用介质分类：磁卡、IC 卡、激光卡。

按发卡行对象不同分类：单位卡和个人卡。

按币种不同分类：人民币卡和外币卡。

10.1.2 银行卡支付参与各方

1. 银行卡组织

银行卡联合组织的主要作用是协调发卡／收单机构，受理商户及持卡人的行为，这种协调还包含了定价、制定银行卡的管理及发行规则等。这类机构的收入主要来源非网络资源的会员费用(收取会员费用、收取品牌费用、调单费用、促销活动临时费用、年费)、网络费用(收取网络费用、商户回扣收入)等。

1) VISA 国际组织

VISA 国际组织(VISA International)本身并不直接发卡，但它是目前最大的信用卡和旅行支票组织，是全球最负盛名的支付品牌之一。VISA 全球电子支付网络——VisaNet 是世界上覆盖面最广、功能最强和最先进的消费支付处理系统。VISA 卡如图 10.1 所示。

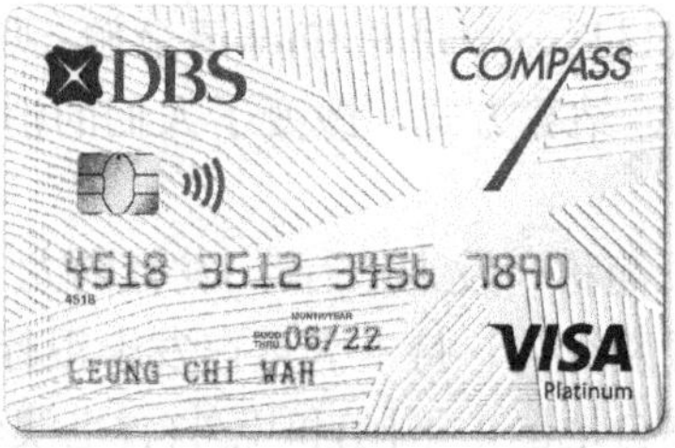

图 10.1 VISA 卡图样

2)　万事达国际组织

万事达国际组织(MasterCard International)是全球第二大信用卡国际组织，该组织于 20 世纪 50 年代末至 60 年代初期创立，是一个包罗世界各地财经机构的非营利协会组织，其会员包括商业银行、储蓄与贷款协会以及信贷合作社。MasterCard 卡如图 10.2 所示。

图 10.2　MasterCard 卡图样

3)　美国运通公司

美国运通公司(American Express)是第三大信用卡公司，美国运通卡如图 10.3 所示。

图 10.3　美国运通卡图样

4)　中国银联(China UnionPay)

中国银联经中国人民银行批准，2002 年 6 月成为 VISA、MasterCard 的会员。中国银联卡如图 10.4 所示。

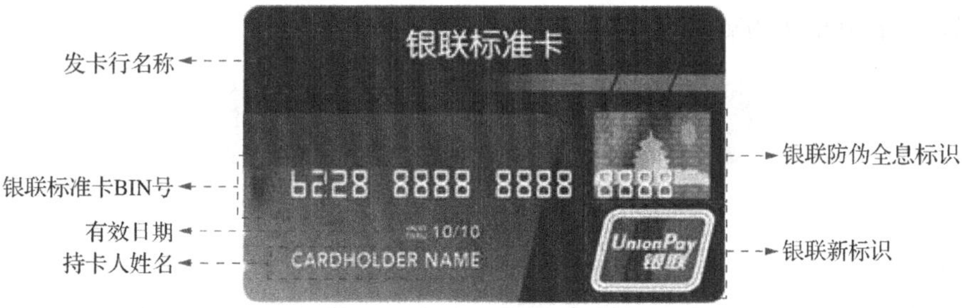

图 10.4　中国银联卡图样

2. 发卡行

发卡行是维护与卡关联的账户，并与持卡人具有协议关系的机构。其主要职责是与持卡人签订使用账户的合同条款并向持卡人发卡。其收入主要来源于利息收入、交易收入、年费、其他收入。

3. 收单行

收单行是跨行交易中兑付现金或与商户签约进行跨行交易资金结算，并直接或间接地使交易达成的银行。其收入主要来源于特约商户回佣、特约商户其他收入、特约商户存款利息收入。

4. 商户

商户是指受理银行卡业务的商户，他们同银行卡代理行签订合同，同意以银行卡作为购买商品和劳务的支付方式并且将单据送至代理行处。

5. 持卡人

持卡人是持有银行卡进行消费购物的客户。

10.1.3 银行卡网上支付模式

银行卡(也可称广义信用卡)支付模式是目前 Internet 上网络支付方式中最常用的方式之一。为了和其他资料保持一致，后面将银行卡称为信用卡。从 1995 年最初应用于 Internet 业务到现在，信用卡网络支付模式可以分为无安全措施的信用卡支付模式、通过第三方代理人的信用卡支付模式、基于 SSL 协议的信用卡支付模式和基于 SET 协议的信用卡支付模式。

1. 无安全措施的信用卡支付模式

1) 流程

消费者从商家订货，信用卡信息通过电话、传真或 Internet 传送(无安全措施)，商家与银行之间使用各自现有的授权来检查信用卡的合法性。其工作流程如图 10.5 所示。所谓无安全措施的信用卡支付模式，是指用户利用信用卡进行网络支付时几乎没有采取任何安全措施而直接把信用卡号码与密码传送给商家，然后由商家负责后续处理的模式。这种模式下，用户主要依赖商家的诚信来保护自己的信用卡隐私信息，这在信用程度高度发达的国家还可以，但在其他地方就会出现很多的安全问题和纠纷。

图 10.5 无安全措施的支付模式

2) 特点

无安全措施的信用卡网络支付模式主要出现在 20 世纪 90 年代初期，是在电子商务各方面发展还不太成熟，特别是银行针对电子商务的支付还不完善的情况下出现的，可以说是一种临时过渡方式。其主要特点为：第一，风险由商家承担；第二，信用卡信息可以在线传送，但无安全措施；第三，商家完全掌握消费者的信用卡信息；第四，存在很大安全风险。

在这种支付模式中，信用卡信息可以在线传送，由于卖方没有得到买方的签字，如果买方拒付或否认购买行为，卖方将承担一定的风险。同时，买方(持卡人)将承担信用卡信息在传输过程中被盗取及买方获得信用卡信息等风险。

2. 通过第三方代理人的信用卡支付模式

为降低无安全措施的支付模式的风险，在买方和卖方之间启用第三方代理是改善信用卡事务处理安全性的一个途径。目的是使卖方看不到买方信用卡信息，避免信用卡信息在网上多次公开传输而导致信用卡信息被窃取。

1) 流程

消费者在网上代理人处开设一个账号(经纪人持有消费者的账号和信用卡号)并用该账号从商家订货，商家将消费者账号提供给经纪人，代理人验证商家身份，给消费者发送邮件，要求消费者确认购买和支付后，将信用卡信息传给银行，完成支付过程。其流程如图 10.6 所示。

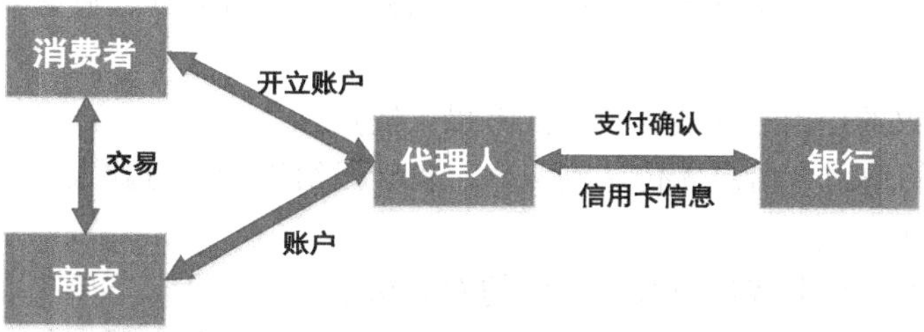

图 10.6 通过第三方代理人的信用卡支付模式

2) 特点

第一，支付是通过双方都信任的第三方(经纪人)完成的。第二，消费者账号的开通不经过网络。第三，信用卡信息不在网络上传送。 第四，使用 E-mail 来确认消费者身份，防止伪造。第五，商家信任第三方，因此商家风险小。第六，这种支付方式的交易成本低，对小额交易很适用。

3. 基于 SSL 协议的信用卡支付模式

使用这种模式付费时，用户只需在银行开立一个普通信用卡账号，消费者的信用卡号码被加密，这种加密的信息只有业务提供商或第三方付费处理系统能够识别。在支付时，用户提供信用卡号码，在传输时使用 SSL 技术进行加密。由于消费者在线购物时只需要给出一个信用卡号，使用方便，但需要一系列加密、授权、认证及相关信息传送，交易成本较高。

1) 流程

消费者从商家订货后，通过电子钱包将信用卡信息加密后传给商家服务器；商家服务器验证接收到的信息后，再将消费者加密的信用卡信息传给业务服务器；业务服务器验证商家身份后，将消费者加密的信用卡信息转移到安全地方解密，然后通过专用网送到商家银行；商家银行通过银行间电子通道从发卡银行得到证实后，将结果传给业务服务器，业务服务器通知商家服务器完成或拒绝交易，商家通知消费者。具体流程如图 10.7 所示。

2) 特点

基于 SSL 协议的信用卡在线支付模式有以下优点。

(1) 流程简单。信用卡在线支付模式中，SSL 模式是流程最简单的模式。

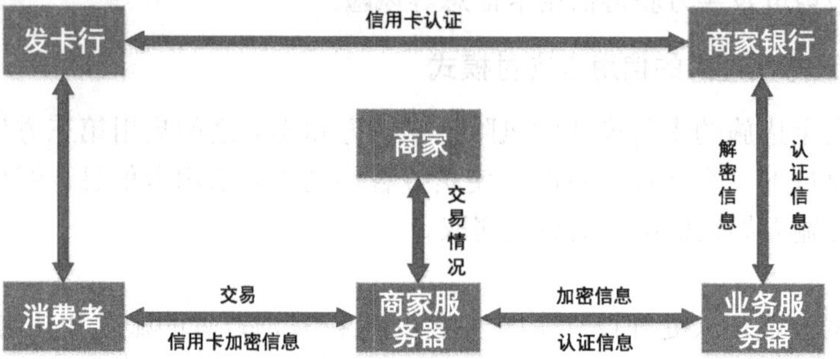

图 10.7 简单加密信用卡支付的流程

(2) 架构简单。认证过程比较简便，处理速度快，费用较低。

(3) 使用方便。付款人只需在选购商品后输入卡号、有效期、姓名等资料立即就可以完成付款。

基于 SSL 协议的信用卡在线支付模式有以下缺点。

(1) 付款人的信用卡信息先传送到商家，再转发给银行，付款人无法确认商家能够保密自己的相关信息。

(2) 只能提供交易中客户与服务器间的双方认证，在涉及多方的电子交易中，SSL 协议并不能协调各方之间的安全传输和信任关系，因此无法达到电子支付的“不可否认性”要求。

4. 基于安全电子交易(SET)协议支付模式

安全电子交易(Secure Electronic Transaction，SET)协议是一个为在 Internet 上进行在线交易而设立的、开放的、以电子货币为基础的电子付款协议标准，是目前国际上最常用的、安全性最高的协议之一。SET 主要为解决用户、商家和银行之间通过信用卡进行安全的交易而设计，支持多方认证，除了对消费者信用卡的认证外，它同时增加了对商家的身份认证。

基于 SET 的信用卡在线支付是在电子支付中遵守 SET 协议的信用卡支付模式，以实现信用卡即时、安全可靠的在线支付，在这种信用卡在线支付模式中，使用了一系列先进的安全技术与身份认证手段，如私有密钥加密、公有密钥加密、数字摘要、数字签名、双重签名和数字证书等。

SET 协议的作用，是要达到在线的安全交易目的。安全电子交易的目的是提供信息的保密性，确保付款的完整性和能对商家及持卡人进行身份验证(authentication)，而实施 SET 机制可以做到：

(1) 对付款信息及订单信息能分别保密。

(2) 能确保所有传送信息的完整性。

(3) 能验证付款人是信用卡的合法使用者。

(4) 能验证商家是该信用卡的合法特约商家。

(5) 建立一个协议，该协议不是依赖传输安全机制。

(6) 能在不同平台及不同网络系统上使用。

SET 协议为了能做到上述六点，必须构架一个 PKI 对参与的成员进行认证，同时利用密钥对传送信息进行加密。在 SET 协议中对认证的构架规定严谨，关于该部分内容可参见 SET 协议。其交易流程如图 10.8 所示。

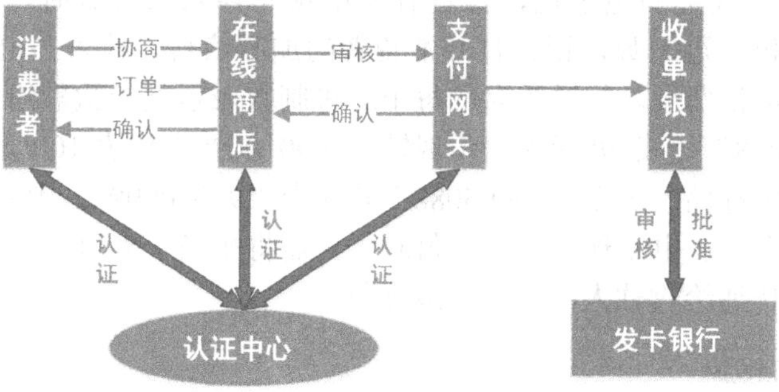

图 10.8　SET 协议支付模式流程

基于 SET 的信用卡在线支付的具体交易流程可分解如下。

(1) 付款人在发卡行柜台办理应用 SET 在线支付的信用卡；收款人(商家)与收单行签订相关结算合同，得到商家服务器端的 SET 支持软件并安装。

(2) 付款人从银行网站下载客户端软件，安装后设置应用此软件的用户、密码等，以防止被人非法运行。

(3) 付款人访问认证中心网站，把信用卡相关信息，如卡类别、卡号、密码、有效期等资料填入客户端软件，并且申请一张数字证书。

(4) 付款人在商家网站上选购商品，结账时选择 SET 信用卡结算方式。这时客户端软件被激活，付款人输入软件用户名和密码，取出里面的相应信用卡进行支付(此时 SET 介入)。

(5) 客户端软件自动与商家服务器对应软件进行身份验证，验证成功后，将订单消息及信用卡信息一同发送给商家。

(6) 商家服务器接收到付款人发来的相关信息，验证通过后，一边回复付款人，一边产生支付结算请求，连同从客户端转发来的信息一并发给支付网关。

(7) 支付网关收到相应支付信息后转入后台银行网络处理，通过各项验证审核后，支付网关收到银行端发来的支付确认信息。否则向商家回复支付不成功。

(8) 支付网关向商家转发支付确认消息，商家收到后认可付款人的这次购物订货单，并且给付款人发回相关购物确认与支付确认信息。

(9) 付款人收到商家发来的购物确认与支付确认信息后，表示这次购物与网络支付成功，客户端软件关闭。电子支付完毕。

10.2　电子现金

电子现金支付方式.mp4

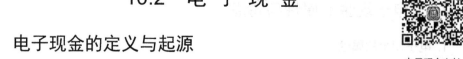

10.2.1　电子现金的定义与起源

1. 电子现金的定义

电子现金又称为数字现金，是一种以数据形式流通的、能被消费者和商家接受的、通过Internet购买商品和服务时使用的货币。电子现金把现金数值转换成一系列的加密序列数，通过这些序列数来表示现实中各种金额的币值。它通常以硬盘数据文件形式或IC卡形式存储。

电子现金是纸币现金的电子化，消费者使用预先存入的现金时，先产生一个或多个64 bit(或更长)的随机二进制数，银行打开消费者的加密信封，检查并记录这些数，并进行数字化签名后发送给消费者。经过签名的每个二进制数表示某一款额的电子现金。

例如，“99005088”代表50元人民币现钞，“99010099”代表100元人民币现钞。如果某台计算机的硬盘中存储了5个“99005088”和3个“99010099”，则表示该硬盘合计存储了550元的电子现金。在电子现金用于支付时，只需将相当于支付金额的若干信息块综合，然后用电子化方法传递给收款人，即可完成支付。

2. 电子现金的起源

电子现金(Ecash)于1983年由大卫·乔姆(David Chaum)设想为匿名加密电子货币或电子现金系统。该现金通过其公司DigiCash实现，并于1995—1998年在一家美国银行用作小额支付系统。乔姆在1983年发表的一篇论文中提出了匿名电子货币的想法。他提出用户本地计算机上的Ecash软件以数字格式存储货币，并由银行加密签名。用户可以在任何接受Ecash的商店中花费数字货币，而无须先在供应商处开设账户或传输信用卡号。公共密钥数字签名方案确保了安全性，而RSA盲签名技术实现了取款和消费事务之间无关联。根据付款交易，Ecash可以分为在线电子现金和离线电子现金。如果收款人在接受付款之前必须联系第三方(如充当收款方的银行或信用卡公司)，则系统称为在线系统。1990年，乔姆与合伙人一起提出了第一个离线电子现金系统，该系统也基于RSA盲签名技术。

乔姆于1990年以“Ecash”作为商标成立了DigiCash公司，并筹集了1000万美元。但是，在美国，只有一家银行——密苏里州圣路易斯的马克·吐温银行——实施了Ecash，并将其作为小额支付系统进行了测试。与信用卡类似，该系统对购买者免费，而商人则支付交易费。经过三年的试用，仅签约了5000个客户，该系统于1998年被解散，当时该银行已被大型信用卡发行商莫肯特尔银行(Mercantile Bank)购买了一年。乔姆当时认为：“随着网络的发展，用户的使用现金平均水平下降了。很难解释隐私对他们的重要性。”

不过，在欧洲，信用卡数量减少，现金交易增多，小额支付技术变得更有意义。1998年6月，电子货币在瑞士的Credit Suisse发行，德国的德意志银行、奥地利的银行、瑞典的Posten AB和挪威的Norske银行也相继发行了Ecash，而日本的Nomura Research Institute则向金融机构推销了Ecash。在澳大利亚，现金交易是由圣乔治银行和先行银行实施的，但交易并非免费给购买者。在芬兰，梅里塔银行(Merita Bank)也提供了电子现金。

自2015年起，术语“Ecash”用于可存储在电子敏感卡上的数字现金，包括在线或替代支付门户和移动应用程序。

10.2.2 电子现金的属性与特点

1. 电子现金的属性

1) 货币价值

电子现金必须有一定的现金、银行授权的信用或银行证明的现金支票给予支持，而且在银行之间接受电子现金时不能存在任何不兼容性的问题。

2)　可交换性

电子现金可以与纸币、商品或服务、网上信用卡、银行账户存储金额、支票或负债等进行交换。目前，电子现金还面临多家银行的广泛使用问题，电子现金一般倾向于在一家银行使用。

3)　可存储性

允许消费者在银行账户中提取一定数量的电子现金存储在易于传输的、标准或特殊用途的存储设备中。

4)　不可重复性

电子现金不能并且必须防止复制或重复使用。一般电子现金系统会建立事后检测和惩罚机制。

2. 电子现金支付的特点

电子现金在经济领域起着与普通现金同样的作用，对正常的经济运行至关重要。电子现金具备以下性质。

(1)　独立性。电子现金的安全性不能只靠物理上的安全来保证，必须通过电子现金自身使用的各项密码技术来保证电子现金的安全。

(2)　不可重复花费。电子现金只能使用一次，重复花费能被容易地检查出来。

(3)　匿名性。银行和商家互通也不能跟踪电子现金的使用，就是无法将电子现金的用户的购买行为联系到一起，从而隐蔽电子现金用户的购买历史。

(4)　不可伪造性。用户不能造假币，包括两种情况：一是用户不能凭空制造有效的电子现金；二是用户从银行提取 N 个有效的电子现金后，也不能根据提取和支付这 N 个电子现金的信息制造出有效的电子现金。

(5)　可传递性。用户能将电子现金像普通现金一样，在用户之间任意转让且不能被跟踪。

(6)　可分性。电子现金不仅能作为整体使用，还应能被分为更小的部分多次使用，只要各部分的面额之和与原电子现金面额相等，就可以进行任意金额的支付。

10.2.3　电子现金的工作原理

电子现金系统最简单的形式包括三个主体(即商家、客户、银行)。电子现金在其生命周期中要经历提取、支付和存款三个过程，涉及客户、商家、银行这三方。应用电子现金进行网络支付，需要在客户端安装专门的电子现金客户端软件，在商家服务器上安装电子现金服务器端软件，发行者需要安装对应的电子现金管理软件等。为了保证电子现金的安全性及可兑性，发行银行还应该从认证中心申请数字证书以证实自己的身份并利用非对称加密进行数字签名。电子现金的支付流程如图 10.9 所示。

电子现金的具体流程如下。

(1)　预备工作。付款人、收款人(商家)、发行者都要在认证中心申请数字证书，并安装专用软件。付款人从发行者处开设电子现金账号，并用其他电子支付方式存入一定数量的资金(如使用银行转账或信用卡支付方式)，利用客户端软件从电子现金银行取出一定数量的电子现金，然后存储在自己的硬盘上。接受电子现金付款的商家也在发行者处注册，并签约收单行用于兑换电子现金。

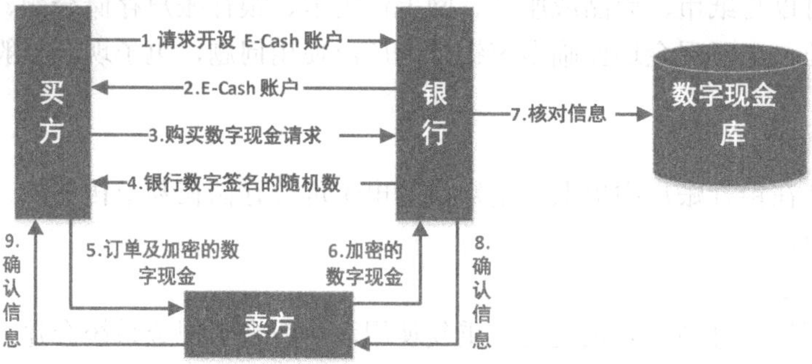

图 10.9　电子现金的支付流程

(2) 付款人与收款人达成购销协议，付款人验证收款人身份并确定对方能够接受相应的电子现金支付。

(3) 付款人将订单与电子现金一起发给收款人。这些信息使用收款人的公开密钥加密，收款人使用自己的私钥解密。

(4) 收款人收到电子现金后，可以要求发行者兑换成实体现金。

(5) 发行者通过银行转账的方式将实体资金转到付款行，付款行与收单行联系，收款人与收单行清算。

10.2.4 电子现金的发展——加密货币

1. 加密货币的起源和定义

加密货币是一种使用密码学原理来确保交易安全及控制交易单位创造的交易媒介。加密货币使用分散控制，而不是集中式数字货币和中央银行系统。每个加密货币的分散控制都通过分布式账本技术(通常是一个区块链)进行，该技术充当公共金融交易数据库。

1998 年，戴伟(Wei Dai)发表了有关“b-money”的描述，其特征是匿名的分布式电子现金系统。此后不久，尼克·萨博(Nick Szabo)描述了比特金。就像比特币和其他随之而来的加密货币一样，比特金被描述为一种电子货币系统，要求用户使用解决方案来完成工作量证明功能。

比特币于 2009 年首次由中本聪作为开源软件发布，通常被认为是第一种去中心化加密货币。自比特币发布以来，已经创建了超过 4000 种山寨币(比特币的替代变体或其他加密货币)。它使用 SHA-256(一种加密哈希函数)作为其工作量证明方案。2011 年 4 月，Namecoin 的创建是为了形成去中心化 DNS 的尝试，这将使互联网审查变得非常困难。此后不久，2011 年 10 月，Litecoin(莱特币)发行了。它是第一个使用 Scrypt(一种加密算法)代替 SHA-256 作为哈希函数的成功加密货币。另一个著名的加密货币 Peercoin(点点币)是第一个使用工作量证明/权益证明混合的人。

2014 年 8 月 6 日，英国宣布已委托美国财政部研究加密货币，以及加密货币在英国经济中可发挥的作用。该研究还旨在报告是否应考虑监管。

加密货币的正式定义，可以认为是一种满足以下六个条件的系统。

(1) 该系统不需要中央机构，它的状态通过分布式共识来维护。

(2) 该系统保持对加密货币单位及其所有权的概览。

(3) 该系统定义是否可以创建新的加密货币单位。如果可以创建新的加密货币单位，则系统将定义其起源环境以及如何确定这些新单位的所有权。

(4) 加密货币单位的所有权可以通过加密方式专门证明。

(5) 该系统允许执行交易，其中改变了密码单元的所有权。交易报表只能由证明这些单位当前所有权的实体发布。

(6) 如果同时输入了两个用于更改同一密码单元所有权的不同指令，则系统最多执行其中之一。

2. 加密货币的技术基础

1) 区块链

每种加密货币的硬币的有效性由区块链提供。区块链是不断增长的记录清单，称为区块，可以使用密码进行链接和保护。每个块通常包含一个散列指针链接到一个先前块、一个时间戳的交易数据。根据设计，区块链具有固有的抗数据修改能力。它是"一种开放的、分布式的分类账，可以有效且可验证永久地记录双方之间的交易"。为了用作分布式分类账，区块链通常由对等网络共同管理，该对等网络共同遵守用于验证新块的协议。一旦记录下来，任何给定块中的数据都不能追溯更改，而不改变所有后续块，这需要网络多数的合谋。

区块链通过设计是安全的，并且是具有高拜占庭容错能力的分布式计算系统的一个示例。因此，已经通过区块链实现了分散共识。假设没有 51%的攻击(已经针对几种加密货币进行了攻击)，则区块链无须信任的权威机构或中央服务器即可解决双重支出问题。

2) 时间戳

加密货币使用各种时间戳记方案来"证明"添加到区块链分类账中的交易的有效性，而无须受信任的第三方。发明的第一个时间戳方案是工作量证明方案。最广泛使用的工作量证明方案基于 SHA-256 和 Scrypt。

用于工作量证明的其他一些 Hash 算法包括 CryptoNight、Blake、SHA-3 和 X11。

权益证明是一种通过请求用户显示一定数量的货币所有权来保护加密货币网络并达成分布式共识的方法。它不同于工作量证明系统，后者运行困难的哈希算法来验证电子交易。该计划主要取决于代币，目前还没有标准形式。一些加密货币使用组合的工作量证明 / 权益证明计划。

10.2.5 央行数字货币

央行数字货币(Digital Currency Electronic Payment，DC/EP)，即数字货币和电子支付工具，是经国务院批准计划发行的法定数字货币。简单来说，它是纸质货币的数字化替代品。

2014 年，中国央行成立专门的研究团队，对数字货币发行和业务运行框架、数字货币的关键技术、发行流通环境、面临的法律问题等进行了深入研究。2017 年 1 月，央行在深圳正式成立数字货币研究所。2018 年 9 月，数字货币研究所搭建了贸易金融区块链平台。2019 年 7 月 8 日，在数字金融开放研究计划启动仪式暨首届学术研讨会上，中国人民银行研究局局长王信曾透露，国务院已正式批准央行数字货币的研发，央行正在组织市场机构从事相应工作。

2019 年 8 月 2 日，央行在 2019 年下半年工作电视会议上表示将加快推进法定数字货币的研发步伐。8 月 10 日，央行支付结算司副司长穆长春在中国金融四十人伊春论坛上表示，“央行数字货币可以说是呼之欲出了”。8 月 18 日，中共中央、国务院发布关于支持深圳建设中国特色社会主义先行示范区的意见，提到支持在深圳开展数字货币研究等创新应用。8 月 21 日，央行发布两篇有关数字货币的文章，一是发表于 2018 年 1 月的副行长范一飞谈央行数字货币几点考虑，二是支付结算司副司长穆长春 8 月 10 日在伊春的演讲。

2020 年 5 月，中国人民银行数字货币研究所透露，数字人民币体系(DC/EP)已经开启技术研发过程中的内测活动，当前阶段将先行在深圳、苏州、雄安新区、成都及未来的冬奥场景进行内部封闭试点测试。

根据央行数字货币研究人员的介绍，它主要有如下一些特征。

第一，央行数字货币的功能和属性跟纸钞完全一样，只不过它的形态是数字化的。换句话说，可以把央行发行的数字货币看作数字化的人民币现金。数字货币能像纸质货币一样流通，它的定位就是现金的替代，跟现金一样是法定货币，有国家信用背书，具有无限法偿性，任何人都不能拒绝接受。从这个特征看，央行数字货币也是电子现金的一种。

第二，央行数字货币和电子支付的目标是替代一部分 M0(流通中现金)，而并非去替代狭义货币 M1(流通中现金+企业活期存款)或广义货币 M2(流通中现金+企业活期存款+定期存款+居民储蓄存款+其他存款)。

第三，央行数字货币(DC/EP)的数字钱包在使用时可以不需要网络连接，只要手机有电，两个手机碰一碰，就能把一个人数字钱包里的数字货币转给另一个人，也即实现“双离线支付”。央行数字货币的主要功能与银行电子账户日常支付与管理功能基本相似，如农行数字货币钱包首页中，有扫码支付、汇款、收付款、碰一碰四大常用功能。

第四，使用央行数字货币进行支付时是不需要绑定任何银行账户的。不像现在用微信或支付宝等工具，都要绑定一张银行卡，但 DC/EP 不需要。除了需要往数字钱包充钱，或者想从数字钱包里取钱出来去理财等这样的情况，用户与用户之间的相互转账是不需要进行账户的绑定的，这就意味着，DC/EP 能像纸质货币一样流通。

第五，为了防止数字货币成为不法分子欺诈、洗钱等犯罪行为的工具，央行数字货币实现的是可控匿名，也就是说在一定条件上能满足大多数正常支付行为的匿名支付的需求。只要使用人不犯罪，可以用来进行一些不想让别人知道的消费。而支付宝、微信支付是跟传统银行账户体系紧紧绑定的，都是实名支付，满足不了匿名的需求。

研究人员也指出央行数字货币推出后，可能会对其他现存的支付手段(如支付宝、微信支付等)产生较大的影响。因为央行数字货币是法定货币，而微信支付和支付宝只是一种支付方式，数字货币的效力完全不是微信支付和支付宝能够相提并论的。从用户视角看，央行数字货币使用范围更广，具有无限法偿性，具有强制性，而其他支付手段并没有这个功能。比如说，机构或个人不接受支付宝或微信付款在法律上没有问题，但拒绝用户使用现金或数字货币付款就是违法的。也就是说，数字货币推出后，由于其可以离线支付、安全性更高、使用范围更广，而且不用绑定银行账户，实现可控匿名，预计双方的使用规模可能会出现此消彼长。

10.3 电 子 钱 包

10.3.1 电子钱包的含义

电子钱包(E-Wallet)，是电子商务活动中消费者购物常用的一种支付工具，是一种客户端的小数据库，是客户用来进行安全网络交易特别是安全网络支付并且存储交易记录的特殊计算机软件或硬件设备。电子钱包中可以存放电子现金和电子信用卡，同时包含诸如信用卡账号、数字签名以及身份验证等信息，适合于个体的、小额网上消费的电子商务活动。世界上的电子钱包有 VISA Cash 和 Mondex 两大电子钱包服务系统，还有 HP 公司的电子支付应用软件(VWALLET)、微软公司的电子钱包 MS Wallet、IBM 公司的 Commerce Point Wallet 软件、Master Card Cash、Euro Pay 的 Clip 和比利时的 Proton 等。

电子钱包用户通常在银行里有账户。使用电子钱包购物，需要安装相应的软件，然后利用电子钱包服务系统把自己账户里的电子货币输进去。在发生收付款时，用户只需在计算机上单击相应项目即可。系统中设有电子货币与电子钱包的功能管理模块，称为电子钱包管理器。用户可以用它来改变口令或保密方式等，以及查看自己银行账号上电子货币收付往来的账目、清单及其他数据。系统中还提供了一个电子交易记录器，顾客通过查询记录器，可以了解自己的购物记录。电子钱包软件通常免费提供，顾客可以直接使用与银行账户相连接的电子商务系统服务器上的电子钱包软件，也可以采用各种保密方式调用 Internet 上的电子钱包软件。

使用电子钱包具有安全、方便和快捷的优点；缺点是如果硬盘或智能卡信息出现问题则非常麻烦。

10.3.2 电子钱包的功能

1. 电子证书的管理

电子证书的管理包括电子证书的申请、存储、删除等。

2. 安全电子交易

电子钱包完全符合 SET 标准，交易时能辨认用户的身份并发送交易信息。由于每次使用电子线包都要进行身份确认，因此电子钱包持有者对自己的用户名及口令应严格保密，防止被他人窃取。

3. 交易记录的保存

电子钱包可保存每一笔交易记录，以备日后查询。

10.3.3 电子钱包的分类

电子钱包可分为两类：一类是以智能卡为电子钱包的电子现金支付系统，另一类是电子钱包软件。

1. 智能储值卡电子钱包

智能储值卡电子钱包是目前实物形态电子钱包的主要形式。持卡人预先在卡中存入一定的资金，交易时直接从储值账户中扣除交易金额。智能储值卡根据用途的广泛性分为多用途卡和单用途卡。卡类电子钱包的特点有：非实名制、脱机交易、小额支付、使用环境相对封闭。国外主要卡类电子钱包服务系统有：VISA Cash、Mondex、Proton。

2. 软件形态虚拟电子钱包——电子钱包软件

软件形态虚拟电子钱包是客户用来安全进行电子交易和存储交易记录的加密银行账户软件，可存储货币值和重要信息，往往与电子现金卡、银行卡和IC卡结合使用。使用这种形式的电子钱包时，服务器端电子钱包不需要安装电子钱包的客户端软件，而客户端电子钱包需要安装电子钱包的客户端软件。客户端电子钱包软件通常免费提供，设计为浏览器插件。虚拟电子钱包具有安全、方便、快速的特点。

虚拟电子钱包的主要功能如下。

(1) 个人信息管理：包括增加、删除、修改个人资料；数字证书的管理；银行卡、电子现金管理。

(2) 安全电子交易(SET)：信息保密性；信息完整性；不可抵赖性；身份真实性；交易记录的保存。

10.3.4 电子钱包网上购物基本流程

(1) 浏览查询。顾客在网上查找自己想要购买的物品。

(2) 输入订货单。在计算机上输入订货单(包括商店和商品名称、数量、送货时间和地点)。

(3) 通过电子商务服务器查询价格、款项、交货信息。通过电子商务服务器与有关商店联系并立即得到应答，告诉顾客所购货物的单价、应付款数、交货等信息。

(4) 使用电子钱包付款。顾客确认后，用电子钱包付款。将电子钱包软件装入系统，打开电子钱包，输入自己的保密口令，确认是自己的钱包，并从钱包中取出其中一张信用卡来付款。

(5) 电子商务服务器到银行进行验证授权。电子商务服务器对信用卡号码进行加密后发送到相应的银行。同时，销售商店也收到了经过加密的购货账单，将其编码后再传送到商务服务器上(商店看不到顾客信用卡上的号码，也无法处理信用卡中的钱款)。电子商务服务器将经过加密的信用卡号和账单同时发送到信用卡公司和商业银行，由它们进行收付钱款和账务往来的结算处理。商业银行确认并授权后，在线支付即告完成。如果商业银行确认后拒绝且不予授权，说明顾客的信用卡余额不足，支付不成功，顾客可再打开电子钱包，取另一张信用卡，重复上述操作。

(6) 银行授权并表示可以付款，商家发货，经商业银行确认信用卡有效后，商店就可以发货，消费者在家中等待送货上门。

10.3.5　电子钱包的购物实例

中银电子钱包(E-Wallet)是一个可以由中国银行长城电子借记卡和长城国际卡持卡人用来进行安全网上购物交易并存储交易记录的软件，就像生活中随身携带的钱包一样。使用中国银行电子钱包进行网上购物的基本流程如下。

(1) 消费者在自己的计算机上安装中国电子钱包软件。

(2) 登录到中国银行网站(www.bank-of-China.com)，在线申请并获得持卡人电子安全证书。

(3) 登录中国银行网上特约商户购物网站选购商品，填写送货地址并最后确认订单。

(4) 单击采用长城电子借记卡进行支付，将自动启动电子钱包软件，按提示依次输入卡号、密码等信息，即可完成在线支付。

(5) 消费者在家中等待商家送货上门。

10.4　智　能　卡

10.4.1　智能卡概述

智能卡类似于信用卡，但卡上不是磁条，而是计算机芯片和小的存储器。在智能卡上将消费者信息和电子货币存储起来，可以用来购买产品或服务、存储信息。

智能卡主要包括以下三个部分。

(1) 建立智能卡的程序编制器。

(2) 处理智能卡操作系统的代理。

(3) 作为智能卡应用程序接口的代理。智能卡可应用于以下几种场景。

① 电子支付：如智能卡用于电话付费，可代替信用卡。

② 电子识别：如能控制对大楼房间或系统的访问，如收银机。

③ 数字存储：如存储或查询病历，跟踪信息或处理验证信息。

智能卡使电子商务交易变得简便易行，消除了某种应用系统可能对消费者造成不利影响的各种情况，它能为消费者“记忆”某些信息，并以消费者名义提供这些信息(如不需要使用者记住个人密码)。另外，智能卡具有很好的安全性和保密性，降低了使用现金处理的支出以及被欺诈的可能性，提供了优良的保密性能，可以实现像信用卡一样的功能，但保密性高于信用卡。

10.4.2　智能卡的工作过程

智能卡的工作流程如下。

(1) 在适当的机器上启动消费者的浏览器。

(2) 通过安装在机器上的读卡机，用消费者的智能卡登录到相关银行的站点，智能卡自动将账号、密码和其他一切加密信息告知银行。

(3) 消费者从智能卡中下载现金到商家的账户，或从银行账号中下载现金到智能卡。

10.4.3 智能卡的应用实例

智能卡被广泛应用于人们的日常生活中，已逐步成为现代生活不可或缺的工具。人们在学习、购物、交友、健身、就医等各个环节中都能感受到智能卡带来的便利。

(1) 电信：IC 卡公用电话、移动电话 SIM 卡(用户识别模块)。

(2) 交通：公交一卡通(出租车、公共汽车、轮渡、地铁)、道路泊车自动收费、路桥收费、自动加油管理系统、驾驶员违章处理。

(3) 智能建筑：IC 卡门锁及门禁系统、停车收费管理、智能小区一卡通。

(4) 校园一卡通：食堂、考勤、门禁、上机上网、图书馆、学籍管理、校内消费、实验室设备管理、校医院电子医疗卡。

(5) 公用事业：预收费水、电、气表及收费一卡通。

(6) 个人身份认证：城市流动人口管理 (IC 卡暂住证)、IC 卡身份证。

(7) 社会保险：医疗保险、养老保险等。

(8) 工商税务：税务自动申报、工商企业监管。

(9) 金融：信用卡(Credit Card，如 VISA Card、Master Card)、扣款卡(Cash Card)、电子钱包(E-Wallet，如 Mondex Card)。

(10) 电子标签：车辆识别、防伪、仓储管理、生产管理、集装箱管理、汽车钥匙等。

(11) 网络安全：密码钥匙 E-key。

10.5 第三方支付工具

第三方支付工具.mp4

10.5.1 第三方支付的定义

第三方支付是指具备一定实力和信誉保障的独立机构，通过与网联对接而促成交易双方交易的网络支付模式。在中国从事第三方支付业务必须申请第三方支付牌照，即支付业务许可证。

在第三方支付模式下，买方选购商品后，使用第三方平台提供的账户进行货款支付(支付给第三方)，并由第三方通知卖家货款到账、要求发货；买方收到货物后检验货物，确认后再通知第三方付款；第三方再将款项转至卖家账户。

10.5.2 第三方支付的产生背景和起源

1. 第三方支付的产生背景

传统的支付方式往往是简单的即时性直接付转，一步支付。其中现金结算和票据结算适配当面现货交易，可实现同步交换；汇转结算中的电汇及网上直转也是一步支付，适配隔面现货交易，但若无信用保障或法律支持，会导致异步交换，容易引发非等价交换风险，现实中买方先付款后不能按时按质按量收获标的，卖方先交货后不能按时如数收到价款，被拖延、折扣或拒付等引发经济纠纷的事件时有发生。

在现实的有形市场，异步交换权且可以附加信用保障或法律支持来进行，而在虚拟的无形市场，交易双方互不认识，不知根底，故此，支付问题曾经成为电子商务发展的瓶颈之一，卖家不愿先发货，怕货发出后不能收回货款；买家不愿先支付，担心支付后拿不到商品或商品质量得不到保证。博弈的结果是双方都不愿意先冒险，网上购物无法进行。

为迎合同步交换的市场需求，第三方支付应运而生。第三方是买卖双方在缺乏信用保障或法律支持的情况下的资金支付“中间平台”，买方将货款付给买卖双方之外的第三方，第三方提供安全交易服务，其运作实质是在收付款人之间设立中间过渡账户，使汇转款项实现可控性停顿，只有双方意见达成一致才能决定资金去向。第三方担当中介保管及监督的职能，并不承担什么风险，所以确切地说，这是一种支付托管行为，通过支付托管实现支付保证。

除了网上银行、电子信用卡等支付方式外，还有一种方式也可以相对降低网络支付的风险，那就是迅猛发展起来的利用第三方机构的支付模式及其支付流程，而这个第三方机构必须具有一定的诚信度。在实际的操作过程中这个第三方机构可以是发行信用卡的银行本身。在进行网络支付时，信用卡号以及密码的披露只在持卡人和银行之间转移，降低了通过商家转移而导致的风险。

同样当第三方是除了银行以外的具有良好信誉和技术支持能力的某个机构时，支付也通过第三方在持卡人或者客户和银行之间进行。持卡人首先和第三方以替代银行账号的某种电子数据的形式(如邮件)传递账户信息，避免了持卡人将银行信息直接透露给商家，另外也可不必登录不同的网上银行界面，而取而代之的是每次登录时，都能看到相对熟悉和简单的第三方机构的界面。

第三方机构与各个主要银行之间又签订有关协议，使得第三方机构与银行可以进行某种形式的数据交换和相关信息确认。这样第三方机构就能实现在持卡人或消费者与各个银行，以及最终的收款人或者是商家之间建立一个支付的流程。

2. 第三方支付的起源

第三方支付最早源于美国的独立销售组织制度(Independent Sales Organization，ISO)，是指收单机构和交易处理商委托 ISO 做中小商户的发展、服务和管理工作的一种机制。1996 年，全球第一家第三方支付公司在美国诞生，随后逐渐涌现出 Amazon Payments、Yahoo!、PayDirect、PayPal 等一批第三方支付公司，其中以 PayPal 最为突出，其发展历程基本代表了北美第三方支付市场的发展缩影。

2002 年 10 月，全球最大拍卖网站 eBay 公司以 15 亿美元收购 PayPal，PayPal 便成为 eBay 的主要付款途径之一。2005 年，PayPal 的中国境内网站开通，名称是“贝宝”，但是 PayPal 和贝宝实际上是两个相互独立的账户，因为贝宝使用人民币作为唯一的支付货币。但贝宝在中国的发展不尽如人意。在中国，早在 1999 年成立的北京首信和上海环迅两个企业其实是中国最早的第三方支付企业，但由于电子商务在中国的缓慢发展，其影响力一直不大。直到 2004 年 12 月阿里巴巴公司支付宝的推出，在淘宝购物平台的强大影响下，其业务取得了突飞猛进的发展，第三方支付的交易规模也呈飞速增长趋势，仅用四年时间便以超过 2 亿用户的绝对优势胜过美国的 PayPal，成为全球最大的第三方支付平台。支付宝是中国最大的第三方支付公司。支付宝最初是为了解决淘宝网络交易安全所设的一个功能，也就是“第三方担保交易模式”。

在淘宝网创办之初，团队士气高涨，网站用户也非常活跃，有很多用户在论坛上发帖，用户咨询业务也很热情，但奇怪的是就是没有交易。后来分析因为淘宝网初期的交易方式有两种：要么同城交易见面付款，要么远程交易银行汇款。信任问题就出现在交易双方之间了。因此，团队认为在淘宝网推出一种基于担保交易的支付工具，问题就解决了。

但是，在2003—2005年，中国的金融行业还是以国有企业为主，电子支付牌照也并没有放开，自己建立一个支付系统既面临法律的风险，又面临技术的难题。当时国内的大多银行因为交易额太小、成本太高而不愿意做。这时马云提出由他来承担风险以推出支付宝第三方支付服务。2004年，支付宝从淘宝网分拆独立，逐渐向更多的合作方提供支付服务，从而发展成为中国最大的第三方支付平台。经过多年的发展，目前支付宝已经成为全球交易量最大的第三方支付服务公司。

后来中国也出现了越来越多的第三方支付公司，包括财付通、快钱、银联商务、天翼电子商务等。到目前为止，中国已成为第三方支付领域比较活跃的国家之一。

10.5.3 第三方支付的特点与流程

1. 第三方支付的特点

第三方支付跟其他支付方式相比较，具有以下几个显著特点。

第一，第三方支付平台提供一系列的应用接口程序，将多种银行卡支付方式整合到一个界面上，负责交易结算中与银行的对接，使网上购物更加快捷、便利。消费者和商家不需要在不同的银行开设不同的账户，可以帮助消费者降低网上购物的成本，帮助商家降低运营成本；同时，还可以帮助银行节省网关开发费用，并为银行带来一定的潜在利润。

第二，较之SSL、SET等支付协议，利用第三方支付平台进行支付操作更加简单且易于为人们接受。SSL是应用比较广泛的安全协议，在SSL中只需验证商家的身份。SET协议是发展的基于信用卡支付系统的比较成熟的技术。但在SET中，各方的身份都需要通过CA进行认证，程序复杂，手续繁多，速度慢且实现成本高。有了第三方支付平台，商家和客户之间的交涉由第三方来完成，使网上交易变得更加简单。

第三，第三方支付平台本身依附于大型的门户网站，且以与其合作的银行的信用作为信用依托，因此第三方支付平台能够较好地突破网上交易中的信用问题，有利于推动电子商务的快速发展。

在通过第三方平台的交易中，买方选购商品后，使用第三方平台提供的账户进行货款支付，由对方通知卖家货款到达、进行发货；买方检验物品后，就可以通知付款给卖家。第三方支付平台的出现，从理论上讲，杜绝了电子交易中的欺诈行为。

2. 第三方支付的流程

在第三方支付交易流程中，支付模式使商家看不到客户的支付信息，同时又避免了支付信息在网络上多次公开传输而导致信用卡信息被窃。第三方支付的一般流程如图10.10所示。

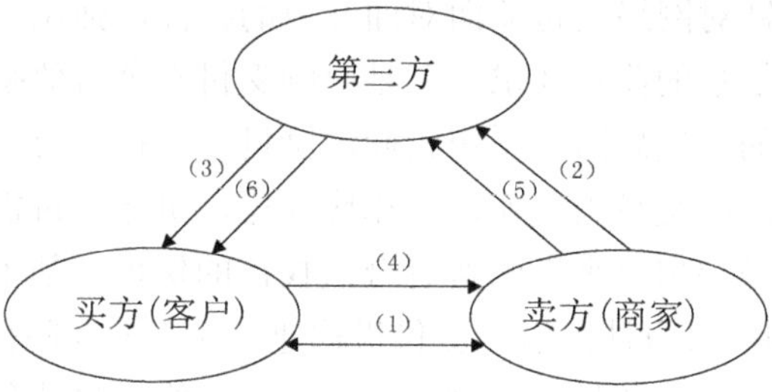

图 10.10　第三方支付的一般流程

(1) 客户在电子商务网站上选购商品，最后决定购买，买卖双方在网上达成交易意向。
(2) 客户选择第三方平台作为交易中介，客户用信用卡将货款划到第三方账户。
(3) 第三方支付平台将客户已经付款的消息通知商家，并要求商家在规定时间内发货。
(4) 商家收到通知后按照订单发货。
(5) 客户收到货物并验证后通知第三方。
(6) 第三方将其账户上的货款划入商家账户中，交易完成。

10.5.4　第三方支付的法规与支付牌照

1. 第三方支付相关的法规

在中国第三方支付受到中国人民银行的监管。2010 年 6 月 14 日，中国人民银行颁布了《非金融机构支付服务管理办法》，此法规是为促进支付服务市场健康发展，规范非金融机构支付服务行为，防范支付风险，保护当事人的合法权益，根据《中华人民共和国中国人民银行法》等法律法规制定的，自 2010 年 9 月 1 日起施行。根据《非金融机构支付服务管理办法》中给出的非金融机构支付服务的定义，从广义上讲第三方支付是指非金融机构作为收、付款人的支付中介所提供的网络支付、预付卡发行与受理、银行卡收单以及中国人民银行确定的其他支付服务。本办法所称网络支付是指依托公共网络或专用网络在收、付款人之间转移货币资金的行为，包括货币汇兑、互联网支付、移动电话支付、固定电话支付、数字电视支付等。同时，法规规定非金融机构提供支付服务，应当依据本办法规定取得《支付业务许可证》，成为支付机构。支付机构之间的货币资金转移应当委托银行业金融机构办理，不得通过支付机构相互存放货币资金或委托其他支付机构等形式办理。因此从 2011 年开始，央行开始给第三方支付的互联网企业颁发支付牌照，截至 2015 年 9 月 8 日，中国人民银行共发放 270 张支付牌照。

2015 年 12 月，为了进一步规范网络支付业务，防范支付风险，保护客户合法权益，同时促进支付服务创新和支付市场健康发展，进一步发挥网络支付对互联网金融的基础作用，中国人民银行颁布了《非银行支付机构网络支付业务管理办法》(以下简称《办法》)。《办法》主要确立了坚持支付账户实名制、平衡支付业务安全与效率、保护消费者权益和推动支付创新的监管思路。主要措施包括：一是清晰界定支付机构定位。坚持小额便民、服务于电子商务的原则，有效隔离跨市场风险，维护市场公平竞争秩序及金融稳定。二是坚持支付账户实名制。账户实名制是支付交易顺利完成的保障，也是反洗钱、反恐融资和遏制违法犯罪活动的基础。针对网络支付非面对面开户的特征，强化支付机构通过外部多渠道交叉验证识别客户身份信息的监管要求。三是兼顾支付安全与效率。本着小额支付偏重便捷、大额支付偏重安全的管理思路，采用正向激励机制，根据交易验证安全程度的不同，对使用支付账户余额付款的交易限额作出了相应安排，引导支付机构采用安全验证手段来保障客户资金安全。四是突出对个人消费者合法权益的保护。基于我国网络支付业务发展的实际和金融消费的现状，《办法》引导支付机构建立完善的风险控制机制，健全客户损失赔付、差错争议处理等客户权益保障机制，有效降低网络支付业务风险，保护消费者的合法权益。五是实施分类监管推动创新。建立支付机构分类监管工作机制，对支付机构及其相关业务实施差别化管理，引导和推动支付机构在符合基本条件和实质合规的前提下开展技术创新、流程创新和服务创新，在有效提升监管措施弹性和灵活性的同时，激发支付机构活跃支付服务市场的动力。

2017 年 1 月 13 日，中国人民银行发布了一项支付领域的新规定《中国人民银行办公厅关于实施支付机构客户备付金集中存管有关事项的通知》，明确了第三方支付机构在交易过程中产生的客户备付金，今后将统一交存至指定账户，由央行监管，支付机构不得挪用、占用客户备付金。

2018 年 3 月，网联下发 42 号文督促第三方支付机构接入网联渠道，明确 2018 年 6 月 30 日前所有第三方支付机构与银行的直连都将被切断，之后银行不会再单独直接为第三方支付机构提供代扣通道。

2. 第三方支付的支付牌照

第三方支付牌照正式的名字叫支付业务许可证，是为了加强对从事支付业务的非金融机构的管理，根据《中华人民共和国中国人民银行法》、中国人民银行制定的《非金融机构支付服务管理办法》等法律法规，并由中国人民银行核发的非金融行业从业资格证书。自 2011 年到 2015 年央行一共发放了 270 张第三方支付牌照，2015 年发放了 2 张牌照，之后，2016 年没有再新发牌照，与此同时，2016 年 4 月央行下发文件对支付机构分级分类监管，且五年期满之后续展从严。截至 2017 年 12 月 4 日，全国共有 246 张有效支付牌照，这也意味着有 24 家第三方支付机构被注销牌照。从注销的原因来看，主要有业务合并、严重违规、主动注销、不予续展四类。第三方支付牌照历年发放情况如表 10.1 所示。

表 10.1　第三方支付牌照历年发放情况　　单位：张

发放批次	发放时间	发放数量(张)	年度发放总数量(张)	发放比例(%)
1	2011 年 5 月	27	101	37.3
2	2011 年 8 月	13		
3	2011 年 12 月	61		
4	2012 年 6 月	95	96	35.4
5	2012 年 7 月	1		
6	2013 年 1 月	26	53	35.4
7	2013 年 7 月	27		
8	2014 年 7 月	19	19	7

续表

发放批次	发放时间	发放数量(张)	年度发放总数量(张)	发放比例(%)
9	2015 年 3 月	1	2	7
10	2015 年 12 月	1		
合计		271	271	

支付牌照的有效期为五年，到期时持牌机构需要进行续展方可继续从事支付业务，续展不通过者应迅速退出市场。2016 年 4 月中国人民银行下发文件对支付机构分级分类监管，且五年期满之后续展从严。2016 年 8 月 11 日，第一批支付牌照续展工作结束，首批获得牌照的 27 家机构均通过续展，5 家支付机构因业务或公司变动被合并。截至 2019 年 5 月底，由于业务变动、公司合并、续展不通过等原因，已有 33 家机构的支付牌照被注销，其中 20 家因严重违规被注销，2 家主动注销，另有 11 家因业务合并而注销。

本章小结

本章首先介绍了消费者级网络支付方式的基本情况，然后分别介绍了银行卡支付方式、电子现金的基本工作原理和发展情况、电子钱包的功能和流程、智能卡支付方式的基本过程以及第三方支付工具的基本情况。

思考题

1. 简述电子现金与我们生活中的纸质现金的异同。
2. 分析支付宝成功的原因。
3. 调研总结智能卡已经应用在生活中的哪些方面，并展望其应用前景。
4. 请你选择文中叙述的一种网络支付方式进行一次网上购物的实践，以体验网络支付的具体流程，谈谈体会。
5. 上网调研分析中国目前几种常见的信用卡(包括储值型的银行卡)的网络支付的应用与技术特点。你喜欢用哪种？为什么？

第 11 章　移动商务与移动支付

【学习目标】

- 了解移动商务的基本情况。
- 理解移动支付的定义与应用情况。
- 了解移动支付的应用类别。
- 了解移动支付的商业模式。
- 了解移动支付开展的主要工具。

【引导案例】

给 12 亿用户定心丸，支付宝安全技术扛住了天猫双 11 大考

2684 亿元！2019 年天猫双 11 总成交额再创新纪录。这一天展现的蓬勃消费力背后，安全技术也通过了年度大考。

11 月 13 日，支付宝安全实验室的数据显示，双 11 期间安全系统在保障支付顺畅的同时，扛住了超过日常 10 倍的网络攻击，创下了新的纪录。作为天猫双 11 交易背后的支付基础，支付宝安全系统通过不同维度的技术创新，保障用户支付体验并确保安全性。

近年来，电信网络诈骗及黑灰产从未停止尝试突破各个平台的安全防线。每年的双 11，随着交易量的剧增，也正成为正邪交战的主战场。

为保障消费者的安全，2019 年双 11，支付宝智能风控系统 AlphaRisk 进行了针对性的升级，除继续通过人工智能(AI)、机器学习等技术，实时识别风险，还开辟了主动全域安全巡检，防御批量攻击。

据了解，支付宝智能风控系统已升级到第五代，为全球 12 亿用户保驾护航。早在 2005 年，支付宝在行业率先推出“你敢付我敢赔”，承诺如果账户被盗全额赔付，背后的底气便是这全球领先的安全技术。

双 11 当天，蚂蚁金服集团董事长兼 CEO 井贤栋参加了“全民小二”活动，这是支付宝每次双 11 的例行活动：让公司高管和员工在客服一线担任小二，倾听用户声音并答疑解惑。

一位陕西安康的 70 岁大妈来电说，看到双 11 很热闹，但担心网上付钱的安全问题。井贤栋告诉她别担心，支付宝有技术实力来保障安全，而且有“你敢付我敢赔”的保障，完全可以放心使用，“正好今天双 11，您可以挑几件喜欢的东西，谢谢您的信任。”

当天的数据显示，支付宝客服通过人工智能算法，能准确预测双 11 高频用户问题和来电量，提前部署用户服务。双 11 全天总服务 922 万人次，智能预测准确率高达 96%。

(资料来源：http://finance.sina.com.cn/stock/relnews/us/2019-11-13/doc-iihnzahi0649150.shtml)

在科学技术快速发展下，许多移动商务的类型已日新月异，传统围绕在企业本身的商务活动，已逐渐转变为以消费者为主角，并脱离了必须连上互联网来进行交易活动的限制，譬如属于射频识别(Radio Frequency Identification，RFID)范畴的近场通信(Near Field

Communication，NFC)技术，已为移动商务领域带来许多创新的应用。同时，随着手机或移动电话(Mobile Phone)、个人数字助理(PDA)、笔记本电脑(NB)及其他手持式智能设备在人们生活中扮演的角色不断丰富，移动商务的需求日益强烈。面向金融业的移动商务需求就是移动金融服务，其中移动支付是主要内容。随着移动通信技术和计算机的发展，移动电子商务的发展正在迈向第五代。

因此本章在现有的网络技术背景下分别对移动商务和移动支付的相关内容进行叙述。

11.1　移动商务

进入 21 世纪，科学技术特别是通信技术与信息技术的迅猛发展，让网络经济在世界范围内发挥着日益显著的作用，电子商务也在日益完善并大规模地实现商务活动向 Internet 转移。紧随有线网络应用之后的新型移动计算与移动商务的理念正影响着社会各个领域和阶层，移动商务也已成为当今广义 Internet 领域热门的话题之一。移动电子商务(M-Commerce)由电子商务(E-Commerce)的概念衍生而来，电子商务以 PC 为主要界面，是有线的电子商务；而移动电子商务，则是通过手机、PDA(个人数字助理)这些可以装在口袋里的终端与我们谋面，无论何时何地都可以开始。移动电子商务就是利用手机、PDA 及掌上电脑等无线终端进行的 B2B、B2C、C2C 或 O2O 的电子商务。它将 Internet、移动通信技术、短距离通信技术及其他信息处理技术完美地结合，使人们可以在任何时间、任何地点进行各种商贸活动，实现随时随地、线上线下的购物与交易，在线电子支付以及各种交易活动、商务活动、金融活动和相关的综合服务活动等。商务必然涉及资金流的安全流动，移动商务同样需要移动支付的支持，这给包括银行在内的金融业带来新的机会，同样也带来了挑战。移动支付与移动商务的特点就是强调移动性，它涉及大量移动信息的传递、交换与处理，需要相应的移动技术(WLAN)、无线广域网络技术(WWAN)和无线应用协议(WAP)等。

11.1.1　移动商务的含义

目前移动商务的理念已成形且广为大众所接受，但由于支撑移动商务的新技术与新工具不断出现，很难明确界定移动商务的涵盖范围，只可以比较模糊地把握移动商务的内涵，大体上把握这个新兴商业模型，移动商务的出现重构了基于 Internet 的商业生态系统。

所谓移动商务，就是指用户在支持 Internet 应用的现代无线通信网络平台上，借助手机、PDA、笔记本电脑等移动终端设备完成相应商务产品或服务的购买或消费行为的社会经济活动。可见，移动商务最大的特色就是应用了联通网络的各种移动设备，如手机、PDA、笔记本电脑等，而采用的网络联通技术以无线技术为特色，如目前的 GSM、GPRS 和 CDMA1X，无线局域网技术及 3G、4G 的无线广域网技术等。同时，移动商务中的商务所涵盖的也不仅是有形产品，还包括各种各样的无线服务，如证券交易、彩票购买、全方位的个人信息管理、个性化与位置信息服务、网络银行服务、网络娱乐与教育服务等。特别是，支付活动作为商务的一个重要流程，移动商务不可避免地促进了移动支付的出现与应用。

从技术角度来看，移动商务可以看作是电子商务的一个新的分支，但从应用角度来看，移动商务是对有线商务的整合与发展，是电子商务发展的新形态，即对电子商务的整合、发展和冲击。其中，整合是将传统的商务和已经发展起来的但是分散的电子商务整合起来，将各种业务流程从有线网络进一步向无线互联延伸，这是一种新的突破，代表了前面所说的 AAA 商务理念。因此，有专家很形象地以一个公式来大体描述移动商务的内涵，即移动商务=商务+Internet+无线网络技术。

11.1.2 移动商务的特点

对于日益追求舒适的人们来说，移动商务提供了更加个性化的服务。增加移动性和体现个性化是移动商务的两个基本特点，它正在迎合着人们优越生活的需要。未来的通信将使人与人之间的通信变成机器与机器的通信，移动商务不再只是一种概念，而是被广泛应用于生活的方方面面。与传统的商务活动相比，移动商务具有如下几个特点。

(1) “无所不在，随时随地”的时空优势。移动商务的最大特点是“自由”和“个性化”。它可以真正实现随时随地获取所需的服务、应用、信息和娱乐，使人不再依赖于时间和地域的限制，相较于传统的电子商务更加方便和快捷。

(2) 用户规模优势。据工信部统计，我国移动电话用户增长较快，截至 2019 年 2 月底，三家基础电信企业的移动电话用户总数达 15.8 亿户，同比增长 9.9%，1—2 月净增 1740 万户。其中，移动宽带用户(3G 和 4G 用户)总数达 13.3 亿户，占移动电话用户的 83.7%；4G 用户规模为 11.9 亿户，占移动电话用户的 75.1%，较上年年末高 0.7 个百分点。因此，移动商务在客户规模上具有明显的优势。而从消费用户群体来看，手机用户中基本包含了消费能力强的中高端用户。由此不难看出，以移动电话为载体的移动电子商务不论在用户规模上，还是在用户消费能力上，都优于传统的电子商务。

(3) 更具开放性、包容性。移动商务因为接入方式无线化，使得任何人都更容易进入网络世界，从而使网络范围延伸更广阔、更开放；同时，使网络虚拟功能更带有现实性，因而更具有包容性。

(4) 能较好确认用户身份。对传统的电子商务而言，用户的消费信用问题一直是影响其发展的一大问题，而移动电子商务在这方面显然拥有一定的优势。这是因为手机号码具有唯一性，手机 SIM 卡片上存储的用户信息可以确定一个用户的身份，而随着未来手机实名制的推行，这种身份确认将越来越容易。对于移动商务而言，这就有了信用认证的基础。

(5) 定制化服务。由于移动电话具有比 PC 更高的可连通性与可定位性，因此移动商务的生产者可以更好地发挥主动性，为不同顾客提供定制化的服务。例如，开展依赖于包含大量活跃客户和潜在客户信息的数据库的个性化短信息服务活动，以及利用无线服务提供商提供的人口统计信息和基于移动用户位置的信息，商家可以通过具有个性化的短信息服务活动进行更有针对性的广告宣传，从而满足客户的需求。

(6) 移动电子商务易于推广使用。移动通信所具有的灵活、便捷的特点，决定了移动电子商务更适合大众化的个人消费领域，比如：自动支付系统，包括自动售货机、停车场计时器等；半自动支付系统，包括商店的收银柜机、出租车计费器等；日常费用收缴系统，包括水、电、煤气等费用的收缴等；移动互联网接入支付系统，包括登录商家的 WAP 站点购物等。

(7) 移动电子商务领域更易于技术创新。移动电子商务领域因涉及 IT、无线通信、无线接入、软件等技术，并且商务方式更具多元化、复杂化，因而很容易产生新的技术。随着中国时效 5G 网络的兴起与应用，这些新兴技术将转化成更好的产品或服务。所以移动电子商务领域将是下一个技术创新的高产地。

11.1.3　移动商务技术

移动商务充分体现了现代信息网络技术、无线通信技术与商务的融合，特别是其支持 Internet 的移动应用。结合目前的应用状况与未来的发展趋势，支持移动商务开展的几种主流的无线互联技术主要有蓝牙、无线局域网技术、无线广域网技术等，它涉及 WAP、WLAN、GSM、GPRS、CDMA 及 CDMA1X 等。

1. 蓝牙

蓝牙，一个曾经风光无限的名称，在 20 世纪 90 年代后期曾被美国《网络计算》杂志评为十年来十大热门新技术之一。所谓蓝牙，来自英文 Bluetooth，取自 10 世纪丹麦国王哈拉尔德的别名，是基于无线个人域网络 WPAN(Wireless Personal Area Network)的无线网络连接技术，它以短程无线电收发技术为固定与移动设备通信环境建立了一个短程无线电的特别连接，属于低成本、低功率的短程无线“线缆替代”技术，它能使电话、笔记本电脑、PDA 和外设等设备通过短距离无线信号进行互联。

蓝牙技术是在 1998 年 5 月由瑞典爱立信、芬兰诺基亚、日本东芝、美国 IBM 和英特尔这五家著名厂商在联合开展短程无线通信技术的标准化活动时提出的，其宗旨是提供一种短距离、低成本的无线传输应用技术，以“结束现代设备间的线缆连接噩梦”。1999 年下半年，著名的业界巨头微软、摩托罗拉、3Com、朗润与蓝牙特别小组 Bluetooth SIG 共同发起成立了蓝牙技术推广组织，从而在全球范围内掀起了一股蓝牙热潮。

蓝牙的有效传输距离大约为 10 m，在配备功率放大器时，传输距离可以扩大。蓝牙在技术标准上使用全球通行的、无须申请许可的 2.4 GHz 频段，可实时进行数据和语音的传输，传输速率一般为 1 Mb/s，最高可达 10 Mb/s，在支持 3 个语音频道的同时还支持高达 723.2 kb/s 的数据传输速率。也就是说，在办公室、家庭和旅途中，无须在任何电子设备间布设专用线缆和连接器，通过某个蓝牙遥控装置便可以形成一点到多点的链接，即在该装置周围组成一个“微网”，即个人域网络，网内任何蓝牙收发器都可与该装置互通信号，还可自动配对连接。这种连接无须复杂的软件支持。

蓝牙可以作为用户连接 Internet 的一段无线媒介，比如可用 PC 通过蓝牙自动连接到移动电话上，接着通过后面讲的 GPRS 服务连接到电信提供商，使数据能经由 Internet 和 VPN 传输到公司办公室。

目前 IEEE 已将蓝牙技术标准(IEEE 802.15.1 标准)划分为 802.15.3 及 802.15.4 两个新标准。蓝牙和后面的 IE 802.11b 标准无线局域网技术虽然工作在 2.4 GHz 频段上，但蓝牙技术面向的却是移动设备间的小范围连接，因而从本质上说，它是一种代替电缆的技术，并不支持更多的移动计算。

2. 无线局域网技术

所谓无线局域网(Wireless LAN，WLAN)，是指利用无线通信技术在局域范围内进行互联的一组计算机和相关设备构成的网络，以减少和消除有线线缆连接，实现方便的移动计算。WLAN 技术在应用模式上很简单，即接收正常网络线缆中传输的信号，转换成无线电波，由小型发射器发送，而移动计算机类设备的无线网卡将接收无线信号，完成信息通信。无线局域网技术将首先应用于企业的会议厅和部门办公室，以及饭店、机场、车站等公共场所，随着其使用的深入，最终将应用于社会的每个角落，帮助实现随时随地的移动应用。小企业和家庭用户也将使用无线局域网代替有线网络，从而获得无线局域网提供的“无线”安装和维护方面带来的节约。

无线接入点 AP(Access Point)是指将无线设备和客户机连接到网络的通信基站，一些接入点还拥有内建服务，如路由器、防火墙、DHCP 和打印服务器等。无线热点(Hot Spot)是指通过无线接入点为移动用户提供局域联网和 Internet 服务的区域，这些公共热点常建在图书馆、机场、车站、会议室、酒店，甚至咖啡厅和餐馆中。

在支持 Internet 的应用上，无线局域网类似蓝牙，可以作为用户连接 Internet 的一段无线媒介，即主要是借助后台无线局域网与有线局域网的连接而连接 Internet，支持移动商务的开展。2003 年 3 月，麦当劳表示与 Intel 公司合作在其部分餐厅推出无线联网服务，随后麦当劳就在曼哈顿地区的 10 家餐厅推出了 WiFi 服务。此前麦当劳已经在美国旧金山地区的大多数餐厅里安装了无线上网装置，确保用户一边就餐一边利用笔记本电脑无线上网，方便移动商务的开展。除麦当劳公司外，许多有敏锐商业嗅觉的服务业商人也看到了无线 Internet 业务给他们带来的商机。美国“博德斯”连锁书店从 2003 年夏季开始在书店内推出无线 Internet 接入服务。希尔顿、万豪、喜来登和威斯汀等酒店业巨头在美国、加拿大、英国和德国的酒店推出无线 Internet 接入服务，美国达拉斯沃思堡机场和旧金山也为在机场候机的乘客推出此类服务。法国巴黎作为世界旅游热点城市，正积极利用无线技术在城市的各个角落布置无线热点，成为全球首批可以在任何一个角落无线接上 Internet 的城市之一，这样人们从塞纳河左岸到新凯旋门都可以收发 E-mail 和上网浏览，从事商务活动。

在中国，中国电信、中国网通、中国移动、中国联通等电信服务运营商都竞相在全国各大城市的商务热点地区内设置无线热点，建设无线局域网，并且提供无线 Internet 服务。国内无线上网的网络应用环境正逐步成熟，特别是安装“迅驰”技术模块的笔记本电脑的大量应用将加快这个进程。例如，Intel 与中国移动 2003 年召开了联合产品演示会，结合 Intel 的“迅驰”移动计算技术与中国移动“随 e 行”业务，在国内的机场、宾馆、会议中心等公共“热点”推广基于 802.11 系列标准的无线网的部署和应用，从而推动了全新的移动计算生活模式在中国市场的普及。上海火车站每到节日期间就把基于 WLAN 技术的移动售票车开到站前广场上为客户提供即时的移动票务服务，取得了旅客的好评。

3. 无线广域网技术

2003 年，在无线网络应用中除上面叙述的 WLAN 应用外，结合手机业务的快速增长，功能最多并且支持广义范围内 Internet 应用的有关 GPRS、CDMA1X、3G 等无线网广域网技术也是国际上 IT 领域最令人兴奋的话题。WLAN 技术的应用以及更高质量、更方便移动商务的需求也给无线广域网技术的发展带来了契机。

所谓无线广域网(Wireless WAN，WWAN)，是指利用无线通信技术在一个广域范围内(跨城区、跨省、跨国家)进行互联的一组移动智能设备(如手机、PDA、笔记本电脑)，它可交换与共享语音，实现方便的移动业务处理。

WWAN 技术在应用模式上与 WLAN 类似，即接收正常网络线缆中传输的信号，并转换成无线电波且由发射器发送，而如手机、移动计算机类设备的无线处理单元将接收无线信号，完成信息通信。目前，WWAN 技术的最广泛应用就是支持手机应用的移动通信网络，并已从开始的单纯语音通信，逐步增加各类数据(如短信息、图形图像等)的通信处理功能，向支持良好的 Internet 应用迈进。随着 WWAN 主要应用设备即手机的飞速发展与应用普及，WWAN 以其跨区域性而真正应用于社会的各个角落，帮助实现了随时随地的移动应用。

4. WWAN 与 WLAN 的融合发展

WLAN 的出现和普及给 3G 带来了很大的挑战，但是 WLAN 并不是 3G 的终结者。相反，WLAN 的低价格、高带宽、有限的覆盖范围、简单的网站网络架构，使其成为 3G 的一个很好的补充，反过来刺激了 3G 的迅速普及应用。如果 WiFi 的普及程度能够提高，那么数据服务的市场空间将会全面加速增长，进而催生出对信息更大的需求以及更多的服务模式，推动无线互联产生和发展新的价值链，积累无线网络运营和信息服务的更多经验和资本，为 3G 的成熟和普及奠定更坚实的基础。WWAN 技术毕竟是局域网技术向无线应用的一种拓展，具有短距离服务的特点，但缺乏 WLAN 真正随时随地的应用特征。因此，WLAN 可以作为 3G 系统在某些特定场合下的有益补充。从技术上讲，WLAN 本身还有一个继续完善的过程，从应用的环境、系统成本等多方面考虑，也不具备取代 3G 技术的条件。4G 技术集 3G 技术与 WLAN 于一体，并能够传输高质量的视频图像。值得一提的是，4G 网络的图像传输质量与高清晰度电视不相上下，显然，相对于 3G 网络来说，它有着不可比拟的优越性。然而由于资费与技术等问题，使得现在的 4G 网络无法替代现在的 WLAN。

当用户进入一幢建筑物后，手机将会连接到一个 WLAN 基站；走出这幢建筑物后，手机又将连接一个 3G/4G 网络，而在那些信号比较差的地区，手机还可连接基于旧标准的网络。可见，WLAN 和 3G/4G 不是替代关系，两种技术间存在互补性，需要协调发展。

2003 年年初 Intel 公司“迅驰”芯片的发布，对全球与中国无线上网的发展起到了推波助澜的作用。2009 年起，Intel 公司将整合移动计算平台，芯片组不再授权其他厂商制造，并大力推广旗舰品牌“酷睿”(Core)，原“Centrino”(迅驰)将逐步退出 PC 平台直至消失，并过渡为支持 WiFi 和 WiMAX 无线技术的产品。如今用户不仅可以通过手机，还可以通过笔记本电脑及其他移动设备享受这一服务。因此，对于网络运营商及其他电子商务企业来说，无异于发现了极具诱惑力的“金矿”，即移动商务的巨大市场，对这一市场的竞争有可能成为业界下一步关注的焦点。

今天信息通信从窄带向宽带、有线向无线转变乃大势所趋。语音业务与数据业务的融合、4G 网络的规模应用以及 5G 的发展，注定会给未来的网络带来全新的变革。5G 网络(5G Network)是第五代移动通信网络，其峰值理论传输速度可达每 8 秒 1 GB，比 4G 网络的传输速度快 10 倍以上。举例来说，一部 1GB 的电影可在 8 秒之内下载完成。随着 5G 技术的诞生，用智能终端分享 3D 电影、游戏以及超高画质(UHD)节目的时代正向我们走来。

11.2 移动支付

有商务就涉及资金流的流动，因而也必然包含支付流程。移动商务的主要优点之一就是要实现随时随地的商务处理，表现出方便、快捷的特点，这就要求支持移动商务开展的支付也应该是随时随地处理的，也同样表现出方便、快捷的特点。支付处理的不便和效率不高带来的必然结果是使客户对所谓的移动商务的兴趣大减。可见，移动支付处理得不好将直接影响移动商务的拓展。客户在任何时候、任何地方，使用任何可用的方式都可得到任何想要的金融服务的强烈需求，可以通过金融业与移动 IT 的结合而实现，即形成一种新的趋势，发展包括移动支付在内的移动金融服务。

移动支付是指移动客户端利用手机等电子产品来进行电子货币支付。移动支付将互联网、终端设备、金融机构有效地联合起来，形成了一个新型的支付体系，并且移动支付不仅能够进行货币支付、生活服务支付，还可以进行相关的金融服务。可以说，移动支付开创了新的支付方式。

11.2.1 移动支付的定义与应用

目前国际上很多相关叙述并没有移动支付的标准定义，但大致的内涵是可以确定的。下面给出三个不同的定义供参考。

移动支付是指使用普通或智能手机完成支付或者确认支付，而不是用现金、银行卡或者支票支付。买家可以使用移动手机购买一系列的服务、数字产品或商品等。

移动支付是互联网时代一种新型的支付方式，其以移动终端为中心，通过移动终端对所购买的产品进行结算支付。移动支付的主要表现形式为手机支付。

移动支付是第三方支付的衍生品。所谓第三方支付，是指通过第三方支付平台的交易中，买方选购商品后，使用第三方平台提供的账户进行货款支付，由第三方通知卖家货款到达并进行发货；买方检验物品后，就通知付款给卖家，第三方再将款项转至卖家账户。有研究者认为，第三方支付实质上作为信用中介，为交易的支付活动提供一定的信用保障，从而消除由于买卖双方信息不对称而产生的信用风险问题。

移动支付本质上符合前面叙述的支付的特点，是移动金融服务的一种，必须安全可靠。移动支付应该属于电子支付与网络支付的更新方式，主要支持移动商务的开展，具有强烈的无线网络计算应用的特点。

随着信息技术的不断发展，近几年来移动支付得到迅速发展，2014 年可以说是全球移动支付大爆发的一年。在 2014 年，全球移动支付交易规模约为 3250 亿美元，与 2013 年 2354 亿美元的交易价值相比增长了 38%。

根据国家信息中心的《2019 中国移动支付发展报告》，随着应用场景不断丰富，移动支付已成为推动经济社会发展的重要力量。移动支付不仅改造了传统消费形态，而且催生了新的商业模式和产业链条。同时，移动支付为信用社会建设提供了广阔的天然土壤，为弥合区域发展差距提供了有效的抓手。同时，中国的移动互联网普及率居全球第一位，据 CNNIC 发布数据显示，截至 2018 年 12 月，我国手机网民规模达 8.17 亿人，网民通过手机接入互联网的比例高达 98.6%。2018 年 1—9 月，中国移动支付业务 428.2 亿笔，金额 199.2 万亿元，同比分别增长 54.9%和 33.5%。2018 年，移动支付总指数前十强城市包括上海、杭州、北京、武汉、重庆、天津、深圳、广州、温州、南京。从分类项看，北京在移动支付信息化基础指数排名第一，上海在移动支付商业消费指数排名第一，杭州在移动支付政务民生指数排名第一。

目前在中国移动支付方式最多的当属支付宝和微信。支付宝成立于 2004 年 12 月，目前已发展成为全球领先的第三方支付平台。2014 年仅双十一全天，支付宝手机支付交易笔数达到 1.97 亿笔。2016 年年底，支付宝公布用户数是 4.5 亿户。2018 年 11 月 28 日，支付宝全球用户数已经超过 9 亿户，其中，在国内的活跃用户中，70%的用户使用 3 项及以上的支付宝服务。截至 2018 年 2 月 3 日，支付宝服务的区域已覆盖到除中国以外的 38 个国家和地区。

另一个最常用的中国移动支付方式就是微信支付。2014 年 1 月 27 日，微信正式推出微信红包，并迅速流行开来。微信支付是集成在微信客户端的支付功能，用户可以通过手机完成快速的支付流程。微信支付以绑定银行卡的快捷支付为基础，向用户提供安全、快捷、高效的支付服务。2014 年 8 月 28 日，智慧生活全行业解决方案正式公布。2015 年 2 月 18 日，开创春晚红包，10.1 亿次收发创新了春节全民红包互动的新高潮。2016 年 1 月，微信支付接入线下门店超 30 万家。2016 年 8 月 8 日，提出“无现金生活”理念，打造全球首个移动支付节日“无现金日”，倡导低碳、高效的生活方式。2018 年 10 月 1 日起，微信香港钱包正式为香港用户提供内地移动支付服务。用户于内地商户消费时，微信香港钱包会将所需支付的人民币金额，自动换算为对应的港币金额。服务推广期间，用户使用微信香港钱包在内地商户消费无须支付手续费。微信支付已实现刷卡支付、扫码支付、公众号支付、App 支付，并提供企业红包、代金券、立减优惠等营销新工具，满足用户及商户的不同支付场景。

苹果公司也在 2014 年苹果秋季新品发布会上发布了一种基于 NFC 的手机支付功能，叫 Apple Pay，于 2014 年 10 月 20 日在美国正式上线。Apple Pay 自上线以来，已经占据数字支付市场交易额的 1%。2016 年 2 月 18 日，Apple Pay 业务在中国上线。2017 年，苹果 iOS 11 发布，Apple Pay 支持好友转账。2018 年 5 月，Apple Pay 网页支付技术宣布正式进入中国。Apple Pay 的目的就是取代信用卡，只要消费者把信用卡上的信息存储到 iPhone 6/plus 就可以在超市、商场、餐厅、公交系统等线下场景中，对着支付终端使用手机进行支付。

11.2.2 移动支付的应用类别

移动支付，按完成支付所依托的技术条件可以分为近场支付和远程支付两种。所谓近场支付，就是消费者在购买商品或服务时，即时通过手机向商家进行现场支付，使用手机射频(NFC)、红外、蓝牙等通道，实现与自动售货机及 POS 机的本地通信，其支付在线下进行，不需要使用移动网络。目前常见的近场支付方式有以下三种。

(1) 红外线支付方式。红外线支付方式是目前比较成熟的一种非接触式移动支付技术，利用具有 IrDA(红外线点到点通信技术)端口的移动终端设备通过红外线发射与接收实现信息传递，从而完成交易。红外线支付方式具有能耗低、价格便宜、传播速率高和技术发展成熟等优点，但由于其是一种视距传输技术，在进行数据传输时中间不能有阻挡物，其耐用性不强，阻碍了其在移动终端设备中的广泛推广。

(2) 蓝牙支付方式。利用软件控制蓝牙终端设备，通过蓝牙链路传送银行卡号、交易金额、密码等信息以完成交易，使移动终端成为一个可以放进无数张银行卡的“电子钱包”。2001 年，爱立信与 Eurocard AB 在瑞典开始测试基于蓝牙的移动支付系统，将具有蓝牙支付功能的手机与信用卡账号进行了绑定。蓝牙技术具有功耗低、抗干扰性强，以及优越的安全保密性及支持多设备同时通信等许多功能上的优点，在对数据安全性与可靠性有很高要求的电子支付系统中可以得到很好的应用。目前大多数移动终端都拥有蓝牙设备，这为蓝牙支付技术的推广奠定了很好的基础。该项技术目前还停留在推广阶段，阻碍其发展的最大障碍是价格过于昂贵，但随着技术的发展，其优越的性能将使其拥有很好的发展前景。

(3) NFC 支付方式。近距离无线通信(NFC)是目前近场支付的主流技术，是一种短距离的高频无线通信技术，它允许电子设备之间进行非接触式点对点数据传输交换数据。该技术由 RFID 射频识别演变而来，并兼容 RFID 技术，其最早由飞利浦、诺基亚、索尼等公司主推，主要用于手机等手持设备中。相较于前两种支付方式，NFC 支付方式对终端的依赖性更低，且更为安全和便捷。近几年 NFC 支付方式得到了快速发展，据知名信息技术咨询公司 Gartner 的一项调查显示：2013 年，NFC 支付方式进行的结算金额比例约为 2%；在中国，据银联发布消息，截至 2014 年第一季度末，全国“闪付”NFC 终端已有近 300 万台可支持金融 IC 卡和受理 NFC 手机支付。随着移动支付的不断普及，NFC 近场支付在未来将有巨大的潜在市场需求空间。

远程支付不受地理位置的限制，是指消费者利用移动终端，借助通信网络，通过移动运营商的 SMS、IVR、WAP、USSD 等服务向远程商家传递支付信息完成支付行为，其中移动运营商通过手机号码来确认消费者，并通过手机手动发送的密码确认整个支付流程的真实性。远程支付实际上是基于移动互联网把 PC 端照搬过来的模式，支付方式有手机银行转账支付、手机话费支付、第三方账户支付及充值卡支付等，按实现技术的不同主要分为以下几种。

(1) SMS 支付方式。SMS 是 Short Message Service 的缩写，是一种短信存储和转发服务。基于 SMS 的移动支付是用户向特定号码发送支付短信，支付平台据此扣除其话费账户或者银行卡账户内相应金额的一种支付方式，是最早的移动支付模式。使用话费账户进行支付的形式不会涉及银行的参与，其费用直接从用户的话费中扣除，安全性取决于短消息的安全度，比较适合金额数目较少的支付，目前主要用于支付手机上的一些基本服务。使用银行卡账户进行支付需要将银行卡与手机账号进行绑定，用户在进行交易时，通过短信传输密码和支付确认信息，以此完成交易扣款流程。这一方式在公共事业缴费、航空购票等领域有较多应用。近年来，随着智能终端和移动互联网的快速发展， SMS 的移动支付方式发展速度开始放缓。

(2) IVR 支付方式。IVR 即英文 Interactive Voice Response 的缩写，基于 IVR 的移动支付方式是语音通信业务的拓展，其支付形式与基于 SMS 的移动支付类似，只不过 SMS 支付方式借助的是短信传输支付信息，而 IVR 支付方式借助的是语音通信。IVR 的接入方式在传统呼叫中心系统发展得已非常成熟的今天，具有一定的优势，相对其他方式而言，其具有更高的稳定性和实时性，且为大家广泛熟悉和接受，但由于其相对简单，在支付的安全性上还难以得到很高保障，一般也只用于小额支付。

(3) USSD 支付方式。USSD 是英文 Unstructured Supplementary Service Data 的缩写，即非结构化补充数据业务，是一种基于 GSM 网络的新型交互式数据业务，它是在 GSM 的短消息系统技术基础上推出的新业务，当然也可用于支付业务的处理。与传统的 SMS 支付方式相比，USSD 支付方式在通话状态下使用独立专用控制信道 FACCH，数据传输速率大约为 600 b/s，在非通话状态时使用快速辅助控制信道 FACCH，数据传输速率大约为 1 kb/s，且其提供透明通道，不进行存储转发，传输速率更高，响应速度更快。基于 USSD 的移动支付方式还具有操作简便、费用低廉的特点，适用于小额交易。目前，这种业务具有广阔的应用前景。

(4) WAP 应用支付方式。WAP 是一项全球性的网络通信协议，它使移动互联网有了一个通行的标准，其目标是将移动互联网的丰富信息及先进的业务引入移动电话等无线终端之中。通过 WAP 技术，可以将移动互联网的大量信息及各种各样的业务引入移动电话、PALM 等无线终端之中。无论在何时何地，只要需要信息，打开 WAP 手机，用户就可以享受无穷无尽的网上信息或者网上资源。WAP 协议的开发原则是独立于空中接口的，因而可应用于各种无线承载网络之上，具有很广泛的使用性和实用性。借助 WAP，可以实现基于 WAP 服务的手机在线支付。

(5) WWAN 应用支付方式。针对利用 WWAN 技术特别是 3G 技术与 4G 技术的手机、PDA 及笔记本电脑等智能移动设备连接互联网后的在线支付，流程上与有线互联网应用差不多，但是需要采取适合移动通信的安全防护措施，实现在移动支付流程中对移动终端的信息加密、身份验证和数字签名及信息传递过程中的安全。这也是目前应用最广泛的支付方式之一，安全的 WWAN 应用支付扩大了移动商务的发展规模。

11.2.3　移动支付的商业模式

移动支付涉及交易金额、付款解决机制和支持技术，其利益相关者主要是技术提供商、服务提供商及移动支付使用者。其中技术提供商包括网络运营商、相关金融机构、移动技术开发商和移动设备制造者等；服务提供商包括移动内容开发者、移动内容整合者、采用移动支付的商家和机构、其他中介机构(如安全服务提供者)、移动支付解决方案提供者等；移动支付使用者是指接受移动支付的顾客，包括使用移动内容的顾客、使用移动支付方式购买传统服务的顾客及接受现有服务移动版的顾客等，三者均是移动支付业务的主要参与者，对移动支付产业的发展起着基础性的作用。

对于以上的利益相关者，形成了移动支付业务的金融机构、移动运营商和第三方支付平台三大关键实体。三者在争夺移动支付业务的过程中相互角力，形成了四种主要的商业模式，即金融机构主导的商业模式、移动运营商主导的商业模式、第三方支付平台主导的商业模式及金融机构与运营商合作的商业模式。由于移动支付业务涉及的利益相关者较多，三大关键实体的任何一方独立进行移动支付操作都比较困难，因而形成的商业模式主要由一方或几方主导。下面将对四种主要移动支付的商业模式一一进行介绍。

1. 金融机构主导的商业模式

金融机构主导的商业模式，指的是金融机构与移动运营商之间进行系统接入，用户可以直接通过银行卡账户支付款项，也可以将银行账号与手机账号绑定在一起进行支付。在这种商业模式中，移动运营商基本不参与，仅仅是为用户和金融机构提供通信通道，金融机构在其中起主要作用，需要为用户提供付款途径和相应的交易平台。例如，中国银联推出的银联手机支付就是以手机中的金融智能卡为支付账户载体，以手机为支付信息处理终端的创新支付方式，它不仅将手机与银行卡合二为一，还把银行柜台“装进”持卡人的口袋，让用户可以随时随地登录中国银联手机支付客户端。这一方式为移动支付提供了一种更为安全、便捷的新型支付平台，使用户可以利用计算机(Web)、电话(IVR、WAP、SMS)、柜台(面对面)等多种途径进行支付，并通过移动电话进行实时信息互动，确保用户支付的安全。于 2011 年推出的 NFC-SD 卡更是功能强大，将 NFC 技术与 Micro SD 卡进行了整合，可以同时实现现场支付与远程支付，目前已可以实现包括缴纳水、电、气费和话费充值等在内的多项移动支付业务。

在这种商业模式下，金融机构的主要收入来源是从商家获得的每笔交易的服务佣金，移动运营商的主要收入来自消费者的通信费和金融机构支付的专网使用或租借费。金融机构主导的商业模式的缺陷是：资源浪费严重，每个银行均需要购买自己的设备并开放支付系统，成本比较高；对终端的要求高，要使用该移动支付业务，需要更换手机或者 STK 卡，用户的使用成本上升，银行之间互联互通较差，不利于该支付形式的长远发展。

2. 移动运营商主导的商业模式

移动运营商主导的商业模式，由移动运营商在手机账户中设置专门的账户作为移动支付账户，直接从用户的话费中扣除移动支付所需的交易费用。这种商业模式的特点是运营商直接与用户和商家建立连接，无须银行等金融机构的参与，技术成本很低。但是由于只是在话费中直接扣除，且很难区分手机话费和移动支付的其他费用，因而一般只用于小额支付。由于账户是使用过程的核心环节，因而运营商都倾向于建立自有账户，由运营商自身对账户进行管理和进行资金划拨等。比如用户下载手机铃声、游戏、小说等业务时，通过 SMS 或者 WAP 计费，将费用从用户的手机话费中直接扣减。这也是目前移动互联网行业中各公司，如新浪网和搜狐网等进行业务收费时主要采取的模式。但由于与国家金融政策发生冲突，无法进行大额支付，因此一般只支持小额支付，对于金额较大的支付，需要与银联或者第三方支付平台合作予以实现。

在这种商业模式下收入主要来源于从商家获得的服务佣金和从消费者处获得的通信费，如果涉及金融机构的话，还需与金融机构按一定比例分成。该商业模式的优点是技术实现方便，操作简单；主要缺陷是不适用于对较大金额的交易支付。

3. 第三方支付平台主导的商业模式

第三方支付平台是独立于移动运营商和金融机构之外的经济实体，有着独立的经营权，它一方面起着桥梁的作用，负责联结移动运营商、金融机构和用户；另一方面负责划分和结算用户银行账户和服务提供商账户。以第三方支付平台主导的商业模式是指由独立于银行和移动运营商的第三方运营商利用移动运营商的通信网络资源和金融组织的各种支付卡，借助银联跨行结算合作门槛高的特点，与银行和移动运营商开展合作，借助手机的移动上网功能，利用手机客户端软件来实现无线支付，从而提供综合性的结算服务。在这种模式下，第三方企业相当于建立了一个移动支付平台，只要用户通过平台进行注册，便可获得其提供的移动支付服务。例如，目前国内最大的第三方支付平台支付宝推出的手机客户端，便可实现查询、缴费及转账等多种支付服务。用户只需在该支付平台上注册账号，将自己的手机和银行卡与其绑定，即可享受该平台提供的多种支付服务。目前，在中国以支付宝、财付通为主的第三方支付平台正在依靠庞大的用户群不断发展成为控制终端消费人群的支付工具。2010 年 6 月，央行公布《非金融机构支付服务管理办法》，规定未经中国人民银行批准，任何非金融机构和个人不得从事或变相从事支付业务。该方法自 2010 年 9 月 1 日起正式施行，表明对国内第三方支付行业正式实施监管。

在这种商业模式下，第三方支付服务提供商的收益来源主要是用户的业务使用费和银行、移动运营商和商户的设备、技术使用许可费，其中收取的用户业务使用费还需与银行和移动运营商进行分成。相较于前两种商业模式，第三方支付平台主导的商业模式最大的优点是能利用其支付平台，将移动运营商、服务提供商、金融机构和平台运营商进行明确分工，优化各参与者之间错综复杂的关系，从而提高整体运作效率；与各金融机构和运营商开展合作，能为消费者提供跨银行和运营商的移动支付服务。其缺点是需要协调各方资源和利益的关系，无形中增加了自身的运营成本和工作量，且在市场、资金、技术和能力等方面均对第三方有较高的要求。

4. 金融机构与运营商合作的商业模式

金融机构与运营商合作的商业模式是目前使用最为广泛的模式，且在日本和韩国已经取得了成功。这种模式下的运营商借助自身拥有的用户优势保障通信技术的安全，银行则负责提供安全的移动支付和信用管理服务，这样既可以增强风险的承受力，又可以放宽支付额度，有利于在市场的推广。这种模式下的一般流程是，用户先将自己的手机号和银行卡等用户支付账号进行绑定，然后在交易过程中通过 WAP、语音、短信等多种方式，利用银行卡等账户进行支付。其中，移动运营商是技术方面的强者，银行是信用管理方面的强者，两者合作属于强强联手，优势十分明显。中国国内典型的案例就是由中国移动和银联联合推出的“手机钱包”业务。它将客户的手机号码与有银联标识的借记卡进行绑定，通过手机短信等操作方式便可以随时随地为拥有银联标识借记卡的中国移动手机用户提供方便的个性化金融服务和快捷的支付渠道。同时，它也具备手机支付账户的基础功能，即利用绑定的银行卡可以为手机支付账户充值以实现移动支付。该项业务是基于无线射频识别技术(RFID)的小额电子钱包业务，用户在开通该业务后，即可在中国移动营业厅更换一张手机钱包卡(支持 RFID 功能的专用 SIM 卡，该卡比原 SIM 卡增加了终端刷卡功能)，凭此卡可以使用手机在布放有中国移动专用 POS 机的商家(如便利店、商场、超市和公交车)进行现场刷卡消费。目前其支持的业务已涵盖软件付费、邮箱付费、数字点卡的购买、手机保险、电子杂志等多个领域。

该商务模式下的收益来源与移动运营商主导的商业模式下的收入来源类似，均是从商家获得的服务佣金和从消费者处获得的通信费，合作双方按一定比例进行分成。该模式的优势是合作双方均有核心产品，两者建立战略合作关系能增强对移动支付产业链的控制力度，有利于移动支付业务的长远发展。

11.3 移动支付开展实例

近几年移动支付在国内得到了迅猛发展，仅支付工具就发展出了数十种，主流的移动支付工具主要有微信支付、移动支付宝、银联推出的“云闪付”卡、各种手机钱包等，国外则有 Square、Google Wallet 和 Apple Pay 等。其中，支付宝在中国起步最早，发展最快，已成为当前全球最大的移动支付厂商。微信支付虽然起步较晚，但发展迅猛，借助对社交网络的融入及微信原有客户端规模的推广，很快就从众多的支付工具中脱颖而出。下面将以国内目前发展较火的移动支付工具支付宝、微信支付以及云闪付为例，简单介绍中国移动支付的开展情况。

11.3.1 支付宝

支付宝公司成立于 2004 年，是国内领先的第三方支付平台，自成立以来一直致力于为用户提供“简单、安全、快速”的支付解决方案，目前其旗下有“支付宝”与“支付宝钱包”两个独立品牌。截至 2013 年年底，支付宝实名用户已近 3 亿户，其中超过 1 亿的手机支付用户在 2013 年完成了 27.8 亿笔、金额超过 9000 亿元人民币的支付，支付宝由此成为全球最大的移动支付公司。

支付宝主要提供支付及理财服务，范围涵盖网购担保交易、网络支付、转账、信用卡还款、手机充值、水电煤缴费、个人理财等多个领域。在进入移动支付领域后，支付宝还先后为零售百货、电影院线、连锁商超和出租车等多个行业提供服务。

截至 2019 年 6 月，支付宝及其本地钱包合作伙伴已经服务超 12 亿的全球用户。支付宝稳健的作风、先进的技术、敏锐的市场预见能力及极大的社会责任感，赢得了银行等合作伙伴的广泛认同。目前，支付宝已经跟国内外 180 多家银行以及 VISA、MasterCard 国际组织等机构建立了深入的战略合作关系，成为金融机构在电子支付领域最为信任的合作伙伴。可以说支付宝也是一个生活服务平台。支付宝已发展成为融合了支付、生活服务、政务服务、社交、理财、保险、公益等多个场景与行业的开放性平台。除提供便捷的支付、转账、收款等基础功能外，还能快速完成信用卡还款、充话费、缴水电煤费。通过智能语音机器人一步触达上百种生活服务，不仅能享受消费打折，跟好友建群互动，还能轻松理财，累积信用。

1. 支付宝公司的发展历程

支付宝公司的发展历程是一部简短未完的中国第三方支付产业历史的缩影，目前已经成长为业务规模占据整个行业份额一半以上的领先者。

支付宝公司的发展历程从总体上可以分为以下四个阶段。

第一阶段是 2003—2006 年，属于支付宝公司的起步发展期。

第二阶段是 2007—2008 年，是支付宝公司的拓展阶段。

第三阶段是 2009—2014 年，属于升华阶段。

第四阶段是 2014 年至今，属于成熟阶段。

2. 支付宝公司的服务内容

支付宝公司自 2004 年成立以来，提供的服务内容一直在拓展，从最初仅提供第三方担保交易到现在已经能提供付款、提现、收款、转账、担保交易、生活缴费、理财产品(主要是保险)等多项基本服务，涵盖了生活的方方面面。下面对支付宝公司的一些主要服务内容进行介绍。

1)　担保交易

担保交易是支付宝公司最初上线的主要原因。当时的支付宝公司只是淘宝网旗下的一个部门，并没有什么长远发展目标，只是一款专为淘宝网的发展需要打造的支付工具，主要面向淘宝网提供担保交易，解决淘宝网发展的支付瓶颈问题。支付宝公司是根植于淘宝网购需求发展起来的，反过来淘宝网的发展也为支付宝公司带来了源源不断的用户，支付宝的担保交易服务不仅促成了支付宝公司的成立，也为支付宝公司后期的发展奠定了基础。

支付宝公司的担保交易是为解决网络交易中买卖双方互不信任的问题，由支付宝公司作为信用中介建立的交易，最初是由淘宝网和支付宝公司配合完成的。这一“中国特色”的交易与支付方式解决了网购时的信任问题，并由此推动了中国电商行业的进程。这一模式现已成为国内 C2C 行业的标准。

下面以用户在淘宝上买东西为例，介绍其交易流程。

(1)　选择要购买的商品，填写购买数量，在确认无误后，单击“立刻购买”按钮。

(2)　填写订单信息，确认收货地址、购买数量、运送方式等要素，单击“提交订单”按钮。

(3)　进入付款页面，付款成功后，交易状态会显示为“买家已付款”。此时，这笔资金被支付宝公司冻结。

(4)　支付宝公司在冻结款项后会将支付结果通知卖家，随后卖家发货，消费者在收到货物后确认支付，此时支付宝公司按消费者指令将资金打入卖家账户内，交易完成。

2)　支付宝钱包

支付宝钱包实质上就是支付宝的移动客户端，是支付宝在移动支付上的推广。支付宝钱包具有计算机版支付宝的功能，且借助手机的特性，增添了更多创新服务，如“当面付”“二维码支付”等。目前，支付宝钱包已成为国内领先的移动支付平台，内置余额宝，信用卡，转账，充话费，缴水费、电费、燃气费等多项功能，且这些服务内容还在不断向外扩充，逐渐向人们的各项日常生活深入。2014 年 12 月 9 日，支付宝钱包开通了苹果手机的指纹支付功能，使用 iPhone 5s 及以上手机型号，操作系统在 iOS 8 以上的用户即可升级支付宝钱包至最新版，开通指纹支付功能；2015 年 1 月 26 日，支付宝钱包 8.5 版正式上线，增加了新春抢红包功能，四种抢红包的玩法活跃了社交关系链。同时基于钱包好友和手机通讯录的聊天功能“我的朋友”也开始上线，供用户实时聊天。支付宝钱包也在不断扩充服务范围，加强安全保障，提升服务水准。

3)　余额宝

余额宝是支付宝公司推出的余额增值服务。把钱转入余额宝即相当于购买了由天弘基金公司提供的余额宝货币基金，由此可获得收益。余额宝内的资金还可以随时用于网购支付和灵活提取等。余额宝支持支付宝账户余额支付、储蓄卡快捷支付(含卡通)的资金转入，且不收取任何手续费。通过余额宝，用户存留在支付宝的资金不仅能拿到“利息”，而且与银行活期存款利息相比收益更高。

余额宝于 2013 年 6 月 13 日上线，上线之初便出现了用户数的强劲增长，截至 2013 年 6 月底，余额宝的累计用户数已经达到 251.56 万户，累计转入资金规模为 66.01 亿元，受益于余额宝用户数的强势增长，天弘增利宝货币基金公司在全国货币基金公司中的排名飞速上升，一跃成为国内规模最大的基金公司，并创下了新的历史纪录，成为国内基金史上首个规模突破千亿元关口的货币基金公司。截至 2018 年 6 月底，余额宝 6 只货币基金的合计规模已经达到 1.8 万亿元。

4) 生活缴费

2008 年年底开始，支付宝推进公共事业缴费服务，已经覆盖了全国 300 多个城市，支持 1200 多个合作机构。除了水、电、煤等基础生活缴费外，其还扩展到交通罚款、物业费、有线电视费等更多与老百姓生活息息相关的缴费领域。常用的在线缴费服务有：水电煤缴费、教育缴费、交通罚款、有线电视费。

5) 服务窗

在支付宝钱包的“服务”中添加相关服务账号，就能在钱包内获得更多服务，包括银行服务、缴费服务、保险理财、手机通信服务、交通旅行、零售百货、医疗健康、休闲娱乐、美食吃喝等十余个类目。区别于其他公众服务平台，服务窗具有天然的支付基因、超亿的支付用户群体，以及严格审核的商户服务，这使得服务窗产生更大的生态价值。比如挂号网、中信银行、中国电信支付宝公众服务 12306(在线查询火车票信息)、电影购票、市民云、交通违章代办等，都可以在服务窗中找到。

6) 其他

支付宝公司除提供以上几大类服务外，还提供快捷支付、专卡支付、找人代付、海淘、国际航旅、退税、淘宝保险、境外支付、海外转运、共享单车、共享汽车、借呗、花呗等多项服务。

3. 支付宝公司的盈利模式

支付宝公司的盈利模式是典型的有电子交易平台支持的第三方支付网关模式，主要承担中介和担保职能。从表面上看，客户从支付宝公司获取的服务都是免费的，但实际上支付宝公司也有一套自身的盈利模式。支付宝公司的盈利模式不仅多样，且收入也十分可观，其收益来源大致有广告费、手续费、平台服务费、花呗和借呗的盈利和数据收入沉淀资金的使用五种途径。

1) 广告费

广告费是支付宝公司最显著、最直接的收益。登录到支付宝的首页，无论是网络版还是移动端，都能看到广告，形式有横幅、按键、插画等多种，但由于页面有限，大多占据空间小，针对性强，内容简单明确。广告服务是淘宝网官方宣布的第一个盈利模式，也是支付宝公司最直接的盈利来源，支付宝公司利用网页上投放的各种广告代理费用获取利润。

2) 手续费

传统的第三方支付的主要盈利途径就是收取支付手续费，即第三方支付机构与银行确定一个基本的手续费率，缴给银行，然后第三方支付机构在这个费率上加上自己的毛利润，向客户收取费用。

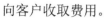

支付宝公司作为一个新兴的互联网金融服务平台，在某种程度上，就像是一个在网络中搭建的银行，它与银行之间及与其他第三方支付工具之间的转账活动犹如现实世界中的跨行转账活动，收取手续费是大势所趋。虽然，支付宝公司在成立之初很多费用都不收取，但这只是支付宝公司的一种战略手段，这种免费的竞争战略可以让起初不为人知的支付宝快速走入用户的视野，让广大网民慢慢习惯这种网络交易模式，适应支付宝公司的这种支付方式，使支付宝产品能迅速在第三方支付行业站住脚，并在不知不觉中实现规模的扩大。随着支付宝公司经营规模的不断扩大和发展，其必然会对所提供的免费服务作出一些调整。目前还只是一个过渡期，实行的是优惠期收费标准，对一些刚开始进行收费的项目还是给予了一定范围的免费额度，但对于超过免费额度的这部分，支付宝公司已经开始收取服务佣金，这部分收入也构成了支付宝公司的盈利收入来源之一。

3)　平台服务费

支付宝作为一个拥有过亿用户的公司，很多第三方服务都看中支付宝巨大的用户流量，所以很多第三方服务都会跟支付宝合作，这些第三方服务在进入支付宝平台的时候支付宝会收取一些服务费用。像支付宝中的一些 B2B 交易公司，水电缴费、通信缴费等服务，支付宝都会收取一定的服务费用。支付宝公司的合作商户一般需向支付宝公司缴纳服务费。例如，支付宝公司的增值业务中的缴纳水/电费、医院挂号、校园一卡通等功能，实际生活中并不是支付宝公司为用户缴费，而是支付宝公司与第三方商户合作，由第三方商户为用户缴费。在这里第三方商户通过向支付宝公司缴纳代理服务费来完成整个缴费过程。

4)　靠花呗和借呗盈利

花呗只是在那些开通了花呗付款的商家中使用，并且当这些商家开通了花呗收款之后，消费者在商家那边每消费一笔钱，支付宝平台就会按固定的比例收取商家费用。并且用户在使用花呗逾期或者使用借呗的时候，支付宝是会收取利息的，这部分利息也是支付宝的一种盈利方式。

5)　数据收入

支付宝大数据是支付宝最宝贵的财产，具有很大的价值，支付宝可以从支付宝用户的支付消费中得到与用户有关的数据，这些数据可以用来分析用户，然后对大量消费者利用大数据进行精准营销、产品改造等。这些数据的资料可以给支付带来很大一部分的收入。

11.3.2　微信支付

微信支付是由腾讯公司微信及第三方支付平台财付通联合推出的互联网移动支付创新产品，目的是向广大微信用户和微信商户提供安全快捷的支付服务。微信用户只需在微信中关联一张银行卡，并完成身份认证，即可将装有微信的智能手机变成一个全能钱包，用于购买合作商户的商品及服务。在支付时，用户只需在自己的智能手机上输入支付密码，无须任何刷卡步骤即可完成支付，整个过程简便流畅。借助微信客户端的强大用户基础和传播功能，微信支付自推出以来便得到了迅猛发展，目前其在线交易规模仅次于支付宝公司，成为中国第二大移动支付平台。

1. 微信支付的发展历程

微信支付依托于微信而生，它的发展与微信密不可分。腾讯公司于 2011 年 1 月 21 日正式发布了类 KIK 的应用软件——微信，之后微信就得到了快速发展。据 2013 年 7 月工业和信息化部发布的数据显示，2013 年上半年中国微信用户超过 4 亿户，截至 2013 年 11 月，已突破 6 亿户，微信成为中国甚至亚洲首屈一指的移动即时通信软件。截至 2014 年年底，微信海内外活跃用户总数已突破 7 亿户，微信的用户规模还在不断扩大。

微信的快速发展为微信支付的迅速推广奠定了基础，2013 年 8 月 5 日腾讯公司正式发布微信 5.0 版本，在以前的版本上增添了微信支付的新功能，正式开启了微信支付模式。自该支付功能推出以来，微信就加紧了与各商户在支付上的合作。2013 年 11 月 28 日，微信与小米合作，在微信上推出了小米手机 3 的专场抢购，不到 10 分钟，15 万台小米手机 3 就被抢购一空，刷新了移动电商抢购的“神速度”，同时也使微信支付的用户数量实现了继首发突增之后的又一次突增。2014 年 1 月 6 日，滴滴打车接入微信，虽然相对于快的打车接入支付宝的时间晚了半年多，但凭借微信强大的社交平台，很快其规模就与支付宝公司有一拼。在经历了数轮的补贴大战之后，截至 2014 年第一季度，滴滴打车用户数量已经过亿。除此之外，“微信红包”的推出也带动了微信支付用户的增长。2014 年 1 月 25 日晚，微信推出“新年红包”，与支付宝公司再次上演一场“红包战”，凭借强大的社交能力，微信红包得到了“病毒式”的传播。据统计，仅除夕和大年初一两天，参与抢微信红包的用户就超过了 500 万户，平均每分钟就有 9412 个红包被领取。而支付宝公司由于缺乏社交基础，在这一次的“红包战”中并未引起多大反响。

微信强大的社交功能和财付通完备的安全体系是微信支付具备但很多第三方支付工具所没有的竞争优势，其中最大的优势就是对社交功能的接入。微信的高使用频率和不断增强的用户黏度很容易使用户形成相对稳定的品牌忠诚度，同时微信强大的社交功能也使微信支付具备了更高的商业价值基础——强大的传播功能。此外，借助微信公众平台和微信支付功能，形成了一个完整的从微信账号登录、微信支付购买到微信通知互动、消费者主动传播分享的用户体验闭环，更有利于给消费者带来价值。

随着微信的发展，目前微信支付已实现刷卡支付、扫码支付、公众号支付、App 支付等多种支付方式，并提供了企业红包、代金券、立减优惠等营销新工具，能满足用户及商户的不同支付环境的需求。

2. 微信的支付方式

微信支付自推出以后主要有公众账号支付、扫二维码支付、App 支付和刷卡支付四种支付方式。

1) 公众账号支付

用户在微信中关注商家的公众账号，从中选择自己喜爱的商品，提交订单，在商品的公众账号内完成支付，如通过关注小米公众账号完成对小米手机的购买。

2) 扫二维码支付

扫二维码支付分为线上扫码支付和线下扫码支付两种，线下扫码支付是指用户在线下选中某些商品后，会生成一个支付的二维码，用户只需要扫描这个二维码，即可在手机终端确认支付，从而完成整个支付过程。线上扫码支付是指接入微信支付的商家在支付时会在 PC 端生成一个二维码，用户只需要扫描 PC 端的二维码，便会跳转到微信支付的页面，完成交易流程。

3)　App 支付

App 支付即第三方应用商城的支付。第三方应用商城平台只需要接入微信支付，用户即可在其平台通过调用微信支付功能来完成交易。其整个流程是，用户在第三方应用商城平台中选择商品和服务，通过选用微信支付完成支付。

4)　刷卡支付

刷卡支付是微信 5.4 版本后又推出的一项新的支付功能。用户在支持刷卡的商家购物时，商家只需使用带有扫码功能的 POS 机扫描微信用户的(刷卡页面)二维码/条形码，便可完成支付。为了资金安全，微信刷卡条形码页面会每分钟自行变换一次，这大大提高了安全支付保障。

11.3.3　“云闪付”

“云闪付”是一种非现金收付款移动交易结算工具，是在中国人民银行的指导下，由中国银联携手各商业银行、支付机构等产业各方共同开发建设、共同维护运营的移动支付 App，于 2017 年 12 月 11 日正式发布。“云闪付”App 具有收付款、享优惠、卡管理三大核心功能。“云闪付”App 与银联手机闪付、银联二维码支付同为银联三大移动支付产品。2019 年 9 月 10 日，中国银联正式宣布“云闪付”App 用户数突破 2 亿户。

1. “云闪付”的安全与权益

作为各方联手打造的全新移动端统一入口，银行业统一 App“云闪付”汇聚各家机构的移动支付功能与权益优惠，致力于成为消费者省钱省心的移动支付管家。消费者通过“云闪付”App 即可绑定和管理各类银行账户，并使用各家银行的移动支付服务及优惠权益。

首先，银联风险系统综合持卡人的实体银联卡信息、移动设备信息和其他风险评级信息，保障持卡人在申请和使用过程中的安全。

其次，基于移动设备联网的特性，银联提供云闪付产品的远程管理服务，针对可能存在风险的云闪付产品进行远程管理，保障持卡人权益。

最后，在安全保障方面，“云闪付”产品应用安全技术，完善业务处理规则，引入风险赔付、先行垫付等机制，提供 72 小时失卡保障服务，对于出现个别意外风险事件，可以迅速解决用户的资金损失问题，保障用户合法权益。

2. “云闪付”的功能

1)　强大的跨行银行卡管理

作为银行业统一 App，“云闪付”App 拥有强大的跨行银行卡管理服务，目前“云闪付”App 已支持国内所有银联卡的绑定，一次性可管理 15 张银联卡。云闪付的卡管理打造了银行卡闭环服务，用户可在“云闪付”App 内完成申卡、跨行银行卡交易管理、余额查询、账单查询、信用卡还款、记账等专业金融服务。“云闪付”可提供借记卡余额一站式查询、转账 0 手续费、信用卡账单查询、信用卡还款 0 手续费等服务。“云闪付”App 已支持各主流银行信用卡还款，还款时可自动填充还款金额。通过“云闪付”App 进行的信用卡还款均不收取手续费，基本实现还款实时到账，避免逾期风险。

2) 周边优惠及卡权益查询

“云闪付”App 的周边优惠功能可基于地理定位，实时查看身边的优惠。只要在“云闪付”App 内绑定银行卡，就可以一站式查询权益，选择银行和卡级别就能马上了解该卡权益。

3) 各种公共缴费全覆盖

“云闪付”App 实现老百姓衣食住行线上线下主要支付场景的全面覆盖，可在铁路、民航、全国 10 万家便利店商超、30 多所高校、100 多个菜市场、300 多个城市水电煤等公共服务行业商户使用，并在不断拓展应用场景。“云闪付”App 的银联二维码扫码支付已在中国澳门、中国香港地区，以及新加坡商家实现受理，后续将向东南亚、中东等地区拓展；银联手机闪付已可在境外超过 60 万台 POS 终端使用，覆盖中国香港、中国澳门、东南亚等地区，以及澳大利亚、俄罗斯等国家。

本章小结

本章结合中国实际发展情况，在现有背景下分别对移动商务、移动支付以及移动支付开展实例等相关内容进行叙述。

移动商务是电子商务的一条分支，移动商务是指通过移动通信网络进行数据传输，并且利用移动信息终端参与各种商业经营活动的一种新电子商务模式，它是新技术条件与新市场环境下的新电子商务形态。移动电子商务的发展对我们既是机遇也是挑战，从现实情况看，虽然移动商务的发展历史还很短，但从应用来看，中国的移动网络规模世界第一，而且还在快速发展当中。移动支付是互联网时代一种新型的支付方式，其以移动终端为中心，通过移动终端对所购买的产品进行结算支付，移动支付的主要表现形式为手机支付。随着移动支付的不断普及，支付宝、微信支付等支付平台的不断发展，越来越多的用户开始使用手机进行移动支付。现如今，移动支付已全面渗入人们的生活当中，有时人们外出购物、游玩仅靠一部手机就足够了。随着移动支付的不断发展，不久的将来，我国可能会进入无现金时代。

思考题

1. 简述移动商务的快速发展对电子商务的影响。
2. 结合中国的实际，分组讨论哪几种移动商务内容在今后几年会有较大的发展。
3. 调研 WLAN 技术在中国的应用事例，并分析应用效果。
4. 简述 Intel 公司推出的“迅驰”技术与 WiFi 技术的联系。
5. 调研分析近年来中国移动、中国电信、中国联通各自主推的 5G 网络的发展状况。
6. 展望分析应用 5G 技术的移动支付方式可能存在的问题。

参 考 文 献

[1] 李卫东. 网络与新媒体应用模式——创新设计及运营战略视角[M]. 北京：高等教育出版社，2015.

[2] 李飒，刘春. 电子商务安全与支付[M]. 北京：人民邮电出版社，2014.

[3] 柯新生. 网络支付与结算[M]. 北京：电子工业出版社，2016.

[4] 张爱菊. 电子商务安全技术[M]. 北京：清华大学出版社，2013.

[5] 祝凌曦. 电子商务安全与支付[M]. 北京：人民邮电出版社，2019.

[6] 马玉洪. 网络支付[M]. 北京：北京师范大学出版社，2018.

[7] 埃弗雷姆·特班，戴维·金，李在奎，梁定澎. 电子商务——管理与社交网络视角[M]. 8 版. 北京：中国人民大学出版社，2018.

[8] 徐勇. 电子支付[M]. 广州：华南理工大学出版社，2019.

[9] 周虹. 电子支付与网络银行[M]. 4 版. 北京：中国人民大学出版社，2019.

[10] 孔令妤. 论我国移动支付的发展现状及建议[J]. 市场观察，2019，(2):83.

[11] 吕斯佳，赵霞.互联网时代移动支付的发展现状和对策分析[J].全国流通经济，2019，(3):15-16.

[12] 杜星澜. 浅析中国移动支付普及的原因及风险[J]. 消费导刊，2019，(3):26-27.

[13] MBA 智库. 网络支付[EB/OL].

[14] 中关村互联网金融研究院. 最全第三方支付牌照汇总分析[EB/OL]. (2019-05-29).

[15] 百度百科[EB/OL].

[16] 中国银行网站[EB/OL].

[17] 中国招商银行网站[EB/OL].

[18] 易维信[EB/OL].

[19] 支付宝网站[EB/OL].

[20] 微信支付网站[EB/OL].

[21] 云闪付网站[EB/OL].

[22] 第 44 次《中国互联网络发展状况统计报告》(全文)[EB/OL].